余英時
文集

06

重尋胡適歷程

胡適生平與思想再認識 （增訂版）

余英時————著

余英時文集編輯序言

聯經出版公司編輯部

　　余英時先生是當代最重要的中國史學者，也是對於華
人世界思想與文化影響深遠的知識人。

　　余先生一生著作無數，研究範圍縱橫三千年中國思想
與文化史，對中國史學研究有極為開創性的貢獻，作品每
每別開生面，引發廣泛的迴響與討論。除了學術論著外，

他更撰寫大量文章，針對當代政治、社會與文化議題發表
意見。

　　一九七六年九月，聯經出版了余先生的《歷史與思
想》，這是余先生在台灣出版的第一本著作，也開啟了余
先生與聯經此後深厚的關係。往後四十多年間，從《歷史
與思想》到他的最後一本學術專書《論天人之際》，余先
生在聯經一共出版了十二部作品。

　　余先生過世之後，聯經開始著手規劃「余英時文集」
出版事宜，將余先生過去在台灣尚未集結出版的文章，編
成十六種書目，再加上原本的十二部作品，總計共二十八
種，總字數超過四百五十萬字。這個數字展現了余先生旺
盛的創作力，從中也可看見余先生一生思想發展的軌跡，
以及他開闊的視野、精深的學問，與多面向的關懷。

　　文集中的書目分為四大類。第一類是余先生的**學術論
著**，除了過去在聯經出版的十二部作品外，此次新增兩冊
《中國歷史研究的反思》古代史篇與現代史篇，收錄了余
先生尚未集結出版之單篇論文，包括不同時期發表之中英
文文章，以及應邀為辛亥革命、戊戌變法、五四運動等重
要歷史議題撰寫的反思或訪談。《我的治學經驗》則是余
先生畢生讀書、治學的經驗談。

　　其次，則是余先生的**社會關懷**，包括他多年來撰寫的
時事評論（《時論集》），以及他擔任自由亞洲電台評論員
期間，對於華人世界政治局勢所做的評析（《政論集》）。

其中，他針對當代中國的政治及其領導人多有鍼砭，對於香港與台灣的情勢以及民主政治的未來，也提出其觀察與見解。

余先生除了是位知識淵博的學者，同時也是位溫暖而慷慨的友人和長者。文集中也反映余先生**生活交遊**的一面。如《書信選》與《詩存》呈現余先生與師長、友朋的魚雁往返、詩文唱和，從中既展現了他的人格本色，也可看出其思想脈絡。《序文集》是他應各方請託而完成的作品，《雜文集》則蒐羅不少余先生為同輩學人撰寫的追憶文章，也記錄他與文化和出版界的交往。

文集的另一重點，是收錄了余先生二十多歲，居住於**香港期間**的著作，包括六冊專書，以及發表於報章雜誌上的各類文章（《香港時代文集》）。這七冊文集的寫作年代集中於一九五〇年代前半，見證了一位自由主義者的青年時代，也是余先生一生澎湃思想的起點。

本次文集的編輯過程，獲得許多專家學者的協助，其中，中央研究院王汎森院士與中央警察大學李顯裕教授，分別提供手中蒐集的大量相關資料，為文集的成形奠定重要基礎。

最後，本次文集的出版，要特別感謝余夫人陳淑平女士的支持，她並慨然捐出余先生所有在聯經出版著作的版稅，委由聯經成立「余英時人文著作出版獎助基金」，用於獎助出版人文領域之學術論著，代表了余英時、陳淑平

　　夫婦期勉下一代學人的美意，也期待能夠延續余先生對於
人文學術研究的偉大貢獻。

目次

從《日記》看胡適的一生

　　聯經出版公司重新編校的《胡適日記全集》是一部最完整、也最合用的新版本。最完整，因爲它以曹伯言先生整理的《胡適日記全編》（安徽教育出版社，2001）爲底本，又增加了一些以前未收的新資料；最合用，因爲《胡適日記全集》四百萬字，翻檢不易，聯經本附加一冊人名索引，爲使用者提供了極大的方便。

　　最近一、二十年來，晚清到民國時期許多重要人物的日記都已相繼出版，爲現代史的研究領域增添了不少豐富的史料。但以史料的價值而言，《胡適日記全集》恐怕仍然要占第一位，遠非同類作品所能比肩。理由很簡單，從1917年到1962年，胡適無論在文化史、思想史、學術史、或政治史上都一直居於中心的位置，他一生觸角所及比同時代任何人的範圍都更廣闊，因此他觀察世變的角度自然也與眾不同。更難得的是，他在日記中保存了大量反對他、批判他、甚至詆毀他的原始文件，這尤其不是一般日記作者所能做得到的。所以他的日記所折射的不僅僅是他一個人的生活世界，而是整個時代的一個縮影。讀

完這部四百萬字的日記，便好像重溫了一遍中國現代史，不過
具體而微罷了。

聯經出版公司毅然決定出版這樣一部龐大的日記，其原動
力只能來自一種純淨的文化理想。因此劉國瑞、林載爵兩先生
提議我為本書寫一篇序文時，我在「義不容辭」的直感下便一
口答應了。現在開始著手寫序，我卻不免頗為躊躇，因為我不
能決定採用什麼方式把《胡適日記全集》的史料價值充分而又
系統地呈現出來。21年前我為《胡適之先生年譜長編初稿》（胡
頌平編著，聯經，1983）寫序時，除了《胡適留學日記》之外，其
餘部分尚未刊行。所以我只能從思想方面著眼，寫成了一篇〈中
國近代思想史上的胡適〉，但其中很少談到他個人的事跡。自
1990年《胡適日記》影印本（台北：遠流）問世以來，它便成為我
經常瀏覽和翻檢的一部史料。在一切涉及20世紀文化、思想、
政治動向之類的論著中，我往往先參考《日記》，一方面尋求
整體背景的了解，一方面覓取具體證據。日積月累之餘，《日
記全集》逐漸引導我進入了胡適的世界，我在20年前的一片空
白今天總算勉強填補起來了。反覆考慮之後，我最後決定根據
《日記全集》的內在線索，把胡適的一生分成幾個階段，並分
別點出其與中國現代史進程的關聯。但在每一階段，胡適個人
的生命史上一向都存在著一些或大或小的疑點，現在由於《日
記全集》的出現，其中有些問題已能夠獲得比較明確的解答。
我自然不能在這篇序文中討論所有的疑點，因此下面僅擇其較
有關係者，予以澄清。我相信這也許是使讀者認識《日記全集》
的價值與意義的一種最有效的方式。

一、留學時期(1910-1917)

　　《胡適留學日記》刊布最早，流行也最廣，所以不須多說。我在〈中國近代思想史上的胡適〉中，已詳引《留學日記》，說明留美七年是他的「精神準備」時期。1917年6月他啓程回國則象徵了「準備」時期的終結，因為他的〈文學改良芻議〉已發表在《新青年》1月號，揭開了「新文化運動」的序幕。在這七年之內，中國學術思想界正處在低潮時期，不少人都在重新探索出路。陳獨秀的《青年雜誌》(後改為《新青年》)和章士釗的《甲寅雜誌》都代表了這種探索的努力。胡適個人的「精神準備」和中國思想界的「新探索」恰好發生在同一時期，這才造成了他「閉門造車」而竟能「出門合轍」的巧遇。

　　在這一階段中，胡適生命史上有兩個相關的疑點必須予以澄清：第一是博士學位問題，第二是他的哲學造詣問題。

　　關於博士學位的問題早在1919年便已出現了。朱經農1919年9月7日給胡適的信中說：

> 　　今有一件無味的事體不得不告訴你。近來一班與足下素不相識的留美學生聽了一位與足下「昔為好友，今為讎仇」的先生的胡說，大有「一犬吠形，百犬吠聲」的神氣，說「老胡冒充博士」，說「老胡口試沒有pass」，「老胡這樣那樣」。我想「博士」不「博士」本沒有關係，只是「冒充」兩字決不能承受的。我本不應該

> 把這無聊的話傳給你聽，使你心中不快。但因「明槍
> 易躲，暗箭難防」，這種謠言甚為可惡，所以直言奉
> 告，我兄也應設法「自衛」才是。凡是足下的朋友，
> 自然無人相信這種說法。但是足下的朋友不多，現在
> 「口眾我寡」，辯不勝辯，只有請你把論文趕緊印出，
> 謠言就沒有傳布的方法了。[1]

「昔為好友，今為讎仇」即指梅光迪。這是當年「謠言」的起
源，但朱經農顯然知道關鍵全在胡適的博士論文沒有印出來。
1920年8月9日朱經農在致胡適函中附註又說：

> 又，你的博士論文應當設法刊布，此間對於這件事，
> 鬧的謠言不少，我真聽厭了，請你早早刊布罷。[2]

胡適的論文終於在1922年刊出（見後），我想這也是一個原因。現
在讓我們根據《日記》，重考這一疑案。《留學日記》1917年5
月27日追記〈博士考試〉條說：

> 五月二十二日，吾考過博士學位最後考試。（中略）此次
> 為口試，計二時半。吾之「初試」在前年十一月，凡
> 筆試六時（二日），口試三時。七年留學生活，於此作一

1　見梁錫華選註，《胡適秘藏書信選》，續篇（台北：遠景出版社，1982），
　　頁691-692。

2　同上，頁695。

結束，故記之。

此記明言「考過」，本無可疑。胡頌平《年譜長編》在此條之後的「編者按」引唐德剛《胡適雜憶》說：

> 胡氏在哥大研究院一共只讀了兩年(1915-1917)。兩年時間連博士學位研讀過程中的「規定住校年限」(required residence)都嫌不足，更談不到通過一層層的考試了。……所以胡適以兩年時間讀完是不可能的。[3]

《年譜長編》的「編者按」接著說：

> 照《胡適雜憶》的話，似哥大不應授予胡先生博士學位的。但哥大授予胡先生博士學位乃是事實，若非唐君推斷有錯誤，則是哥大辦理博士學位授予的人有錯誤。（第一冊，頁285）

胡頌平先生為胡適辯護，自在情理之中，但唐德剛先生的懷疑是否有根據呢？胡適晚年在《口述自傳》中，是這樣回憶的：

> 我在1915年9月註冊進哥大哲學系研究部。其後一共讀

3　唐德剛，《胡適雜憶》（台北：傳記文學出版社，1979），頁41-42。引文文字小異，已據原書校正。

　　了兩年。在第一年中我便考過了哲學和哲學史的初級
　　口試和筆試。初試及格，我就可以寫論文；我也就〔可
　　以〕拿到我的〔哲學博士〕學位了。1917年的夏季，我就
　　考過我論文最後口試。所以兩年的時間——再加上我
　　原先在康乃爾研究院就讀的兩年，我在哥大就完成我
　　哲學博士學位的一切必需課程和作業了。[4]

這和前引《留學日記》一條先後一致。《日記》說他在1915年
11月——即入哥大兩個月後——便考過「初試」，這是無可懷
疑的事實。今據《口述自傳》，則知他在康乃爾最後兩年已修
了足夠的哲學史和哲學課程，所以他讀博士學位的時間一共是
四學年，並不自哥大始。但是胡適在康大畢業是1914年，為什
麼他說在康大讀了兩年研究院的課程呢？1914年2月17日〈記本
校畢業式〉條解答了這個疑團：

　　余雖於去年（按：1913年）夏季作完所需之功課，惟以大
　　學定例，須八學期之居留，故至今年二月始得學位，今
　　年夏季始與六月卒業者同行畢業式。（《留學日記》卷四）

原來他每年都上暑期學校，到1913年夏天已修足了畢業學分，
只因限於校章的規定，延遲到1914年2月才正式取得學位。他最

　　4　唐德剛譯註，《胡適口述自傳》（台北：傳記文學出版社，1981），
　　　　頁85。

後兩年多修研究院的哲學課程，是無可置疑的；《留學日記》
中有很多條劄記可以證明這一事實，讀者不妨自行檢閱。

　　康乃爾哲學系當時以德國唯心論獨步美國，胡適所師事的
克雷敦（James Edwin Creighton）、漢門（W.A. Hammond）、狄理（Frank
Thilly）、阿爾貝（Ernst Albee）等人都是望重一時的名家[5]。胡適在
康大的哲學訓練已奠定了他在哥大攻讀博士學位的基礎。由於他
的思維方式自始便與黑格爾一派的路數不合，他早在1914年1月
便露出了接近杜威一派的明顯傾向（見《留學日記》，卷三，第三二、
三四兩條劄記）；第二年5月他已成為「實效主義」（pragmatism）的
信徒（同上，卷九，第五二條）。所以他「在1915年的暑假中，發
憤盡讀杜威先生的著作，做有詳細的英文提要」（《留學日記‧
自序》）。有了這樣充分的準備，胡適兩年內在哥大完成「哲學
博士學位的一切必需課程和作業」便絲毫不必詫異了。

　　但唐德剛在上引《口述自傳》一段文字的註釋中卻又提出
了另一相關的疑問，推斷胡適博士論文口試的結果是「大修通
過」（"pass with major revision"），而且必須「補考」，因此遲至1927
年他重返哥大，滿足了這兩項要求之後，才取得博士學位。我
們都知道，哥大過去有一項規定，頒授博士學位必須在論文出
版並繳呈一百本之後。因此在一般的理解中，這是胡適的學位
比論文完成遲了十年的唯一原因。但唐先生的疑問也自有他的
根據，他認為如果不是「大修通過」，「何必等到1922年杜威

5　參看蕭公權，《問學諫往錄》（台北：傳記文學出版社，1972），第
　　六章。

離華之次年始付印，1927年親返紐約始拿學位呢？」[6] 所以他推測這是因爲杜威在華兩年，親見胡適在「學術界的聲勢」，回到哥大後，運用他的「地位」，把「大修通過」改爲「小修通過」（"pass with minor revision"）。這是一個「大膽的假設」，然而沒有經過「小心的求證」。因此他感慨地說：「如果杜威遺札尚存，哥大紀錄猶在，『胡適學位問題』的官司也就不必再打了。」[7] 可見他並沒有在「哥大紀錄」或「杜威遺札」中發現任何硬證（hard evidence），可以支持他的「假設」。唐先生似未見前引朱經農的信，但他的懷疑卻與梅光迪不謀而合，甚爲有趣。現在《胡適日記》出版了，我們可以試著解答他的疑問了。

　　胡適1917年回國後立即捲入了如火如荼的「文學革命」，緊接著又是1919年的「五四運動」。在最初四、五年中，他活動之多和工作量之大簡直到了不可想像的地步。我們只要一查1919-1920〈日程與日記〉殘本（《全編》本，第三冊，頁12-222）。便可見其一斑。這一段時期內他心中不可能有印論文、拿學位證書的念頭。那麼他爲什麼終於在1922年出版了這篇論文呢[8]？除了與上引朱經農的信有關外，另一原因是他一度動念，願意應哥大之聘，去教一兩年中國思想史和文學史。〈日程與日記〉1920年9月4日條記：

6　唐德剛譯註，《胡適口述自傳》，頁100。

7　《胡適口述自傳》，頁102。

8　*The Development of the Logical Method in Ancient China*, By Hu Shih （Shanghai: Oriental Book Co.）.

> Greene（按：即顧臨，Roger Greene）來信，托我為Columbia
> 大學覓一中國文學教授，我實在想不出人來，遂決計
> 薦舉我自己。我實在想休息兩年了。今天去吃飯，我
> 把此意告他，他原函本問我能去否，故極贊成我的去
> 意。我去有幾種益處：（1）可以整頓一番，（2）可以自
> 己著書，（3）可以作英譯哲學史，（4）可以替我的文學
> 史打一個稿子，（5）可以替中國及北大做點鼓吹。

可知哥人原來託顧臨探詢他的意向，如果他不能去，則請他另
推薦替人。他這時之所以有此想法，是因為三年來太忙了，自
覺治學成績下降，有改換環境的必要。他在1921年7月8日的《日
記》中說：

> 去年我病中曾有〈三年了〉詩，只成前幾節，第一節云：
> 　三年了！究竟做了些什麼事體？
> 　空惹得一身病，添了幾歲年紀！
> 我想我這兩年的成績，遠不如前二年的十分之一，眞
> 可慚愧！

明白了這個背景，我們便不會奇怪他何以忽動遠遊之念了。一
年半以後，哥大的聘書果然來了。《日記》1922年2月23日條：

> 哥倫比亞大學校長Nicholas Murray Butler正式寫信
> 來，聘我去大學教授兩科，一為中國哲學，一為中國

> 文學。年俸美金四千元。此事頗費躊躇。我已決定明
> 年不教書，以全年著書。若去美國，《哲學史》中下
> 卷必不能成，至多能作一部英文的古代哲學史罷了。
> 擬辭不去。

這時他的心情改變，又猶豫不決了。但成行的可能性仍然存在，這應該是他決定將論文付印的主要原因，一方面完成學位的最後手續，另一方面也可用為講授中國哲學的教材。不但如此，1923年6月他還有赴美參加教育會議的機會（見《日記》1923年6月4日條）。所以論文不遲不早，就在1922年出版，決不是偶然的。後來這兩個遠行計畫都取消了，因此拖延到1926-1927年才有歐、美之行。

　　1926年12月26日《日記》上有一句話：

> 發電給亞東，請他們寄《名學史》一百冊到Dewey處。

這當然是為了取得學位之故，所以這一百冊論文直接寄給杜威。但《日記》中涉及博士學位的僅此一條，唐德剛先生認為「杜威遺札」可以解決胡適學位的問題，《日記》中恰好保存了杜威在1926年9月30日答胡適的一封長信（《日記》1926年10月9日條）。此信主要是答覆胡適所提出的關於「比較哲學」的問題，其次則是一些互相問候的話，沒有半個字提到胡適學位的事。如果真如唐先生所推測，杜威用了大力量使哥大鬆動它的「嚴格校規」，把胡適的論文從「大修」改為「小修」，那麼這封

信上至少會有一兩句交代的話。彼此信中全不及此事，恐怕只能表示胡、杜兩人心中根本就沒有「學位」的問題。博士論文「口試」是「最容易的一道關」，這是唐先生也承認的（頁98）。除非「哥大紀錄」中有關於胡適從「大修」改「小修」的明確記載，我們實在很難想像考官中有誰故意和杜威過不去，一定要挑剔他所指導的論文。更使人難解的是，哥大富路德教授（Luther C. Goodrich）是1927年的目擊證人，他既出面說明胡適得學位遲了十年完全是由於「論文緩繳」之故，唐先生爲什麼不予採信呢？下面是唐先生的話：

> 夏（志清）、富（路德）二教授認爲……別無他因，只是「論文緩繳了」就是了。富老先生在1927年已（是）哥大的中日文系主任。是年胡適自英來美便是他籌款請來的——公開講演六次。胡是三月份正式取得學位，六月初的畢業典禮上，胡公接受「加帶」（hood）和領取文憑時的「儐相」（escort這是那時的制度），便是富先生。據說當胡氏披著無帶道袍應召向前接受加帶時，他1917年的老同學，斯時已是哥大哲學系的資深教授的施納德（Herbert Schneider），曾鼓掌戲弄他，弄得胡博士哭笑不得。
> 據富氏所知，1927年胡氏並沒有「補考」。（頁99）

這一段描述中有生動的細節，最容易使人感到胡適的學位問題確有不可告人的內幕。胡頌平先生指出胡適在這一年的6月已回到上海，不可能參加哥大的「加帶典禮」，當然是一個無法反

駁的事實。但他對於老同學「鼓掌戲弄」一事卻難以應付，只好說是唐先生的「幻想」。這都是因為當時《胡適日記》尚未出版，別無資料可以比勘的緣故。事實上，唐先生此說確是得之於富路德，不過他聽錯了故事，誤將胡適1939年6月在哥大得榮譽法學博士的經過搬移到1927年來了。《日記》1939年6月6日條記：

> 下午Columbia畢業典禮，我得一個法學博士學位。此為我做大使後得的第一個名譽學位。（今年有五個大學要給我學位，因醫生的訓誡，我只能出門接受兩個。）
> Prof. Goodrich做我的Escort。[9]

普通得博士學位決無由一位教授作「儐相」之理，唐先生所謂「這是那時的制度」，完全是「想當然耳」。在獲得榮譽博士的場合，老同學「鼓掌戲弄」當然出於善意，這最後一點疑團便渙然冰釋了。

總之，胡適的「博士學位問題」除了因「論文緩繳」延遲了十年之外，別無其他可疑之處。至少到現在為止，尚未出現任何足以致疑的證據，唐德剛先生「論文口試」為「大修通過」之說，仍然是一個「假設」。但這個「假設」已在胡適研究的領域中發生了影響。曹伯言、季維龍編著的《胡適年譜》1917年5月22日條(安徽教育出版社，頁119-120)說：

---

9 按"Escort"原文筆誤作 "Escot"。

　　日記中，未説明此次口試是否通過。

這是受唐説影響的明證。我在上面的討論僅僅是澄清事實，以彰顯《胡適日記》的史料作用，並沒有爲他「辨冤白謗」的意思。（按：關於學位問題的最後判決，詳見本書之末所收的一篇長文。）

　　與此相關的另一問題是胡適與哲學的關係。自從金岳霖説過「西洋哲學與名學又非胡先生之所長」[10] 這句話以來，中國讀者大致都接受了這一評論。即使胡適本人也從未自稱「哲學家」[11]。他的思想走不上形而上學的路數（所謂"metaphysical turn of mind"），也沒有接觸過羅素以來的數理邏輯，所以金先生的評語是很中肯的。但是他先後修過康大克雷敦和哥大伍德布里奇（Frederick J. Woodbridge）兩大名家的哲學史課程，更因爲特別受到杜威講各派邏輯的啓發而決定以「先秦名學史」爲論文題目[12]。他在西方哲學和哲學史兩方面都具有基本訓練則是不可否認的。這一點訓練終於使他在中國哲學史領域中成爲開一代風氣的人。胡適回國後事實上已放棄了西方哲學，轉向中國哲學史、文學史研究的道路，他不能算是專業哲學家，是毫無問題的。但是我們也不能過分低估他的哲學知識，他在美國最後三、四年所受到的哲學訓練已達到了當時的一般水準，足夠他研究中國哲學史之用了。這裡我要介紹一下《日記》中所保存的一篇羅素書評。1923年羅素爲美國著名的雜誌 *Nation* 寫了《先秦名學史》的評

10　見馮友蘭，《中國哲學史》審查報告二。
11　《胡適口述自傳》，頁39。
12　同上，頁91-95。

論，開始便說：

> 對於想掌握中國思想的歐洲讀者而言，這本書完全是
> 一個新的開端。歐洲人很難同時是第一流的漢學家，
> 又是合格的(competent)哲學家，這是不足驚異的。……
> 一個人不通中文而想知道中國哲學，面對著這一情況
> 簡直只好絕望。好了，現在我們終於有了胡適博士，
> 他對西方哲學的精熟好像是一個歐洲人，英文寫作之
> 佳則和多數美國的教授沒有分別，至於翻譯古代中國
> 文本的精確可靠，我想任何外國人都很難趕得上。具
> 有這樣獨特的條件，他所取得的成果是十分引人入勝
> 的，正符合我們的期待。聽說這本書不過是他已出版
> 的一部更大的中文著述的一個綱要，據讀過的人說，
> 原著(按：指《中國哲學史大綱》上冊)比本書還要好，這
> 就更使人嚮往了。[13]

可見在羅素眼中，胡適的西方哲學至少是「合格的」。讀了這
篇英文書評，我們更難想像他在論文口試中會得到「大修」的
結果。

胡適生前從來沒有向任何人提起過羅素的書評。如果不是
他把這篇文字附收在《日記》中，這件事便將根本埋沒了。他
在論文的最後一篇中專論「進化論與名學」。羅素在書評中對

13　英文原評見《胡適日記》1923年11月4日條。

此持疑，認爲從胡適所引的文字看，似乎尚不足成爲定論
("inconclusive")。這個批評對胡適發生了影響，他在1958年所寫
的《中國古代哲學史・台北版自記》中說：

> 此書第九篇第一章論「莊子時代的生物進化論」，是
> 全書裡最脆弱的一章……。我在當時竟說：
> 「萬物皆種也，以不同形相禪」，此十一個字竟是
> 一篇「物種由來」。
> 這眞是一個年輕人的謬妄議論，眞是侮辱了《物種由
> 來》那部不朽的大著作了。(遠流本，頁2-3)

胡適在北大編寫《中國哲學史大綱》講義時，「莊子進化論」
不但是他的得意之筆，而且舊派學人也有深信不疑的。馬敘倫
著《莊子札記》便全襲其說，並因此遭到傅斯年的嚴厲批評[14]。
胡適晚年爲什麼轉而痛斥自己「年輕人的謬妄議論」呢？我相
信這是由於羅素的批評使他重新檢討了原文，終於放棄了早年
的見解。

二、「新文化運動」初期 (1917-1926)

從《日記》觀察，1917-1926自成一個清楚的段落。這是胡
適在中國思想界、學術界、文化界發揮最大影響力的時期。文

14　傅的批評，見《傅斯年全集》（聯經，1980），第四冊，頁376。

學革命、新思潮、小說研究、整理國故(包括顧頡剛《古史辨》)、
科玄論戰等等文化運動都和他的精神領導有直接的關係。他最
重要而又流傳得最廣的論著也大都成於這一階段，其中包括《中
國哲學史大綱》(1919)、《嘗試集》(1920)、《章實齋先生年譜》
(1922)、《胡適文存》一集(1921)和二集(1924)等。在中國現代
史上，這恰好是所謂「五四」時代。「五四」也是從文化運動
走向政治革命的時代。1921年中國共產黨的建立和1924年國民
黨的改組(所謂「聯俄容共」)是兩個重要的里程碑，標誌著文化
運動向政治革命的過渡。這一時期的《胡適日記》也清楚地反
映了這一轉變，這是我們最熟悉，論著也最多的一個階段。本
文略人之所已詳，所以下面只集中於澄清二、三個關鍵性的小
問題，其他概不闌入。

　　胡適的專業是整理國故，所以他特別尊重同一領域中的老
輩，其中尤以章炳麟、梁啓超、王國維三人爲最。《日記》中
未見他和章炳麟交往的記載(但文章中有之)，大概是因爲南、北
懸隔的緣故。在這三人之中，他和梁啓超的往來最多，私交也
最深，但他們初晤究在何年，最近因《日記》新材料的出現而
成了問題。丁文江、趙豐田合編《梁啓超年譜長編》(上海人民
出版社，1983)1918年11月條云：

　　　　是年十一月，先生始識胡適之。(頁872)

下面附有徐新六的介紹信和胡適求見信，說他「擬於二十三日
(星期六)上午十一時趨訪」。胡頌平《年譜長編》即據此信說他

這一天「在天津訪梁啓超，初次見面。」(第一冊，頁327)但〈日程與日記〉1920年3月21日記：

> 宗孟(即林長民)飯，初見梁任公，談。

這是胡適當天親筆所記，應該最可信。也許1918年11月梁啓超正忙於歐洲之行，當天有事，沒有能接待胡適。兩種記載相較，我寧取〈日程與日記〉。

《日記》中胡適和王國維有一次談話，記錄較詳，很有趣味。1923年12月16日條記：

> 從訪王靜庵先生(國維)，談了一點多鐘。他說戴東原之哲學，他的弟子都不懂得，幾乎及身而絕。此言是也。
> (下略)
> 靜庵先生問我，小說《薛家將》寫薛丁山弒父，樊梨花也弒父，有沒有特別意義？我竟不曾想過這個問題。希臘古代悲劇中常有這一類的事。
> 他又說，西洋人太倡欲望，過了一定限期，必至破壞毀滅。我對此事卻不悲觀，即使悲觀，我們在今日勢不能不跟西洋人向這條路上走去，他也以為然。我以為西洋今日之心頭大患不在欲望的發展，而在理智的進步不曾趕上物質文明的進步。
> 他舉美國一家公司製一影片，費錢六百萬元，用地千餘畝，說這種辦法是不能持久的。我說，製一影片而

費如許資本工夫，正如我們考據一個字而費幾許精
力，尋無數版本，同是一種作事必求完備盡善的精神，
正未可厚非也。

胡適當時正著手寫《戴東原的哲學》，紀念戴震二百週年的生
日（見《日記》1924年1月19日條）。他訪王國維是誠心向他請教，
因為王氏早年在這一方面寫了不少文字（收在《靜安文集》中）。
因此他們的談話不離「理」、「欲」兩個觀念。王國維說東原
弟子不能傳其哲學，此意胡適也採用了[15]。王國維問小說中「弒
父」的意義也必然由「欲」引起的。他早年治心理學，後來或
曾接觸過佛洛伊德「弒父情結」（"Oedipus complex"）之說，因
而聯想到中國小說中的同類故事，可見他的思路深而銳。胡適
早年在康乃爾讀過一些希臘悲劇，但未注意到心理分析學，所
以只能漫應之。這是一段有趣的思想史料，值得重視。
　　「五四」時期的最初四、五年，也是胡適最受青年崇信的
階段。這是大家都知道的，不必多說。這裡我只講他和毛澤東
的關係。1951年他因為要寫一篇關於英文毛澤東傳的書評，翻
閱了若干大陸新出的相關小冊子，其中有涉及毛回長沙組織「自
修大學」的事。胡適回憶說：

毛澤東依據了我在1920年的「一個自修大學」的講演，
擬成〈湖南第一自修大學章程〉，拿到我家來，要我

15　見《戴東原的哲學》（遠流本），頁61。

審定改正。他說，他要回長沙去，用「船山學社」作為「自修大學」的地址。過了幾天，他來我家取去章程改稿。不久他就南去了。（《日記》1951年5月17日條）

《日記》中談到他和毛的交往，僅此一處。但這是31年後的追記，又在毛已成為大陸上最高領袖之後，讀者或不免疑心他誇張自己的影響。但此事現已在新出的〈日程與日記〉中得到了完全的證實。1920年1月15日下午五時條：

毛澤東來談湖南事。

同年3月2日下午五時條：

作自修大學計劃。

這都是當時之筆，可證他的記憶不誤。

最後讓我介紹一下《日記》中有關思想分化的記載。《日記》1923年12月19日條：

此次北大二十五周年紀念的紀念刊，有黃日葵（按：後來參加了共產黨）的〈在中國近代思想史演進中的北大〉一篇。中有一段，說「五四」的前年，學生方面有兩大傾向：一是哲學文學方面，以《新潮》為代表，一是政治社會的方面，以《國民雜誌》為代表。前者漸

趨向國故的整理，從事於根本的改造運動；後者漸趨
向於實際的社會革命運動。前者隱然以胡適之為首
領，後者隱然以陳獨秀為首領。……最近又有「足以
支配一時代的大分化在北大孕育出來了」。一派是梁
漱溟，一派是胡適之。前者是澈頭澈尾的國粹的人生
觀，後者是歐化的人生觀；前者是唯心論者，後者是
唯物論者；前者是眷戀玄學的，後者是崇拜科學的。
這種旁觀的觀察，——也可說是身歷其境，身受其影
響的人的觀察，——是很有趣的。我在這兩大分化裡，
可惜都祇有從容慢步，一方面不能有獨秀那樣狠幹，
一方又沒有漱溟那樣蠻幹！所以我是很慚愧的。

胡適顯然肯定了黃日葵分析的客觀性。他的自我解剖也帶有預
言的意味：他既不能「狠幹」，又不能「蠻幹」，只有「從容
慢步」，這就預示著中國正捲入激進化的大漩渦，他將一步一
步地被推出漩渦的中心了。這是1923年尾的話，那時梁漱溟《東
西文化及其哲學》正風靡一時，似乎將形成一個有力的思想運
動。但事實上，梁漱溟的影響始終沒有越出知識界的中、上層，
他的「蠻幹」仍然遠遠敵不過陳獨秀的「狠幹」。「狠幹」不
但需要「心狠」，而且更需要「手辣」，最後仍只有讓陳獨秀
一派在中國一枝獨秀。甚至陳獨秀因為不夠「心狠手辣」之故，
最後也被他自己所掀起的巨浪吞沒了。

三、「大革命」時期（1926-1930）

胡適在1926年7月17日離開北京，開始他的歐洲之旅，1927年5月17日從美國回到上海定居。三年半之後（1930年11月28日）才離開上海，重回北伐後的北平。他自己說：

> 在上海住了三年半，今始北行。此三年半之中，我的生活自成一個片段，不算是草草過去的。（《日記》1930年11月28日）

所以我把這五年的《日記》劃在同一階段。胡適1927年4月12日從美國西雅圖上船回國，便是國民黨開始「清黨」，和共產黨正式破裂的一天。他到達上海時，國民黨已控制了江、浙一帶，國民政府也在南京成立了。

他為什麼說在上海三年半「不算是草草過去的」呢？我可以從學術和政治兩方面來闡釋這句話的涵義。先說學術方面。他在去世前，曾為台北商務印書館影印本《淮南王書》寫了一篇很長的〈序〉，可惜〈序〉未寫完，他便逝世了。〈序〉的第二段說：

> 從民國16年5月我從歐洲、美國、日本回到上海，直到民國19年11月底我全家搬回北平，那三年半的時間，我住在上海。那是我一生最閒暇的時期，也是我最努力寫作的時期。在那時期裡，我寫了約莫有一百萬字

> 的稿子。其中有21萬字的《白話文學史》卷上；有十
> 幾萬字的中國佛教史研究，包括我校印的《神會和尚
> 遺集》(敦煌出來的四個殘寫本)和我用新材料特寫的兩
> 萬五千字的「荷澤大師神會傳」。
> 「中古思想史」的「長編」寫出的約莫有十七八萬字。[16]

這是他在學術上沒有「草草過去」的最扼要說明。

在政治上，上海這三年半更是他生命史上應該特筆大書的
關鍵時刻。國民黨執政以後，實行了所謂「訓政」，事實上只
學到了蘇聯「一黨專政」的一點外形。但黨部中人挾「革命」
之名而到處橫行，則日有所聞。胡適這三年多的《日記》中保
存了許多有關的剪報。1928年5月16日他記道：

> 上海的報紙都死了，被革命政府壓死了。

他忍不住了，從1929年5月始，寫了一系列批評國民黨的文字，
包括〈人權與約法〉、〈知難，行亦不易〉、〈我們什麼時候
才可有憲法？〉、〈新文化運動與國民黨〉等。這幾篇文章引
起了國民黨的強烈反響，許多省、市的黨部都向中央上呈文，
要求嚴懲「反革命的」胡適，以致1929年9月25日國民政府終於
飭令教育部「警告胡適」(見《日記》1929年9月26日附剪報)。國
民黨領袖們也紛紛出面指責他，包括和他很有交情的吳稚暉(《日

16　《中國中古思想史長編》，下冊(遠流本)，頁157。

記》1930年10月12日)和胡漢民(《日記》1930年10月12日)[17]。甚至遲至1931年3月17日蔣介石還面告清華大學學生代表,「胡適係反黨,不能派(當校長)。」[18]胡適的反應只有一句話:「今天報載蔣介石給了我一個頭銜。」我們可以說,胡適的自由主義立場是在1929年與執政國民黨的激烈爭執中才獲得明確而具體的展現。1934年《獨立評論》上關於「民主與獨裁」的爭論和1949年以後台北《自由中國》上關於「自由與容忍」的討論,他所堅持的都是這一基本立場。

　　在這一階段中,有兩個相關的問題,不妨在這裡作一點澄清,我們讀他1926年的〈歐遊道中寄書〉[19],知道他在莫斯科匆匆參觀的結果,印象很好。他和兩位芝加哥大學的美國教授,一同訪問監獄、討論教育體制,感到十分興奮。他一再稱道蘇聯「完全採用歐美的最新教育學說」,這當然是因為其中以杜威的「從做中學」和英國道爾頓制為主。這三天的訪問使他在政治思想上起了一個新變化,想把「自由主義」和「社會主義」結合起來。我很早以前便想知道他在莫斯科這三、四天(7月29日至8月1日)的具體活動情況,以了解他何以思想上有此波動。不幸遠流影印本《胡適的日記》恰好漏掉了〈歐洲日記〉的第一冊(7月17至8月20日),現在《全編》本補進了這一冊,我的疑團終於解開了。事實上,他在莫斯科只有兩次參觀活動:7月30日下午參觀「革命博物館」和31日上午11時參觀「第一監獄」。

17　〈談所謂「言論自由」〉,收在《日記》1930年11月24日條之後。

18　《日記》1931年3月18日條附貼《大公報》剪報。

19　收在《胡適文存》,第三集,第一卷。

兩次加起來大概不會超過三、四小時。關於教育制度，他則完全依據蘇聯教育部出版的《公家教育》一書。他對蘇聯的整體認識，主要是從兩個美國教授（C.E. Merriam和S.N. Harper）口中得來的，〈歐遊道中寄書〉已明言之。這兩人都很左傾，Harper在1938年還為史達林的「整肅」（"Purge"）辯護（《日記》1938年1月29日條）。今天看來，他在莫斯科實在什麼真相也沒有看到。現在我們確知，因為列寧的文化和教育主管隆納查爾斯基（Anatolii Lunacharskii）佩服杜威的教育學說，才企圖引進「在做中學」和「道爾頓制」等西方的方法。但事實上，這些教育學說始終只是紙上文章，除了極少數模範學校之外，根本未曾實行過。1920年代蘇聯中小學的教育比起沙皇時代只有更落後[20]。

　　在莫斯科日記中，我們發現，除了兩個美國教授之外，他的思想變化也和中國共產黨早期領袖之一蔡和森有關。7月31日《日記》：

> 下午往訪（于）右任先生，他不在寓，寓中有一人，乃是蔡和森。相別甚久，彼此竟不認得了。我們縱談甚快，陸續來者甚多……至十餘人之多。右任也回來了。我與和森仍繼續辯論，餘人參加者甚少，從三點直到九點Radek來了，才把我們的舌戰打斷。

20　見Richard Pipes, *Russia Under the Bolshevik Regime*（New York: Alfred A. Knopf, 1993）, pp. 316-320.

8月3日他在火車上記道：

> 今日回想前日與和森談話，及自己的觀察，頗有作政
> 黨組織的意思。我想，我應該出來作政治活動，以改
> 革內政為主旨。可組一政黨，名為「自由黨」。充分
> 的承認社會主義的主張，但不以階級鬥爭為手段。共
> 產黨謂自由主義為資本主義之政治哲學，這是錯的。
> 歷史上自由主義的傾向是漸漸擴充的。先有貴族階級
> 的爭自由，次有資產階級的爭自由，今則為無產階級
> 爭自由。

他與蔡和森激辯了六小時，大概誰也沒有說服誰，胡適仍然堅
持他的自由主義立場。但是蘇聯官方安排的「參觀」和兩位美
國教授的議論已先給他做好了心理準備，所以兩天後蔡和森的
話開始在他心中發生了反應。他不但願意將「社會主義的主張」
盡量收入自由主義之中而且竟動了組織「自由黨」「作政治活
動」的凡心。必須指出，胡適此時對蘇聯的好感和對社會主義
的某種程度的肯定都是很真誠的。所以同年12月5日，他在《日
記》中特別強調西方記者對蘇聯的報導多屬「謠言」。他的思
想變化則清楚地表現在他和羅素的一次談話中。同年10月17日
《日記》：

> 去看Mr. Bertrand Russell，談了□點鐘。他的精神甚好，
> 談鋒如舊。

奇怪的很，他說蘇俄的Dictatorship辦法是最適用於俄
國和中國的。他說，這樣的農業國家之中，若採用民
治，必鬧得稀糟，遠不如Dictatorship的法子。我說，
我們愛自由的人卻有點受不了。他說，那只好要我們
自己犧牲一點了。
此言也有道理，未可全認為不忠恕。

胡適似乎完全忘記了，1921年7月6日羅素在離華前所刊布的告
別講詞〈中國到自由之路〉（"China's Road to Freedom"）中早已詳
說過這一論點。他認為中國在獲得「自由」之前必須先經過一個
類似俄國式的社會主義「專政」(dictatorship)階段。民主(democracy，
即胡適說的「民治」)必須假定一般人民都能讀能寫，並且對政治
事務具備一定程度的知識。但中國現在還不具備這樣的條件，
因此俄國共產黨所用的方法也最適合於中國[21]。胡適對這篇講詞
十分不滿，同年7月16日他「在津浦車中試作一詩」，題目是〈一
個哲學家〉。其中第二節說：

他看中了一條到自由之路，
但他另給我們找一條路；
這條路他自己並不贊成，
但他說我們還不配到他的路上去。

21　見文中論 "Russian Methods Suited to China" 一段。全文收在遠流影印
　　本1921年7月7日條後，《全編》本則略去原文。

詩題中的「哲學家」便是羅素，上引第二節詩則是針對著「民主」、「專政」論點的駁斥。但五年之後他重聞此論，雖仍感到「奇怪得很」，卻肯定「此言也有道理，未可全認爲不忠恕」了。對同一論點，先後竟作出了完全不同的反應，這是他在1926年思想上發生了波動的明證。事實上，他在莫斯科的第三晚(7月31日)寫信給徐志摩，已說：

> 今天我同Merriam(芝加哥大學教授)談了甚久，他的判斷甚公允。……蘇俄雖是狄克推多(按：即dictatorship)，但他們卻眞是用力辦新教育，努力想造成一個社會主義的新時代。依此趨勢認眞做去，將來可以由狄克推多過渡到社會主義的民治制度。(〈歐遊道中寄書〉)

這已接近羅素的觀點，不過沒有引申到中國方面而已。

　　組織「自由黨」之念當然也起於一時「新的興奮」(〈歐遊道中寄書〉中語)。他的氣質不是「行動的人」("man of action")，「興奮」平靜之後，這個念頭便自然隨之而逝。而且即使他眞想「出來作政治活動」，他也沒有機會了。因爲他1927年5月回到上海時，中國已成爲「一黨專政」的天下了。從1926到1941年，他一直都對蘇聯和社會主義抱著這種比較肯定的態度。1941年7月8日他在密西根大學講演「意識形態的衝突」，才第一次把蘇聯社會主義專政和德國的納粹、義大利的法西斯，視爲一

丘之貉，與民主、自由的生活方是絕不能並存的[22]。他在1953
年11月24日的《日記》中評論海耶克（F.A. Hayek）《到奴役之路》
（*Road to Serfdom*）說：

> Hayek此書，論社會主義與自由不能共存，其意甚可取。
> 我在二十年前，尚以為Socialism is a logical sequence of
> the democratic movement。近十年來，我漸見此意之不
> 是，故蔣廷黻兄提議我們發起一個「社會黨」，我不贊
> 成。我是一個自由主義者，其主要信條乃是一種健全的
> 個人主義（individualism），不能接受各種社會主義的信條。

他說20年前尚以為「社會主義是民主運動的邏輯的順序」，是
指1933年他在芝加哥大學的講演。原文較長，對蘇聯和社會主
義還是很恭維的，視之為對於西方民主理想的進一步實現和補
充[23]。胡適的自由主義並不是始終一致的，其間有很重要的變
動。只有通過前後幾十年的《日記》，我們才能把他思想變遷
的全程追溯出來。

　　第二個問題比較小，但為了恢復歷史的真實，還是應該略
費筆墨。

22　見Hu Shih, "The Conflict of Ideologies," *The Annals of the American
　　Academy of Political and Social Science*（November, 1941）. 此文收入周
　　質平主編，《胡適英文文存》（台北：遠流，1995），第二冊，頁887-896。

23　見Hu Shih, *The Chinese Renaissance*（Chicago: The University of Chicago
　　Press, 1934）, pp. 42-43.

　　羅爾綱先生在〈關於胡適的點滴〉中，對於胡適離開上海，遷回北平的經過有下面一段描述：

　　1929年，胡適因連續發表〈人權與約法〉、〈知難，行亦不易〉、〈我們什麼時候才可有憲法？〉、〈新文化運動與國民黨〉等文章批評國民黨政府，受到警告、圍攻、查禁文章等脅迫。1930年……11月28日，全家從上海遷北平。我……這時隨行同往。人們認為特務會在車站狙擊胡適，我這個書呆子卻一點沒有想到。這天上午約八時，我隨胡適全家乘出租汽車從極司非爾路到了上海北車站。我跟胡適步入車站，走上月台。滿以為胡適廣交遊，今天一定有不少親朋到車站來送行。別的且不說，胡適夫婦與上海金融界巨子徐新六夫婦最相好，連兩家孩子也彼此相好。胡適還有一個很好朋友著名詩人徐志摩也在上海。亞東圖書館與胡適的關係更好得不用說了。半個多月來，汪原放同亞東圖書館的人到胡家幫助裝書箱捆行李，忙碌不停。可是這些人，今天連影子都不見。為什麼親朋滿上海的胡適今天卻一個人都不來送行呢？我心裡嘀咕著。已是走到頭等車廂，胡適看著他兩個兒子和胡師母上了車，正踏上車梯，我忽然聽到對面那邊月台上有人大叫胡校長。我和胡適都掉轉頭來，只見一個中國公學同學，邊跑來邊說：「學生會派我來送行，請胡校長等一等，要照個相。」原來那位同學在車廂對面那邊月台上遠遠地站

　　著，等候胡適到來，見胡適要上車時才喊叫。他跑近了，
　　匆匆把照像機對著胡適拍了照，就立刻飛快地跑出了月
　　台。這時我才意識到今天究竟是怎麼一個場合。[24]

羅先生是胡適最親近的一個後期學生，有《師門辱教記》可證。
他又是此次同行的人，他的追憶應該是十分可信的。但是請看
《胡適日記》這一天的記事：

　　今早七點起床，八點全家出發，九點後開車。到車站
　　來送別者，有夢旦、拔可、小芳、孟鄒、原放、乃剛、
　　新六夫婦、孟鎵、洪開……等幾十人。

羅先生對離家的時間(上午八時)記得如此準確。為什麼月台送行
的幾十人卻一個都沒有看見呢？他所列舉的徐新六夫婦、汪原
放明明在場，徐志摩雖不見於《日記》，也難保不在「幾十人」
之內。月台對面的那個驚惶失措的學生倒反而在《日記》中沒
有提到。既有幾十人送行，那位學生又何至於害怕得如此狼狽
呢？羅先生的記憶也不可能壞到這種地步。我不願意去猜測他的
動機，但是我敢斷言，這是他想以濃墨刻畫出一種極其恐怖的
氣氛，所以才虛構出這樣一篇繪聲繪影的絕妙文字來。我不能
不佩服他想像力之豐富，但是如果胡適這一天的日記不幸遺
失，羅先生的虛構便將被後人當成實錄了。

24　收在顏振五編，《胡適研究叢錄》(北京：三聯書店，1989)，頁14-15。

四、侵略陰影下的新北大（1931-1937）

　　1931-1937年胡適重返北大，出任文學院長。這七年在他的生命史上也構成一個清楚的段落。但是1931年9月14日，籌備了九個月的新北大開學後的第四天，日本軍隊便攻占了瀋陽，造成了震驚世界的所謂「九一八事件」（見1931年9月14《日記》胡適的眉批）。1933年3月初日本又在幾天之內攻占了熱河（見《日記》是年3月2日至13日各條）。從此直到1937年「七七」抗戰爆發，整個華北都在不斷擴大的日本侵略陰影下度過的。在這幾年中胡適的主要心力仍然集中在幫助蔣夢麟改革北大，希望建立一個高水準的現代大學，不但注重教學而且強調研究。我用「侵略陰影下的新北大」來概括這一時期《日記》的特色，便是為了點出：胡適重返北大的七年恰好又是國難最深重的時期。

　　現在讓我們先從《日記》中看看他怎樣出力改革北大。1931年1月9日他在上海的《日記》：

> 上午九時到下午四點半，在滄洲飯店開中華文化基金董事會第五次常會。到會者有Dr. Paul Monroe, Messes Leighton Stuart, I.E. Baker, Roger S. Greene, 蔡元培、蔣夢麟、任鴻雋、趙元任，與我共九人。
>
> 是日所議事最主要的一案為北大補助案。

會後胡適以名譽秘書的身分發表談話說：

> 此次常會中，美國董事顧臨君提議，自民國二十年度
> 起，由基金會每年提出國幣二十萬元，贈與國立北京
> 大學，以五年為期，專作設立研究講座及專任教授之
> 用。(《日記》同月13日所附剪報)

這個案子表面上是由美國董事Roger S. Greene(顧臨)提出，背後
的原動力主要是胡適(可看同年《日記》1月7、8日兩條)。他後來
在《丁文江傳記》中把這個功績完全推給了傅斯年和顧臨(見《年
譜長編》1930年末所引)，那是一種謙詞，其實並不可信。有了這
一百萬元的補助，加上北大本身也特別提出一百萬元作為配
合，改革的經濟基礎便穩固了。

有了充足經費之後，他便迫不及待地為北大網羅人才了。1
月24日他特別繞道青島，想把楊振聲(金甫)、聞一多、梁實秋都
拉回北大。所以25日中午下船吃飯後便「回到金甫寓中大談，
談北大事」(《日記》1月25日條)。27日「晚上先在金甫家與實秋、
一多、金甫談。金甫肯回北京大學，並約聞、梁同去。所躊躇
者，青島大學不易丟手。」(《日記》27日條)這時他並不是北大
文學院長，但已在積極進行文學院的革新了。29日回到北京家
中，《日記》又記：「孟真來，談甚久。孟真不以金甫回北大
為然。」第二天的《日記》更為重要：

> 夢麟今早來談，下午又來談，皆為北大事。他今天決
> 定用院長制，此是一進步。但他仍要敷衍王烈、何基
> 鴻、馬裕藻三人，仍是他的弱點。晚上我與孟真談，

請他勸夢麟努力振作。

寫信勸丁西林、徐志摩回北大。

這條記載最可看出，在改革北大這種大事上，他和傅斯年都是積極的推動者，蔣夢麟反而處於被動的地位。院長制顯然也是出於胡、傅的建議。丁西林是物理學家，胡適的影響顯然不限於文學院。《日記》同年2月13日：

昨夜李仲揆（四光）來電：「教書甚願，院長無緣。」今早與夢麟談，他去電再勸他允任理科院長。

李四光回電給他，可見去電約請的也是他，當然是事先與蔣夢麟商量好的。後來他的內弟江澤涵說他「對理學院的整頓有過相當重要的貢獻」，決不是溢美之詞[25]。

他出任文學院長的事也有曲折，胡頌平先生編《年譜長編》時，未見《日記》，因此也語焉不詳。《日記》1931年2月7日：

作二書與夢麟，一說我在北大教書不支薪，一說文科院長不可無人。

下午又作一書，說北大事須是有計劃，有條理的改革，不可聽學生自動驅逐教員、主任。

25　見江澤涵，〈回憶胡適的幾件事〉，《胡適研究叢錄》，頁9。

一日三函，其積極可見。關於文學院長的事，蔣夢麟在第二天
有專信商討：

> 文學院院長問題，我緻(仔)細考慮過，承認你的見解是
> 對的。現在一個問題是：三學院同時發表院長呢，還
> 是先發表理、法兩院，稍後再發表文學院？因為文學
> 院我已承認自兼了，要轉彎過來，須經過以下的步驟
> 實較穩當：
> 　1. 發表文學院未覓得妥人以前暫行自代，理、法兩
> 　　 院為某某。
> 　2. 兩院長都就任以後一二月內即發表現已覓得某某
> 　　 為文院長。
> 你以為何如？（《日記》2月9日條附原函）

其實文學院長一職是胡適自告奮勇，願意擔任的。怎樣知道的
呢？1932年4月4日他有一封信給蔣夢麟，堅決表示不能繼他出
任北大校長，並極力勸他萬不可此時拋卻北大去作教育部長。
信的第二段說：

> 北大的事，我深感吾兄的厚意。但我決不能接受這種
> 厚意，前夜已與兄說過了。我是不客氣的人，如北大
> 文學院長的事，我肯幹時，自己先告訴，不等你向我
> 開口。（引自《年譜長編》1932年4月4夜條）

所以上面所引胡適論「文科院長不可無人」一信，便是一封自薦書。他似不知道，蔣夢麟已先在校中宣布過自兼院長，不能馬上出爾反爾。對於蔣遲一、二月再發表的反建議，胡適最後作出什麼樣的反應呢？此下《日記》中完全沒有提到，似乎是一疑案。但是我終於在他的一篇殘稿中找到了解答。他有一篇〈記病——二十一年二月十五日至四月〉，專記他在1932年入協和醫院割治盲腸的經過。其中有這樣一段：

> 這一天（按：2月15日）是我約定到北大文學院去接受院長辦公室的日子，已約了秘書鄭毅生（按：鄭天挺）去那邊候我，所以我決定去會他。
> 九點半到第一院，鄭君來了，把文學院的圖章交給我。
> （附在《日記》1932年2月13日條後）

我們再看上引同年4月4日給蔣夢麟信中後面幾句話：

> 但我那番舉動（按：指自動願作文學院長），只是要勸告吾兄回北大，只是要使維持北大的計劃可以實現，只是要在這幾個月計劃明年的改革。不料我到北大的第一日就病倒了，直到今日，什麼事都沒有做。

兩段話互相比勘，我們現在可以完全斷定，胡適是在1932年2月15日正式接任北大文學院長的。他通情達理，讓蔣夢麟有一整年的時間「轉彎過來」，以免貽校長以出言反覆之譏。所以胡

頌平《年譜長編》把他出任文學院長的時間繫在1931年之始，絕對是錯誤的，雖然他確是文學院的幕後主持人。

　　從上面《日記》所透顯的種種活動來看，胡適最初三年半的專任雖是中基會編譯委員會的主任委員，在北大只是「教書不支薪」，然而他的全副精神卻都貫注在北大的革新上面[26]。我縱覽《日記》，可以大致斷定，他北返的最初抱負似乎主要包括下面三個方向：一、改革北大，以帶動全國大學的現代化；二、通過中基會的編譯計畫，大量翻譯西方的名著；三、努力發展中國歷史與文化的研究，最後能將「漢學」(Sinology)的中心從日本京都或法國巴黎移到中國，特別是當時的北平。為了節省篇幅，這裡便不多加徵引了。

　　但是日本的侵略一天比一天加緊，這是他北返前所無法預見的。1931年「九一八」、1932年上海「一‧二八」戰爭、1933年日本攻占熱河，這些大事件接踵而來，胡適已不可能自限於教育、文化、學術的園地，而「從容慢步」於其中了。從1932年始，他越來越捲入政治和外交方面的討論與活動，他的社會角色不再單純是學術研究和教育界的領袖了。下面兩則日記最能說明這一轉變。1932年1月27日：

　　　　在君(按：丁文江)、詠霓(按：翁文灝)和我宴請「國難
　　　　會議」的北方熟人，到者有周作民、王叔魯(克敏)、湯

26　他改支北大薪金在1934年7月，見《日記》1934年末附〈1934年的回
　　憶〉。

爾和、蔣廷黻、徐淑希、陳博生、傅孟真(斯年)、周寄梅(詒春)、叔永(按：任鴻雋)、林宰平、李石曾共十四人。大家交換意見，都以為這會議不當限於討論中日問題，也不應對國民黨取敵對態度。當以非革命的方法求得政治的改善。

「國難會議」是這一年4月7日國民政府在洛陽召開的，目的在爭取全國各界領袖，團結一致，共同應付日本的侵略。這裡所列舉的十四人，背景全不相同。但他們的共識之一是此時不應對執政的國民黨採取敵對的態度。這也說明何以胡適與國民黨之間結束了上海時期的舊怨，從此進入一個在互異中合作的關係。同年2月13日的《日記》說：

獨立社聚餐。談內政問題，方式為「怎樣建設一個統一的國家」。結論大致是：
　1. 應漸漸由分權的名義上的統一做到實質上的統一。
　2. 應努力做到物質上的統一基礎，完成幹線的鐵路網。
　3. 應有健全的政府組織，從「革命的政治」走上法治的軌道。
　4. 應做到全國和平不打內戰。
吳憲君問，政權應如何分配？討論的結果是：
　1. 應取消「黨內無派」，使國民黨自己分化成政黨。
　2. 應取消「黨外無黨」，使國民黨以外能有政黨發生。
　3. 國民黨此時的專政，是事實上不能避免的。

> 周炳琳君對於國民黨的前途甚悲觀，其餘皆非黨員，
> 卻承認黨外的政治團體更無希望。

這是獨立評論社社員的一次聚會，三個多月後(5月22日)《獨立評論》第一期便出版了。此社社員與上條「國難會議」參加者有一半是重疊的，但每一個人都有不同的主張，彼此之間也常發生爭論，不過他們這時在大原則上達致了最低限度的共識。在以後五年中，主編《獨立評論》費去了胡適很大一部分的精力。《日記》1934年4月9日條說：

> 近幾個月來，《獨立》全是我一個人負責，每星期一
> 總是終日為《獨立》工作，夜間總是寫文字到次晨三
> 點鐘。冬秀常常怪我，勸我早日停刊。我對她說，「我
> 們到這個時候，每星期犧牲一天作國家的事，算得什
> 麼？不過盡一分心力，使良心好過一點而已。」（又見
> 同年5月28日條）

1936年12月華北當局強迫《獨立評論》停刊，其時胡適在美國參加太平洋學會的國際會議，尚在歸途中。幫他校對的章希呂記道：

> 我由外回來，看見適嫂很高興，我有點奇怪。後來問

　　楊媽，始知適嫂不願意適兄辦此報，能封門最好。[27]

可知江冬秀多麼痛恨《獨立評論》擾亂了他們的家庭生活。他
在《獨立評論》上寫了許多關於國際政治的文字，參加太平洋
學會的會議也以討論國際關係為主題，每次遠行都在半年以
上。這更是犧牲自己的時間「作國家的事」了。所以在重回北
大這一階段，他的學術研究成績明顯地比不上以前。唯一最有
份量的論著大概要算1934年所寫的〈說儒〉長文了。但工作中
心的轉移無意之間也為他的生命的下一階段打下了基礎。後來
他回憶這幾年的工作，說：

　　我1937-38出任外交事，確有了點準備——五年編輯
　　《獨立評論》，三次參加 I. P. R.（按：Institute of Pacific
　　Relations, 即太平洋學會）會議，都是好訓練。（《日記》
　　1947年12月17日條）

最後，我要從《日記》中摘出若干資料，來說明他在這一階段
和青年的關係。
　　1930年10月初他回到北平開協和醫學校的董事會，同時也
為北歸尋覓居所。10月17日他應邀到協和作一次英文講演，題
目是〈哲學是什麼？〉這一天他有很長的記事：

　　27　《章希呂日記》1936年12月3日條，收在《胡適研究叢錄》，頁273。

今夜協和醫學校的講演本在八點半，故我約了朱友漁君八點五分送車子來東興樓接我。我七點到東興樓赴陳百年諸君之約，小談便入席。剛吃了幾個菜，即得協和醫學校朱君來電話，說，今早有一家報紙登出我講演的消息，故今晚來了無數中國學生，在七點以前，把大講堂坐滿了，現在來者仍不絕，擁擠不堪，而本校的人反不能進來了。朱君問如何應付，我說，「告訴他們，今天的講演是用英文的。」他說，已說過了，但他們說「既來了便不走了，必要聽胡先生對我們講一次。」我看錶，已七點半，便說，「你送車來，我便來先用中文講一次。」

我匆匆吃了半碗飯，便往講堂去。車到門外，勉強擠進口，朱君引我從門外上台。我上台後，見室中聽眾擠緊挨坐，四周隙地皆已站滿，兩旁窗外皆站了人。講堂只可容三百人，而今天已不止千人了。我使用中文開講「哲學是什麼？」聽眾雖擠，而頗肅靜。我講了三刻鐘，叫聽眾退去。

其時門外仍擁擠不堪，聽眾無法可退出。我指示他們由講台上兩廂門退出。但前面人退出了，後面人擠進來，講堂仍是滿的。朱君又同我商量，我只好又在台上請不懂英文的人退讓，並許他們改日在北大另講一次。但他們不動，我等了一會，只好用英文開講了。聽眾居然很肅靜。我講了三刻鐘，又用中文作一簡單的提要，才下台。

> 我這幾年未北回，北方新學生皆不曾見過我，故夏間
> （六月十二）在北大第三院開講，時間定在下午四點，而
> 一點鐘已座滿，後來者皆只能站在兩旁窗外空地上。那
> 一次天太熱，聽眾受擠受暑，至四個鐘頭以上，故後
> 來很有許多人病倒的。今夜的事出於意外，因講題為「哲
> 學是什麼？」無論在那一國都不會引出多人來聽的。

胡適自早年「暴得大名」以後，每作公開講演都是人山人海，
至老不衰。他對於青年學生尤其具有特別的號召力，在20世紀
的中國，他是始終能在知識青年的心目中保持著「偶像」地位
的唯一人物。更值得注意的是，這個「胡適崇拜」（"The Hu Shih
Cult"）的現象並不是由政治權威造成的，相反的，它在很大的程
度上象徵了向政治權威挑戰的心理。這個現象的性質相當複
雜，不是此處所能討論。我詳引這條日記，主要是為了說明胡
適自己對這一次講演所引起的轟動效應，也很感意外，與《日
記》所記其他中文講演的熱鬧不同。他顯然特別受到感動，所
以這一天日記之末感歎地說：「我如何能副這許多人的期望
呢？」他平時對於講演的效果也有很清醒的認識。1935年1月他
在廣州，省主席陳濟棠不准他講演，但他到廣雅書院舊址去訪
問時，那裡七八百個中學生都圍著他，跟著他。他記道：「大
家都不說話，但他們臉上的神氣都很使我感動。——」這當然
是指一種仰慕的神情。因此他後來對同行的朋友說：

> 我若在廣州演講，大家也許來看熱鬧，也許來看胡適

　　之是什麼樣子。我說的話，他們也許可以懂五六成。

　　人看見了，話聽完了，大家散了，也就完了。演說的

　　影響不過如此。[28]

　　其實1930年在協和醫學校聽他英文講演的青年更是如此，「看熱鬧」、「看胡適之是什麼樣子」，大概是絕大多數「聽眾」的共同心理。胡適是當時中國知識界最燦爛的一顆「明星」，這些青年都是「追星族」，和現代青年的心理並無兩樣。所以我們在「胡適崇拜」和「胡適的影響」之間決不能劃上等號。受他思想影響的青年人也是有的，不過遠遠沒有「聽眾」那樣多罷了。上引「我如何能副這許多人的期望」那句話，也只能看作是他在一時情感衝動下的幻覺。

　　1932年以後，在民族救亡的激情一天比一天高漲的情況下，連北大的學生也和他越來越疏離了。青年學生愈是在國家危難的時候便愈應冷靜，也愈應把握時機追求知識，「把自己鑄造成器」，以為將來救國的憑藉，這是他一生所持的堅強信念。早在康乃爾大學讀書時期，他已堅決地宣說這樣的主張，並因此招來一片毒惡的咒罵(見《留學日記》卷九，二四〈致留學界公函〉及三三「〈致留學界公函〉發表後之反響」兩條)。在抗戰前幾年的北平，他仍然用同樣的話告誡青年。這一主張的是非，是一個見仁見智的問題，這裡不必涉及。我想指出的是，他此時此地重彈舊調，確是本諸他自己的信念，並不是因為他是北

　　28　〈南遊雜憶〉，引在《年譜長編》，第四冊，頁1333-1334。

大文學院長，必須維持「秩序」的緣故。這裡讓我略引他在1935年「一二・九」學生運動中的日記來說明他和青年的關係。1935年12月9日：

> 上午十點上課。班上人還是滿的。外間各學校學生今天有請願之舉，北大學生都沒有加入。
> 十二點下課時，何淬廉來談，始知因清華、燕大學生要進城請願，西直門也關了。
> 一點聚餐，大家都談學生請願事。我們費了二十多日的力量，只是要青年人安心求學。今天學生此舉，雖出於愛國熱心的居多，但已有幾張傳單出現，其中語言多是有作用的，容易被人利用作口實。

「一二・九」是劉少奇主持中共北方局的一大傑作。當時中共爲了解脫在陝北的困境，決定發動全國輿論以促成中日戰爭的及早爆發，學生們沸騰的愛國熱忱，自然首先成爲這一新策略的突破點。因此潛伏在清華、燕大和北大的地下黨員及其組織便在北方局的直接領導下發動了「一二・九」運動。關於這一點，當年的參與者已公開站出來，作了極其坦率的交代[29]。《胡適日記》所說傳單中「語言多是有作用的」，大概不外乎「停止內戰，一致抗日」之類的話。這一有組織的暗中運作不是胡

29　可看高文華，〈1935年前後北方局的情況〉，收入《中共黨史資料》（北京：中共中央黨校，1982），頁184-188；陸璀，《晨星集》（北京：人民日報社，1995），頁7，19。

適等少數人「安心求學」的口頭勸告所能抵抗得住的，他的〈為
學生運動進一言〉(《獨立評論》第182期，1935年12月)和〈再論
學生運動〉(同上，第183期)兩篇文字，儘管苦口婆心，都是完全
白寫的。蕭公權先生回憶當時清華的情況，恰可與北大相印證。
他說：

> 赤色陰謀家事先已指使黨徒和同路人滲入清華。教職
> 員和學生當中究竟有多少人有心或無意地參預陰謀，
> 為外人無從知道。我想為數不會很多，用有組織的少
> 數去控制無組織的多數，只需要屈指可數的幾個「活
> 動分子」便行了。[30]

蕭先生雖不知內情，推理則十分精確。所以12月9日以後，北大
的學生終於被捲入了運動之中。同一天的《日記》接著記下午
三點以後的情形，說：

> 從長安(飯店)出來，過王府井大街，見有學生一隊，似
> 是遊行到此。車過東安門大街，見最後一部分打著北
> 京大學旗子，約有三四十人。他們見我的車子，都紛
> 紛私語。
> 我趕到第二院，見著鄭秘書長(天挺)，始知遊行隊到第
> 一院門口站了十五分鐘，高喊「歡迎北大同學參加」

---

30 蕭公權，《問學諫往錄》(台北：傳記文學出版社，1972)，頁107。

的口號。有幾十個學生忍不住了，出去加入遊行。
我回到家中，得鄭秘書長電話，知遊行隊已散了。
晚上居仁堂打電話來，邀各校校長開會商議學生遊行
事。(中略)秦德純市長報告，今天高橋武官去市府抗
議，說今天學生遊行，是有背景，主謀人是蔣夢麟與
胡適。

讀此記，可知北大學生頭一天還能保持安靜，只有幾十個人忍
不住參加了遊行。胡適等人「費了二十多日的力量」，所得不
過如此。最可笑的是日本軍方，反而疑心學生遊行的主謀人是
蔣夢麟和胡適，共產黨地下組織的嚴密可見一斑。但緊接著北
大的學生也動了起來。12月10日：

今天到學校，知道學生要罷課，真是幼稚之至。我與
夢麟、枚蓀(按：法學院長周炳琳)忙了一天，不知能挽
救否。

但這一天有一個北大學生給他寫了下面這封信：

適之先生：
塘沽協定簽字以後，你曾替它辯護過！現在喪心病狂
的軍人又把整個的華北出賣了，你還替它辯護嗎？……
唉！我的胡適之老師！！！
在這樣危急的環境之下，凡屬熱血的青年學生，誰心

中不比喪了父母還難過！激於愛國的熱情放出一聲慘
痛的呼喊，以求鼓起同學們的猛醒，這你能說是不正
當的嗎?!這你能說是軌外行動嗎？倘若你以為這是不
當，那你真是喪心病狂了！該殺的教育界的蠢賊!!
今天一院的通告，你親自撕下去了！在你撕的時候，
你的耳朵還紅了一紅！我們看見你那樣的心情，真哭
笑不得！胡先生我們深切的明白了你的人格！你的人
格連一個無知的工友都不如！只有用粗野的手段對付
你才合適！你媽的！難道華北賣給日本以後，你還能
當北大的文學院長嗎？你把我這熱心的青年學生殘殺
幾個，陷害幾個，你心還很通(按：「痛」字之誤)快嗎？
即使你阻止住了我們愛國心的沸騰，於你有什麼好處?!
於你的良心也過意得去嗎？
現在警告你：向後你若再撕毀關於愛國的通告，準打
斷了(按：「了」字當刪)你的腿，叫你成個拐狗！勿謂
言之不豫也！

　　　　　　　　　　　　將來殺你的人啓　　十二月十日

這確是一個熱血沸騰的愛國學生所寫的抗議信，他滿腔激憤，
所以句句都加上驚嘆號和問號。這應該是一位全無背景的青
年，但他的正義怒火已被挑撥得熊熊燃燒起來了。胡適再雄辯，
他的每個字此時都變成火上加油。這封信的史料價值很高，使
我們親切而具體地領會到當時青年學生的一般心理狀態。
　　此後北大學生便從醞釀到實行罷課，《日記》中天天都有

記載。胡適雖試著上堂講課，效果也微弱得可憐。試看12月13日（星期五）《日記》：

> 我上下午的兩班都有學生來，上午約有三十人，下午約有十五人。我告訴他們，他們的獨立精神是可愛的。

再看12月20日（星期五）：

> 下午重到大學，只有周祖謨一人來上課！談到四點。

這樣的課當然講不下去了。但長遠地看，胡適服膺的易卜生主義——「你要想有益於社會，最好的法子莫如把你自己這塊材料鑄造成器」——畢竟也自有其顛撲不破的真理在。周祖謨後來在南北朝音韻學與史學方面都有極高的造詣，學術上的貢獻很大。至於那些「將來要殺他的人」，恐怕大多數是被自己義憤的火焰吞沒了。這真是20世紀中國最大的悲劇。那些藏在地下的少數人也確有他們煽火的本領。胡適在12月12日的《日記》中寫道：

> 孟真說我近日脾氣不好！其實我這幾天的失望比前二十天更大。青年人沒有知識，沒有領袖，單靠捏造謠言來維持一種浮動的局面，是可痛心的。
>
> 今天城內各校傳說日本兵到清華，打傷了幾個學生，死了一個。城外各校則傳說師大前天死了一個女生，

　　並說死在協和醫院！城裡造城外的謠言，城外造城裡
的謠言！可憐！

城裡城外互造謠言以「維持一種浮動的局面」，自是「一二・
九」學生運動中的實況，因《胡適日記》而保存了下來，但胡
適的理解則完全錯誤。他限於「五四」學生運動的經驗，以為
學運的領袖都是公開站出來領導，如傅斯年、羅家倫、段錫朋、
羅隆基等皆是明證。「一二・九」沒有「五四」型的學生領袖，
是因為它的「領袖」是「真人不露相」的地下組織。城裡城外
互造謠言以保持運動的熱度不下降，其實正是出於「領袖」的
暗中策劃。「一二・九」在北大的最後高潮發生在12月31日下
午蔣夢麟校長所召開的全體學生大會。據胡適貼存的剪報，這
次到會的學生有六百人，空氣十分緊張。下面是《胡適日記》
關於這次大會的簡單記述：

　　十點夢麟電話邀去談話。各校長都到。昨天北大學生
代表會議決二事：①南下請願，②反對提前放假。我
們今天議決，由北大校長下午召開學生會，看結果如
何，再定政策。（中略）
　　三點趕到北大三院，剛開會。夢麟先生先報告，次請
我說話。我剛起立，即有幾個學生江之源等大聲「噓」
我，我從容把大衣脫下，上台說話。說了半點鐘，我
提議請校長測驗公意，以二事付表決：①一月四日提
前放假，②如不放假，一月四日復課。江之源等又大

呼譟，説這是談話會，不是學生會。我告訴他們：這
是最大的全體學生會，我們要問問全體學生的意見。
如果多數學生不贊成昨天的代表會決議，代表應該反
省，應該覆議他們的決議。如果少數人把持不許同學
多數有個表示的機會，這種把持是不會持久的，將來
必要被打倒的。我請夢麟把問題寫在黑板上，先表決：

　　①四日提前放假，無人舉手。

　　②不贊成提前（放）假，約有七八十人舉手。

次表決四日復課：

　　舉手者，一〇一人。

次反表決不復課：

　　舉手者七八人。有人喊，「不要表決！」那幾隻手
　　又放下了。結果是零。

次有學生王毓銓演説，又有一人演説。次由周枚蓀演
説，夢麟即宣告散會。

這是北大校史上相當重要的一頁，當時報紙雖有報導，但從胡
適個人的觀點記述，並且把「噓」之類的細節也如實寫出，畢
竟生動有趣得多。《日記》中關於「一二・九」運動記載，從
第一天只有二、三十人參加遊行，到最後開全體學生大會，完
全是實錄。怎麼可以如此斷定呢？五十多年後，胡適的一位中文
系女學生回憶老師，特別有一節專記這一段經過，其中大端以至

細節無不若合符節，不過由於年代過遠，不免有些模糊而已[31]。

　　從「一二‧九」運動看，北大學生的表現究竟和清華、燕京還是有些不同，他們最初不肯盲從遊行的群眾，正是因為「北大一向標榜個人自由，當時連學生會都沒有」[32]。這不能不說與胡適的影響有一定程度的聯繫。上面我引了一封「將來殺你的人」的信，但是我也要報告，北大學生中也不乏同情和支持胡適的人。在12月31日開大會的當晚，一個學生寫了下面的短信：

> 胡先生尊鑒：
> 今天在北河沿本校三院大禮堂恭聆先生的高明的言論，我萬分欽佩，並懇切地請求先生鼎力使年假後復課的事實現。此外我要乞求先生原諒那些所謂代表們的無恥的（聽說他們家裡破了產，所以受某方津貼，甘心為其利用，其實也很可憐的）鹵莽的可笑的舉動。
>
> 　　　　　　　　敬愛你的一個學生謹上
> 　　　　　　　　　二十四年除夕

這個「敬愛你的一個學生」和「將來殺你的人」真是相映成趣。另外一封信署名「學生友仁」，自稱是「學數理的青年」。他因為那次大會中「所受刺激太深，晚上回來總睡不好」，所以

31　見曹美英，〈回憶胡適老師〉，收在李又寧主編，《回憶胡適之先生文集》，第二集(紐約：天外出版社，1997)，頁119-121。
32　同上，頁119。

在一星期之後（1936年1月7日）寫了一封長信給胡適。原信太長，這裡只能摘引最有關的一段。他是這樣說的：

> 近因時局轉變，我們有第一次的議決案——罷課三天表示點真正民意——我當然極端贊成。第二次的無限期罷課議案發表出來，我們有幾位同學負責向學生會建議，告訴他們對於這樣大的難題，應當召開全體大會，讓大家有充分討論的機會，然後舉行全體總投票（因大會總有不到者）。不料我們所得著的答覆：「不識時務，膽大妄為。」悶了二十多天……那天召開談話會，我當然是贊成復課的一員。不過看到少數藏在群眾中做那種不露面的流氓（實在無以名之），用極卑鄙的手段威嚇別人，而有些同學也就被嚇唬住了，不敢舉手。正在氣憤時，剛好聽到胡先生的「懦夫」二字，使我猛然想起在中學裡的一段故事：有一次我們的英文先生（她是一位英國傳教師）要一個學生念一段文章，等了五六分鐘之久，她親自下去問他的結果：「我念不好，怕別人冷笑。」她於是上去寫了一個大字"coward"。以後每次上堂頭一句要大家一起念："I am not a coward." 那時我在班中最小（約十三歲），沒有想到這幾個字是做人一個根本原則。現在北平各大學的情形，關鍵全在這些coward的身上。我不懂受了十年（小學六年中學六年）以上的教育的青年，對於「應做什麼？」「能做什麼？」這兩句話還不能肯定答覆自己。

在全信的結尾，他虔敬地說：

> 胡先生，你的幾十年來的特立獨行的精神，我很願意
> 盡力取得！（《日記》1936年1月7日條之後）

這是一個奉胡適為楷模的學生。也和胡適一樣，他愛國而不陷
於激情，憤慨而仍能大致保持清醒和平靜。這封信更是稀有的
史料，不但具體地指出了北大少數學生代表如何不尊重多數同
學的意見，如何橫蠻地把持著所謂「學生會」，而且還揭發了
那次全體大會舉手投票時台下學生的活動實況——這是胡適在
台上絕對察覺不到的。原來那天舉手的人數僅有一百人上下，
是因為少數「藏在群眾中……的流氓」用種種「極卑鄙的手段」
把本想舉手的學生們威脅住了。這封信完全證實了上引蕭公權
先生的觀察：「用有組織的少數去控制無組織的多數，只需要
屈指可數的幾個『活動分子』便行了。」根據這些第一手的證
詞，我們現在可以心安理得地說：即使在1930年代中國民族激
情最高昂之際，胡適對於青年學生的影響力也沒有完全喪失。
然而這一點點個人的力量最後終於敵不過那些有組織、有計畫
的暗中活動。關於這一段經歷，胡適在晚年追憶起來猶有餘痛。
1960年12月11日他在覆張佛泉的信中說：

> 謝謝你十二月九日的信。你記得「一二‧九」的學潮
> 嗎？共產黨自吹那是他們主動的革命運動。那年（1935）
> 傅孟真兄與我從十一月十九日起努力鼓勵宋哲元諸人

抗拒日本和漢奸的華北自治運動。我們作了整二十天
的努力，還是為了想避免青年學生的犧牲。「一二‧
九」以後，我們的努力大受打擊，加上在君（按：丁文
江）病危也還是十二月九日！一切電報──長沙、南
京、上海──都打到我家。（回想那幾天的情形，真不好
過。）[33]

最後，我還要引一段他的話，說明他對青年人的態度的概括。
1936年1月7日周作人有信給他，安慰他在「一二‧九」學潮中
所受的打擊，他第二天回信說：

你說，「我們平常以為青年是在我們這一邊。」我要
抗議：我從來不作此想。我在這十年中，明白承認青
年人多數不站在我這一邊，因為我不肯學時髦，不能
說假話，又不能供給他們「低級趣味」，當然不能抓
住他們。但我始終不肯放棄他們，我仍然要對他們說
我的話，聽不聽由他們，我終不忍不說。（附在《日記》
1936年1月8日條後）

這幾句話恰好可以作為「侵略陰影下的新北大」的結束語。

33　引見《年譜長編》，第九冊，頁3397。原文又見《胡適全集》（合肥：
　　安徽教育出版社，2004），第二十六卷，頁529。

五、出使美國（1937-1946）

　　胡適使美和卸任後在各大學講學，先後九年，包括了整個抗日戰爭時期。無論就胡適個人或中國而言，這八、九年都構成了一個獨特的歷史階段。

　　上一節已指出，1932-1937年間胡適主持《獨立評論》和參加太平洋學會的會議，爲他出使美國作了充分的準備。所以這兩個階段之間有較大的連續性。我首先要討論的一個問題便是《日記》中所見胡適從主和到主戰的變遷，這就必須從前一階段開始。關於這個問題，我已讀過不少論述，但大致都以他使美期間的函電爲基本依據。我現在則專以《日記》爲主體，因爲這是尚未曾充分使用過的新史料。

　　胡適在「九一八」以後一貫主張與日本公開交涉，解決兩國之間懸案，以謀求十年的和平。在這十年中，中國全力發展現代軍事設備，以阻止日本武力征服的企圖。這一主張給他帶來了「主和派」的稱號，幾乎受到當時朝野的一致譴責。胡適爲什麼甘犯眾怒而作此主張呢？除了他早年和平主義思想的影響以外，最主要的原因還是他認爲當時中國軍事的力量遠不能與日本相抗。遲至1944年底，抗戰已七年半了，他在哈佛大學對美國人談話，仍持此意未變。他說：

　　　　中國在這次戰爭中的問題簡單說來，便是一個在科學和技術上都沒有預備好的國家不得已而和一個第一流

的軍事與工業強國進行一場近代式的戰爭。(《日記》
1944年12月6日條)

但他之所以有此根深柢固的憂懼則與1933年和蔣介石的一次對
話有很大的關係。這一年3月熱河失守,蔣介石趕到保定處理軍
務,他和翁文灝、丁文江一同應召前去談話。《日記》1933年3
月13日條:

> 五點見蔣介石先生,談了兩點鐘。
> 他自認實不料日本攻熱河能如此神速。他估計日本須
> 用六師團人,故國內與台灣均須動員。「我每日有情
> 報,知道日本沒有動員,故料日本所傳攻熱河不過是
> 虛聲嚇人而已。不料日本知道湯玉麟、張學良的軍隊
> 比我們知道的多多!」
> 這真是可憐的供狀!誤國如此,真不可恕。
> 我們問他能抵抗否,他說,須有三個月的預備。
> 我又問:三個月之後能打嗎?
> 他說:近代式的戰爭是不可能的。只能在幾處地方用
> 精兵死守,不許一個生存而退卻。這樣子也許可以叫
> 世界人知道我們不是怕死的。
> 其實這就是說,我們不能抵抗。
> 我們又說:那末能交涉嗎?能表示在取消「滿洲國」
> 的條件之下與日本開始交涉嗎?
> 他說,我曾對日本人這樣說過,但那是無效的。日本

　　決不肯放棄「滿洲國」。

　　他聲明他決不是為了保持政權而不敢交涉。

　　最後他要我們想想外交的問題。

　　這一天他的談話大致如此。

我相信這次談話對胡適發生了重大的影響，加深了他避戰謀和
的意識。理由很簡單：蔣是全國軍事統帥，他既判斷中國還不
能和日本打「近代式的戰爭」，則謀國者豈能將國家的命運輕
易地孤注一擲？11年後(1944)他和美國友人談話所用的 "modern
war"一詞便多多少少反映了當年保定會談的影子。蔣當時的話
也是相當誠實的，他說「只能在幾處地方用精兵死守，不許一
個生存而退卻。這樣子也許可以叫世界人知道我們不是怕死
的。」這一決心後來便實現在1937年上海的「八一三」抗戰中。
　　胡適在抗戰前六年中雖以「和」為主調，但也沒有天真到
認為戰爭一定能夠避免的地步。1935年6月27夜，他給王世杰寫
了一封長信，專談怎樣長期抗戰，以促成英、美在太平洋與日
本開戰的可能性。這封信已廣為人知，因為它幾乎是一個精確
的預言。由於和他後來使美的主要任務有極密切的關聯，我覺
得仍有必要撮述其要點於下。他的假設是：「在不很遠的將來
也許有一個太平洋大戰，我們也許可以翻身。」但這個假設的前
提是中國必須下定決心，單獨作幾年「絕大犧牲」的苦戰。他說：

　　但我們必須要準備三四年的苦戰。我們必須咬定牙
　　根，認定在這三年之中我們不能期望他國加入戰爭。

> 我們祇能期望在我們打得稀爛而敵人也打得疲於奔命
> 的時候，才可以有國際參加與援助。這是破釜沉舟的
> 故智，除此之外，別無他法可以促進那不易發動的世
> 界二次大戰。

後來中國抗日戰爭歷史豈不是完全和他的推測一一相符嗎？前
引保定談話的影響，在這封信中也清楚地流露了出來。所以他
又說：

> 以我觀之，蔣先生只有「等我預備好了再打」的算盤，
> 似乎還沒有「不顧一切，破釜沉舟」的決心。我在二
> 十二年熱河失守後在保定見他，他就說：「我們現在
> 不能打。」三年過去了，我看他似乎全沒有對日作戰
> 的計劃。……但日本不久必有進一步而不許他從容整
> 軍經武的要求。因為敵人不是傻子，他們必不許我們
> 「準備好了打他們。」老實說，無論從海陸空的任何
> 方面著想，我們決無能準備到可以打勝仗的日子。（附
> 在《日記》1936年6月27日條之後）

這可以證明他一直主「和」，是完全建立在「我們現在不能打」
這句話的上面。兩個星期以後，他和蘇聯大使也有一次交談，
他記道：

> 到蘇俄大使館，會見大使鮑格莫洛夫，同飯暢談。他

> 說，我為中國人設想：如和平可得，如可得十年或二
> 十年的喘氣時間，當然應該與日本妥協，即割了平津
> 也不妨，但和平終不可得耳。我也承認他的話不錯。(《日
> 記》1935年7月12日)

蘇聯大使並不真是「為中國人設想」，他不過是執行史達林當
時的策略，希望日本陷在侵略中國的泥淖中，使他在遠東無後
顧之憂，可以全力應付希特勒而已。但是客觀地說，鮑格莫洛
夫的分析則是有根據的。胡適「承認他的話不錯」，這就表示
他已深切認識到中日之間的「和平終不可得」。所以我們決不
能根據後來的文件，甚至胡適自己的話，斷定他在抗戰之前的
六年中僅知有「和」之一字，直到1937年8月以後(即「八一三」
之後)才轉變到「和比戰難」的觀點。至晚從1935年7月始，他已
逐漸修正他的看法了。

　　下面讓我引《日記》中幾件大事說明胡適怎樣堅持「和比
戰難」的立場。1938年10月8日，他大使履新的第二天，《日記》
說：

> 得蔣先生齊(即八日)電。
> 下午譯此文為英文。我尚未遞國書，無法親交此電。(中
> 略)
> 與Hornbeck談，托他將齊電文交與代外長，轉送與總
> 統。

10月19日他又記道：

> Hornbeck交來總統答介公齊電一文，措辭甚婉轉，實則謂調解時期未到。總統是政客，不能不顧到半個月後的選舉。此時不能出面有驚人的國際行動，是意中之事。於此可見Chamberlain之斡旋捷克，為其愚不可及也。

很明顯的，蔣介石齊電是希望羅斯福能出面調解中日的武裝衝突，而為後者所婉拒。胡適批評英國首相張伯倫斡旋德國與捷克之間的爭端（即慕尼黑協定），以為「愚不可及」，則他不贊成蔣的齊電，可以想見。11月8日《日記》：

> 晚上詠霓（翁文灝）來一電，說國內有「一部人鑒於實力難持久，願乘此媾和」。

12日又記：

> 回寓時已12:45，建文給我一電，寫著「親譯」，是詠霓來的文電。我譯出全文，已兩點多鐘了。是答我的佳電，說汪（精衛）、孔（祥熙）甚主和，蔣「尚未為所動」。文中有使我甚著急之消息，故譯完後，我擬長電覆他。

13日又記：

> 覆詠霓文電有云：「六年之中，時時可和，但事至今
> 日已不能和。六年中，主戰是誤國，不肯負責主和是
> 誤國，但今日屈服更是誤國。」

14日又記：

> 昨電游(建文)、崔(存璘)二君皆以為我負責任太大。我
> 對他們說：「這是我給翁詠霓的私電，不是使館官電。」
> 此電終於發了。

可知這件電文關係不小，以致使館人員都不敢發出去。此時他
反對向日本求和的立場比任何人都堅定。

　　但他阻止和議最嚴重的一次則在1939年9、10兩個月。這件
事知者尚少，值得從《日記》中勾勒出來。9月8日：

> 總統約十一點十五分去見。
> 談的共有三點：①英、法，②蘇俄，③請美國再打一
> 次強心針，作二次之借款。
> 他提及遠東戰事調停的可能條件。我頗著急。

9月9日：

> Hornbeck來談。我把總統談的調停條件告訴他，請他
> 千萬留意。

9月26日：

> 上午十一點去看財政部長Henry Morgenthau，談借款
> 事。他說：「我等候了你兩個星期了。」
> 總統果然於九月十日對他說了。

他為什麼不早幾天去向財政部長接洽借款的事呢？這個謎底必
須通過下列三條《日記》才能解開。9月28日：

> 今早N.Y. Times（《紐約時報》）有U.P.（按：合眾社）記者
> 與王寵惠部長的長篇談論，主張U.S.A出來調停中日戰
> 爭。此間Secretary Hull（按：國務卿赫爾）說："no
> comment"（「無可奉告」）。

10月14日：

> 與Hornbeck長談，談美國和解中日戰爭的可能性。

最後，他為什麼對借款事的拖延至兩星期之久的答案出來了。
請讀10月15日的一篇詳記：

> 起草一個說帖（Mediation）。此事甚關重要（參看九月八
> 日與九日的日記）。
> 我知道總統九月八日所說的話是在那全世界最動搖的

時期，他老人家也不免手忙腳亂，所以我只用「擋」
的方法，四十天不去見總統，一面托S.K.H（即Stanly K.
Hornbeck）特別留意白宮的主張。
這個密帖是用最宛轉的語氣，說明「和議」的種種困
難。其下篇第(6)理由，即是解說總統所提東三省「共
用共管」的辦法之不能實行。因為不便明駁總統，故
只列為和議八大難之一。
第(7)(8)兩段即是我去年對Munich Peace（慕尼黑和平）
的見解。今年捷克滅亡，我益信此種和議之不可恃。
此帖甚費心力。
政府若知道我這四十多日的苦心，必定要大責怪我。
（看Sept 28日 *Times* 所記王部長的談話。）此種地方只可由
我個人負責任。我不避這種責任。

他認為羅斯福所提出東北「共用共管」的方式是絕對行不通的，
因此，很怕他真的出面調停，使中國最後仍落得像捷克那樣「滅
亡」下場。這是他使出一個「擋」字訣的唯一原因，連財政部
方面也拖到兩星期以後才去接觸。這件事完全是他一個人獨斷
獨行，政府方面似乎事先根本未聞其事。這就是說，他一手遮
天，斷送了重慶方面屢求不得的美國調停的唯一機會。他個人
所承負的責任實在太大了。10月16日：

說帖寫成。今日交與外部。（文附末頁）
寫兩個長電稿，一致蔣公，一致雪艇。

有興趣的人不妨查一查這兩個電稿，看看他究竟怎麼向政府報告的。他後來公開提到羅斯福「共用共管」之說，據我所知，只有一次，即在1950年所寫的 "China in Stalin's Grand Strategy" 那篇長文中。胡適唯恐中國政府中途屈服，向日本求和；他也怕羅斯福像張伯倫一樣，以東北「共用共管」為「調停」的方案，終為日本所愚弄，陷中國於萬劫不復之境。這是他堅信「和比戰難」的最有力的見證。

很明顯的，胡適毅然受命於危難之際，出使美國，完全是為了實現他早在1935年關於中日戰爭的一個充滿著先見之明的構想，即中國在破釜沉舟，單獨苦戰三、四年之後，終能促成太平洋的國際大戰。他首先假想的參戰國家當然便是美國。怎樣把美國捲入遠東的戰局是他使美的最大願望，然而卻絕不能露骨地表示出來。1937年9月末他以特使身分來到美國，幾天後在舊金山向全美廣播("What China Expects of America in the Present Crisis")，便極其技巧地表達了他的意思。儘管他開始一再聲明中國決無意把愛好和平的美國捲入目前的戰爭，但緊接著卻以第一次世界大戰為例，指出「僅靠愛好和平，保持中立」，並不足以保證必能避免戰爭。侵略者的愚昧行動曾使美國捲入世界大戰，但同樣的愚昧行動依然表現在今天侵略者的身上，美國最後還是可能被迫再走以戰止戰的道路[34]。這篇廣播詞雖然不是呼籲戰爭，卻不可否認是在為美國人民作戰爭的心理準備。這一天的《日記》是很可玩味的：

---

34 譯文見《年譜長編》，第五冊，頁1617-1620。

> 下午Pardee Lowe來說，廣播電台嫌我的講詞太厲害，
> 要我修改。我大生氣，告訴電台中人，寧可取消廣播，
> 不願修改。後來他們倒更客氣了。
> 七點四十五分，到Columbia廣場電台說了十三分鐘。
> 十點到臥室，已得到王大使(正廷)與M.I. Brown夫婦的
> 賀電，可謂神速。(《日記》1937年10月1日)

電台中人嫌講詞「太厲害」，正是因為他們已聞絃歌而知雅意。
胡適堅決不肯改一字則表現了「寬柔以教，不報無道」的「南
方之強」，一般人對他「軟弱」的評論，可謂適得其反。當時
的廣播等於今天的電視，其影響是巨大的，所以賀電來得如此
「神速」。這第一篇廣播詞定下了他此後數以百計的講詞的基
調，這才是他作為駐美大使的主要特色，他對中國抗日戰爭的
最大貢獻也在此。他年復一年地四處演講究竟發揮了多大的實
際效果，這是無法精確估計的。但《日記》中保存了一張1940
年10月31日《紐約時報》的報導，為我們提供了一個有趣的線
索。這篇報導轉述東京英文《日本時報》(*Japan Times*)的評論，
對美國國務院在幕後支持胡適大使的巡迴演講，極表憤怒。它
指責胡適以大使身分到處演講，是刻意激起群眾對日本的仇
恨，並將美國引入和日本的戰爭(見《日記》1940年10月31日條)。
這至少說明，在日本政府的眼中，胡適的演講活動已構成美、
日關係的一大威脅。可以想像，胡適平時與羅斯福和國務院高
層人物之間的交談，也必然強調與日本談判並不可恃，因為它
絕不講信義，這是他一貫堅持的看法。1945年8月14日他有一張

明信片給趙元任，上面說道：

> 今天日本也許還沒有正式投降，但今早Domei已說日接
> 受同盟國的最後答覆了。我頗有點疑慮，因為日本小
> 鬼是熟讀「兵不厭詐」的兵法的！[35]

這個「兵不厭詐」的意思，大概他在華府也曾一再宣說過。無
論如何，1941年11月26日美日最後談判的破裂，與胡適在最後
一分鐘的強烈爭持是有關係的。美國最負盛名的史學大家畢爾
德（Charles A. Beard）——和胡適相識數十年，《日記》中也常
有記載——在戰後所寫的一部書中，甚至認為日本偷襲珍珠港
是因為羅斯福受了胡適的影響[36]。這種推測雖不免過於誇張，但
多少也反映了一個事實，即胡適在大使任內，運用一切方式和
力量推動美、日交惡，是眾所周知的。他一心一意要把美國帶
進太平洋大戰，使中國可以有「翻身」的機會。他之接受使美
職務，便是為此一「大事因緣」而來。1941年12月8日美國國會
正式對日宣戰以後，他的「大事因緣」也就了結了。所以1942
年5月17日他在〈給翁文灝王世杰的信〉中說：

35　見周法高編，《近代學人手跡》，三集（台北：文星書店，1966），
　　頁12。

36　見張忠棟，《胡適五論》（台北：允晨，1987），頁129-130所引 *President
　　Roosevelt and the Coming of War, 1941*（Yale University Press, 1948）, p.
　　514.

去年十二月八日我從國會回家，即決定辭職了。[37]

胡適雖以上述「大事因緣」爲他出使美國的最大使命，但是他也盡了一般職業外交家所應盡的責任。從《日記》看，他並不是一天到晚忙於奔波演講，不務大使的「正業」。1938年9月29日，他在英國上船赴美前，《日記》中寫道：

得倫敦轉來一電，介公來的，開示四事：
①政局變動中，如何促美助我。
②中立法。
③財政援助。
④禁軍用品售日。

除第一事有時間性外，其餘三項胡適在履任後都曾做了長期的努力。以中立法而言，《日記》中便留下了不少紀錄。當時負責修改中立法的參議員畢德曼（Key Pittman）是中國政府的有力支持者。胡適爲中立法事，曾不斷和他進行直接間接的接觸。《日記》1939年3月15日：

下午去訪Senator Key Pittman，他是參議院外交委員股長。

3月19日：

今日細讀各報，詳為分析，尤注意Senator Pittman的中立法修正案，此案似乎注意歐局，而於遠東形勢有不利。晚上訪Hornbeck，與他家夫婦同飯，請H.注意Pittman的修正案。

3月21日：

今天去訪Hornbeck，討論中立法事。

3月23日：

郭武官宴客，因有Senator Pittman在座，我特別去赴宴，與Pittman稍談中立法事。

3月25日：

寫一信與Senator Pittman，論中立法事。

3月28日：

寫一個討論Pittman中立法提案之Memorandum（按：備忘錄），到半夜後始成初稿。此為病後初次作夜工。

3月29日：

> 早起改削昨稿，令Mrs. Phillips鈔打好。十二點去見
> Secretary Hull(按：國務卿赫爾)，面交蔣先生電文，談中立
> 法事，退出到Hornbeck房中，與他商討我的Memorandum，
> 他質直討論，我又取回修正幾處。下午送去，交與
> Hornbeck，請他轉交Secretary Hull。

3月31日：

> Senator Pittman打電話來，說他將修正他的提案，把
> "undeclared war"除外。此是一大進步。

中、日戰爭即是所謂「不宣而戰」("undeclared war")，不受中立
法限制，美國可以幫助中國。故是「一大進步」。

4月19日：

> 羅總統約今天十二點去見。(中略)總統談中立法事，對
> 日本制裁事。

試看胡適為中立法一事在整整一個月中的努力，還有任何駐美
使節能比他做得更多嗎？至於中立法修正案終於未能通過，那
完全是美國內部的問題，決非駐外使節所能為力的。

關於財政援助一事，胡適的作用也很大。此事本是陳光甫

的專責，但胡適使美後，進行便更為順利。陳、胡兩人合作無間，所以在胡適呈遞國書以前，第一次貸款便談妥了。1938年10月25日的《日記》說：

今夜財長H. Morganthau, jr.約光甫與我去談，轉達R.（按：羅斯福）的意旨。

這裡必須指出，Morganthau和胡適是有特別淵源的。《日記》1939年5月7日條：

晚上與光甫招待Henry Morganthau, jr.部長夫婦吃飯。Morganthau是「新法」（按："New Deal"）政府的一員大將，他的父親Henry Morganthau是威爾遜時代的土耳其大使，我曾見他，他送我一部他的自傳"All in a Life-Time"。

Morganthau是一個理想主義者，他去年幫助中國，也是他的idealism的一種表現。

他讀老Morganthau的自傳，是在1926年7月17日從北京去歐洲的火車上，當天《日記》還有「甚感動」一句話，這一關係當然一下子便拉近了他和小Morganthau之間的距離。至於1939年9月第二次借款由他直接向羅斯福提出，Morganthau則等了他兩星期前來商洽，前文已提及。《日記》中關於借款活動還有不少，這裡不必一一縷述了。

至於蔣電中所交代的第三項——禁軍用品售日，他也同樣努力不懈地去完成。《日記》中記此事，雖不多，但有一條已足證明。1940年7月24日：

> 晚上去紐約。臨行之前S.K.H.(即Hornbeck)邀去小坐，小談。他又說，不久即有好消息。

7月25日在紐約又記：

> 午後兩點，得館中電話，知白宮宣布，把廢鐵、廢金屬、汽油、汽油產品列入禁運物品之列。
> 我大高興。此即S.K.H.所謂「好消息」，吾友果不欺我。

洪北克(Hornbeck)前一日暗示「好消息」，第二天胡適聞訊後「大高興」，都說明此事在他們兩人之間醞釀已久，因此一旦實現，彼此都喜不自禁。這裡我必須順便指出，胡適在大使任內，他的最得力的美國夥伴便是洪北克。洪原在哈佛大學教遠東史，後來進入外交界，他與胡適訂交或許始於早年訪華時期。無論如何，1927年2月他和胡同在紐約美國外交協會舉辦的大型討論會(聽眾一千五百人)擔任主講人，彼此觀點已很一致，因為洪支持國民革命，並力主美國廢棄對華的不平等條約[38]。胡適出

38　見"Forward or Backward in China," 收在《胡適英文文存》，第一冊，頁231-274。

任大使時，洪適爲國務院的高級政治顧問，他們兩人幾乎每隔
一二日便見面磋商有關事務。洪在政界的消息靈通，爲胡提供
一切必要的背景知識。胡在任內交涉順利，得洪暗助之力極大。
《日記》1940年7月22日條：

> S.K.H.於中國最有功。這三年來，他的主張與美國對我
> 國的動作都是關係。

但若不是胡適任大使，洪北克也不可能發揮這樣大的作用，這
是可以斷言的。洪對國民政府的同情與支持始終不變，遲至1949
年1月，他在國會作證，仍然極力主張支援國民政府（見《日記》
1949年1月16日條所錄洪的英文證詞）。胡適對他顯然也發生了持久
的影響。

　　1942年9月大使卸任後，胡適在美國又繼續居留了差不多四
年。他爲什麼不回國呢？除了個人的原因外（兩個兒子都在美國上
學，需要他供給費用），公的方面也有困難。10月6日郭泰祺從重
慶託美國人攜帶一封秘函給他，其中有這樣一段話：

> 兄持節四年，譽滿寰瀛，功在國家，一旦去職，中外
> 同深惋惜。其難進（弟所知）易退（亦弟所知）有古人風，
> 尤足爲士林矜式。而弟於惋惜之餘，頗有吾道不孤之
> 感。（I feel now I am in good company!）一笑。友好中謂此
> 次之事「其戲劇性不減於去年十二月之事。」（按：指
> 郭的外交部長忽然被免職。）弟意二者固不可相提並論，

國人之駭異可見一斑矣。

近閱報載言美各大學紛紛請兄留美講學。鄙意兄若能
勉徇其請，似較「即作歸計」之為愈。因在目前情況
下，兄果返國，公私兩面或均感覺困難，於公於私，
恐無何裨益。因愛兄之深，故冒昧直言之，兄其不以
我為多事乎?!（見《日記》1942年10月28日，胡適摘錄原函）

胡適雖去意早決，但尚未正式請辭。其內幕頗多曲折，我不想
在此作深入探討。就整體判斷，這明明是「飛鳥盡，良弓藏」
的現代版。美國既已參戰，胡適對於國民黨的利用價值已失，
當然可以棄如敝屣了。郭泰祺的信便是在這一情況下寫的。

　　他下任移居紐約後，第一個來聘他任教的是威斯康辛大學
（University of Wisconsin, Madison）校長C.A. Dykstra。但他當時想恢
復拋卻多年的研究工作，不願教書，所以婉辭了（《日記》1942年
10月19日）。就《日記》所見，他正式任教的大學只有兩處：一是
哈佛大學1944年10月到1945年6月。1944年10月22日《日記》：

下午一點的火車去Cambridge（即麻州康橋）。在紐約住
了兩年零一個月，現在去Harvard大學講八個月的「中
國思想史」。

另一處是他母校哥倫比亞，1945年秋季。1946年1月25日：

今天在Columbia University作最後一次講演。

全班學生送我一冊*The Columbia Encyclopedia*作紀念。

全班學生送紀念品，只有正式授課才有此事，因此可以斷定他大概在哥大也教了一學期的中國思想史。此外則是一些短期講演，其中特別值得一提的是1946年2月在康乃爾大學的"Messenger Lectures"。《日記》1944年11月29日條：

> 母校Cornell校長Dr. Edmund E. Day八月十七日來函說本校Committee on Lectureships決定選我為1946-47年度的Messenger Lectureship。這是最高的榮譽，但我不能在這時候決定再住兩年半之久。……
> 因此，我考慮了三個多月之後，今天決定辭謝了。

大概後來情況改變了，1945年他被任命為北京大學校長，由傅斯年代理一年，使他可以延期回國。康乃爾則將這一講座移前了半年，因此他還是接受了母校這一「最高的榮譽」。他在康大的六次演講(2月4日至15日)是非常成功的，一個有四百張椅子的大禮堂，雖在奇冷的夜晚，不但場場滿座，而且還要添一百多張椅子才能容納得下聽眾。

胡適最初謝絕教職，確實是想重回到歷史研究，作為續成中古以下思想史的準備。1942年10月20日記：

> 與Rockefeller Foundation的Dr. David Stevens及National(按："American"之誤)Council of Learned Societies的Dr.

> Waldo Leland同飯。他們要我談談將來的計劃，我告訴
> 他們：我想不教書，只想動手寫我的「中國思想史」。
> Dr. S. and Dr. L.都贊成我的決定，S.說Rockefeller
> Foundation願意供給我費用，專做此工作。Dr. L.說，
> 他們盼望我不時指導美國方面想做的文化溝通工作。

1943年1月初《紐約時報》、《華盛頓郵報》（*Washington Post*）
都先後刊登了一條新聞，說胡適的新任命是美國學術聯合會的
研究員和文化顧問。這便是上引談話的結果：學術聯合會出面
聘請，洛氏基金會則提供經費，這當然是對他的一種適當安排。
1943年1月4日記：

> 凡著書，尤其是史書，應當留在見解成熟的時期。我
> 的中國思想史，開始在一九一五──一七，至今是二十
> 七年了。上卷出版在一九一九，也過二十三年了。但
> 我回頭想想，這許久的擔擱也不為無益。我的見解，
> 尤其是對於中古一個時期的見解，似乎比早年公道平
> 允多了。對於史料，也有更平允的看法。我希望這二
> 十七年的延誤不算是白白費掉的光陰。

可知他此時確是準備接著寫中古思想史(他早已放棄「哲學史」的
概念)。為了恢復擱下了五、六年的學術工作，本年《日記》顯
示他從正史讀起，包括前四史以至晉、南北朝諸史。但在閱讀
之際，不斷發生考證問題，如讀《後漢書・孔僖傳》而考《孔

叢子》之僞(1月8日、9日)，讀兩漢書而涉及《易林》作者是誰的問題。這篇〈易林斷歸崔篆的判決書〉，初稿始於2月3日，改寫則已在2月28日。以後因新材料的發現而不斷修正(見《日記》4月10日條)，《易林》考證又連帶引出兩漢避諱問題，而有〈兩漢人臨文不諱考〉、〈讀陳垣《史諱舉例》論漢諱諸條〉。這兩篇文字完成在7、8月間[39]。整個4月他則因清理漢代經學變遷而想爲王國維〈漢魏博士考〉寫一篇跋，結果又擴大爲漢代太學的研究[40]。《日記》4月27日：

> 今夜在American Oriental Society的Dinner meeting讀一文，題為〈漢代的太學〉。

這是他這一個月工作的英文簡報。《日記》10月31日：

> 開始試作「《昌言》重輯本」。
> 《昌言》是二世紀一部奇書，故我想重寫一個標點分段的定本。

　　以上我詳舉了胡適1943年1月到10月的研究成績。我的用意是在指出，這些文字雖然都沒有直接觸及中古思想史，但確是關於兩漢思想背景的探討，也可以說是披荆斬棘的開路工作。

39　見《日記》7月22日條及〈致王重民〉四封信，收在《胡適書信集》（北京大學出版社，1996），中冊，頁906-909。
40　見4月5日與8日〈致王重民〉兩信，前引《書信集》，中冊，頁883-888。

然而11月以後，他的治學方向忽然改變了，從此捲入全祖望、
趙一清、戴震三家校《水經注》的公案，至死都沒有跳出來，
中國思想史研究基本上即此而止。以後他雖在朱熹、禪宗、泰
山治鬼等方面偶曾涉筆，但他的主要精力已轉移到《水經注》
一案，是無可否認的。其中關鍵即在11月8日收到王重民的一篇
考證，這是他後來屢次提及的一個紀念日。由於這是他學術生
命中一件大事，所以我將這一天《日記》有關部分摘錄於下：

> 得王重民書，附一文，〈跋趙一清校本《水經注》兼
> 論戴趙、全趙兩公案〉。
> 重民治學最謹嚴，但此文甚不佳。今日獨坐，取《水
> 經注》聚珍本、《戴東原集》、《鮚埼亭集》、《觀
> 堂集林》及《別集》，試覆勘此離奇之公案。
> 文伯(王徵)、(周)鯁生、通伯(陳源)六點來談，我「調
> 酒」享客，又同他們去Longchamps吃飯，飯後又到我
> 家裡暢談，至半夜後一點才散。
> 客散後，我寫長信給重民，到天亮六點半才睡。
> 我生平不曾讀完《水經注》，但偶爾檢查而已。故對
> 此大案，始終不曾發一言。
> 但私心總覺此案情節太離奇，而王國維、孟森諸公攻
> 擊戴震太過，頗有志重審此案。
> 今天細讀各案卷，乃作第一次之發言。(下略)

他當時大概過於低估了此案的複雜性，以為輕易可斷，卻不料

這「第一次之發言」竟釀成一發不可收拾之局。他一生好舉例證明歷史的偶然(參看《日記》1927年1月25日與Charles A. Beard論此題)，如今則現身說法，為此論增添了一個有趣的新例。酒闌客散之餘，偶爾乘興寫了一封關於《水經注》的信，他便再也無法回到中古思想史的園地來了。

　　最後，在結束這一階段之前，我要報告我在《日記》中發現了胡適1938年夏季的一段短短的情緣。讓我先把材料抄在下面，再逐步解說。1938年4月14日：

> Roberta Lowitz邀吃茶，她談在Jamaica看英國人的荒謬，我很感興趣。她去參觀其地之醫院，為揭發其種種弊政，頗引起反動。殖民地之政治，至今猶如此，可恨。

4月16日：

> 今天Robby來談，同吃飯，下午始去。

4月20日：

> 與Robby同飯，久談。

4月29日：

> 與Robby同飯。

5月11日：

　　與Roberta Lowitz去看Susan and God，是去冬最好的戲。

5月22日：

　　訪Robby小談。

5月23日：

　　與Miss Lowitz同吃飯。

5月26日：

　　Robby來吃午飯。

5月31日：

　　R.L.從Washington回來，邀去談話。

Robby即Roberta的親切稱呼，R.L.則是Roberta Lowitz的縮寫。
胡適在一個半月之間和她吃茶、吃飯、久談、小談、看戲至九
次之多。其間隔較長的空隙則是胡適外出演講和公事忙迫的日
子，我在《日記》中已一一查證，5月26日與31日之間則因Robby

有華府之行。換句話說，只要胡適在紐約，他幾乎每天或隔一天都和Robby一起吃飯和交談，這是引起我對Robby其人好奇的起源。胡適這次為救亡而來，《日記》中的人物無一不和爭取美國的支持與同情有關。他在紐約期間所接觸的美國人很多，而頻率之高則未有能比Robby者。然而到5月31日為止，《日記》完全沒有透露Robby對胡適究有何種重要性，她又是以什麼身分見知於胡適的。直到6月3日Robby的真面目才開始顯露，這天的日記寫道：

> 到Dewey先生家，他剛把他的大作 *Logic: Theory of Inquiry* 今天送去付印，故他很高興，要我去談天。我們談的很高興，許久沒有這樣痛快的談天了。後來Miss Lowitz也來了，我們同去吃晚飯。

至此我才能初步斷定，胡適認識Robby是由於杜威的關係。下面兩條日記便進一步證實了這一推斷。6月21日：

> 杜威先生邀我與Robby同吃飯，在Crillon Buffet。飯後他們同到旅館中談。

6月26日：

> 早上杜威先生與Robby同來，約去Shelton Hotel吃早飯，飯後與他們告別，他們出城遊行，我回旅館收拾

　行李。

第二條日記毫無問題說明Robby是杜威的助手或秘書之類。這時胡適也將離美遊歐了，所以要收拾行李。

　雖然如此，胡適與Robby兩人之間的交往則遠多於他三人共同聚會的次數。整個6月，胡適大忙，也偶有三兩天的外地活動，但他和Robby的單獨往來還是相當頻繁。6月11日：

　看Robby的病，久談。

6月12日：

　與Lowitz同吃飯。

6月15日：

　Robby進醫院割扁桃線〔腺〕，下午我去訪問。

6月22日：

　今天是畫像最後一次，約Robby同去看看，他說不壞。

6月24日：

（下午）九點半到Columbia Broadcasting Network，十點
我廣播 "What can America Do in the Far Eastern
Situation"，共用十三分鐘。（中略）回到旅館，（李）國欽
夫婦打電話來賀，Miss Lowitz打電話來賀，J. C. Lee（？）
打電話來賀。他們都說廣播字句十分懇切明顯。

這件事很說明Robby對胡適一言一行多麼密切關注，和他最好的
老朋友李國欽一樣。第二天（6月25日）日記寫道：

晚上與Miss Lowitz同去Longchamps吃飯。

在此百忙之中他還抽空與Robby單獨進餐。27日和28日他到外地
去講演，30日起，他將有11天（6月30至7月10日）的中西部講演之
旅。在唯一空檔的6月29日，他記道：

Miss Lowitz邀去郊外遊，是一種休息。

郊遊似乎預示著他們關係將進入一個新的起點。胡適7月10日下
午回到紐約，《日記》說：

Robby知道我回來了，自己開車與我同去遊Hudson
Parkway，回到他寓所小談。

Robby「知道」他回來了，若不是胡適事前已將行程表告訴了她，

便是回來後給她打了電話。他去歐洲的船期已定在7月13日，11日他有李國欽的飯約，討論王正廷大使「大借款」的案子，下午去海關領取航行許可證，晚上有三十餘位友人的送行宴會。午夜以後更須趕火車到華府，以便12日上午向大使館、國會圖書館、國務院各處辭行。他是下午回到紐約的。在如此馬不停蹄奔走了兩天一夜之後，《日記》說：

> Robby 開車與我去遊 Henry Hudson Parkway，到 Arrowhead Inn吃夜飯，月正圓，此是赫貞江上第二回之相思也。

這條日記清楚顯示出兩人的情感發生了一個跳躍。「月正圓，此是赫貞江上第二回之相思」已道盡了一切，本不須再說什麼。但胡適在「相思」兩字之下塗去一字，又在條末添了一句帶括弧的註語：

> （看1938年4月19日附鈔的小詩。）

從字跡的濃淡和位置判斷，似乎是幾年以後加上去的，若是當時所寫，那是不到三個月以前的事，何須註明年份？塗去一字也必與註同時，濃得完全看不見原字了。我猜想塗去的或是「債」字，因為太明顯了，所以不能留下。註也是障眼法，所指「小詩」，現在已廣為人知。詩曰：

四百里赫貞江，
從容流下灣，
像我的少年歲月，
一去了就不回還。

這江上曾有我的詩，
我的夢，我的工作，我的愛。
毀滅了的似綠水長流，
留住了的似青山還在。

這首詩主要爲思念早年女友韋蓮司（Edith Clifford Williams）而作，所以第二天日記中便有「作書與Clifford」一語[41]。「月正圓」則是他回念1923年和表妹曹珮聲在西湖煙霞洞「看月」的一段「神仙生活」[42]。但胡適加註而又塗字是爲了故意誤引後世讀者掉進他特設的陷阱，以爲他又再度想起了少年時代的往事。其實他當天寫這條日記的真實心情毋寧更近於晏殊一首〈浣溪沙〉的下半闋：

滿目山河空念遠，落花風雨更傷春，不如憐取眼前人。

「赫貞江上第二回之相思〔債〕」是落在「眼前人」的身上。這

41　參閱周質平，《胡適與韋蓮司》（台北：聯經，1998），頁124-125。
42　見《日記》，1923年10月3日條。參閱《胡適與韋蓮司》，頁103-104。

是他和Robby離別的前夕，第二天他便有歐洲之行，是否重來，當時是無法預測的。

胡適在船上有一條日記很有趣味，7月16日：

> 開始寫信。（Prof. Hall、孟治、Robby）
> 得Clifford一電："Young 173 Holland Park Ave. Clifford American Express August 6th."

有趣的是他給「眼前人」寫信，但卻同天收到「舊時人」的電報。韋蓮司的電報是說她將於8月6日到倫敦，並以倫敦友人Young的地址相告。後來他果然在一位Mrs. Eleanor Young家和韋蓮司相晤（8月21日），並有參觀博物館（8月22日）和吃下午茶（8月24日）等等活動。更絕的是Robby竟也在8月底趕到了倫敦，但陰錯陽差，胡適已於25日抵達蘇黎世（Zurich）開世界史學大會，Robby便只好從倫敦給他打長途電話了（8月29日）。「舊時人」和「眼前人」同於8月下旬到了倫敦，偶然巧合乎？有心追蹤乎？現在只有天知道了。

7月12日月圓之夜「赫貞江上之第二回相思」，是他們兩人情感的高潮，但也是「月盈則虧」的始點（the beginning of the end）。10月3日他以中國駐美大使的身分重回紐約，便已不可能和Robby再續「郊遊」之樂了。10月3、4、5日，他都「在紐約」，但《日記》上卻是空白，不知道和Robby見了面沒有，即使見過，大概也是在稠人廣坐之中。10月6日他便赴華府上任了，11月13日的日記說：

Dewey先生來吃午飯，Miss Roberta Lowitz同來。

這是1938年《日記》中最後一次提到Robby。但1939年《日記》還是記載了多次和Robby交往的事跡：兩人「共飯」有兩次，一在紐約（6月20日），一在華府（7月30日），而且6月7日胡適到哥大接受榮譽學位之後，還特別去拜訪她。《日記》說：

去看Robby Lowitz，不在，也留一片。
回到旅館，劉敬輿（哲）來看我。
孟治來，幫我收拾行李。
Robby來，用車子送我到965 Fifth Ave, C.V. Starr的家中。

車行一二十分鐘之內，是他們唯一能單獨談話的機會。此外相見則在人多的場合（見《日記》10月9日、10月23日），不必一一引原文了。但最可見他們之間關係親切的是12月22日一次電話中的交談。《日記》說：

祖望回來過節。
Mrs. Grant（Robby Lowitz）打電話來說：昨天她同Dr. Dewey到W. 49th St.一家中國飯店裡去吃飯，她看見祖望同一班中國學生吃飯，她說，「那是胡適的兒子。」Dr. Dewey不相信，叫人去問，果然是的。Robby沒有見過祖望，竟能猜著，真是聰明。

她能猜著，當然是因為她對胡適的面貌神情太熟悉了，胡祖望確長得像父親，她不是毫無根據的胡猜。這也是《日記》中唯一的一次稱Robby為Mrs. Grant，這是她丈夫的姓，他們夫婦好像是分居。《日記》1941年1月11日條：

> 得Dewey先生信，又得Robby自己的信，都報告她的丈夫之死耗，為之嘆嗟。

這也是胡適在日記中最後一次提到Robby的名字。但《日記》有一段很大的空白，即胡適1938年12月5日得心臟病住進紐約Presbyterian Hospital的Harkness Pavillion，共77天。這77天完全沒有日記，但我們確知Robby在這段期間必曾多次來探訪胡適。有什麼證據呢？說來很有趣，證據是胡適在《日記》中塗抹掉的一句話。若無此抹去的一行，一個極重要的環節便脫落了。此句僅見於遠流影印本，大陸排印的《全編》本反而不「全」了。讓我把這條日記(1939年9月23日)引在下面：

> 我的舊日護士Mrs. Virginia Davis Hartman到美京，我請他在Wardman Park Hotel吃飯。〔他談Robby事，頗耐尋味。〕

括號中的末句是塗去的，但字跡仍清晰可辨(見影印本第14冊)。這位哈德門護士從1938年12月6日開始看護他的病(《日記》1939年3月13日)，建立了深厚的友誼，後來一直照顧了20年，直到他

1958年回台北定居爲止。哈德門本來未必認得Robby，她們之所以熟識起來，一定是由於Robby在此77天中常來探病的關係。以胡適爲軸心，哈德門也就開始和Robby有了交往，因而對後者的一言一行瞭如指掌。她當然知道胡適和Robby的關係，所以在談話中報告了Robby的近況。究竟Robby有何「事」使胡適覺得「頗耐尋味」，已成一永不能解之謎。但其「事」或與胡適不無關係，則可由他抹去此句而約略推測其如此。他之塗去此句與他在「赫貞江上第二回之相思」條下之塗字與加註是出於同一心理，這是可以大致斷定的。《日記》中所見胡適與Robby的一段短暫情緣，已盡於此。

　　現在我要進一步追問：胡適爲什麼在此作「秦廷之哭」的緊張氣氛中，忽有此個人情感上的波動呢？首先我們必須從他的心情方面觀察：第一、1938年4月16日Robby第一次請他吃茶暢談時，他來到美國已半年多了，雖到處奔走呼籲，取得了不少民間社團的同情與支持，但畢竟緩不濟急，無助於國家的危難，心中充滿著焦慮。第二、在3、4、5、6幾個月，他非常注意報載戰爭形勢的推移。例如4月5日的日記：

> 今天戰訊不佳，台兒莊已失守，敵軍侵入江蘇境。此次徐州戰事已近三個月，成績雖不劣，然犧牲精銳太多，念之心寒。

4月20日他記道：

今天報紙說臨沂又失了。

5月15日：

今早報載日本兵的一路已截斷隴海路的一段。

5月31日：

晚歸看報，見武漢各政府機關正在準備搬移。此是意中的事，但使我心更煩，加上牙痛，終夜不能睡。五點半始稍睡。

所以6月8日他記道：

今日實在忍不住了，晚上寫長信與某公，此為第一次作「秦庭之哭」。

此「某公」不知是不是羅斯福總統？可見戰爭失利給他多大煩悶和痛苦。第三、本年從1月24到3月18日，他作了一次巡迴整個北美洲的演講之旅，中間無一日之停。3月16日他自己統計：此行共51天，演說56次（美國境內38次，加拿大境內18次）。他的神經繃得太緊，但又鬆不下來，因為下面還有許多演講和會議在等著他。第四、到了4月25日，他日常能解寂寥的中國友人都走光了，留下他一個孤身在紐約的人海之中。與他同來的張忠紱

和錢端升先後於1月27日和4月6日回國了，他的北平老朋友林行規(斐成)於3月29日到了紐約，從《日記》看，他們只要有空，幾乎每晚都談到深夜，給他情感上以極大的支持。但4月25日林行規也走了，他在這一天的日記寫下了一段話和一首詩，最可以顯示他的孤寂心情，原文如下：

> 極感覺孤寂。斐成先生住此地，我們常見面，常談天，給了我不少的快樂。他今早走了，故我今天甚覺難過。晚飯時，獨自走出門，尋到他和我同吃飯的「俄國熊」小館子，獨自吃飯，真不好受！
>
> 　孤單客子最無聊，獨訪「俄熊」吃「劍燒」。
>
> 　急鼓哀絃燈影裡，無人會得我心焦。

此詩的後兩句幾乎把上述四種複雜的情緒都包括進去了。所以4月尾是胡適在情感上最脆弱、最煩躁，也最孤寂的時候，Robby便恰好乘虛而入，闖進了他的生活。

我說Robby闖進了他的生活是有根據的，因為4月16日第一次暢談明明是Robby一方面發動的。Robby既是杜威身邊的人，胡適當在1937年10月6日到紐約後不久便認識她了。10月16日，孟治邀了十位美國朋友同飯，其中便有杜威。其時他已年近八十，Robby很可能隨侍同來。無論如何，胡適稍後去拜訪老師時也一定會遇到她(杜威的生日在10月19日，胡適常常送花賀壽或參加宴會)。因此他們一直要在六、七個月後才開始單獨交往，可以說明胡適並沒有什麼「一見傾心」的經驗，也沒有主動地去接

近她。至少從《日記》看，是如此。他們之間最後發生了一種微妙情感，這是無可否認的事實。他和Robby的一段情緣似乎並不很嚴重，決不能與韋蓮司的關係相提並論，也未可與曹珮聲的纏綿悱惻同日而語。胡適即使不任大使，也會很快結束了它，即美國人所謂「不待發芽成長便把它捏死了」（"to nip it in the bud"），「赫貞江上第二回之相思」也是胡適「偶然論」的一個例子。他在最孤寂的時刻偶然遇見一個聰明而又善解人意的Robby，未及設防的城市竟被她攻破了。但胡適的自衛機能和責任感向來都是很強的，他決不會在臨危受命，作「秦廷之哭」的特殊情況下，鬧出舉世喧騰的笑話來。他在1938年4月27日寫下一句自反的話：

> 我不大赴娛樂場，只是因為國家在破敗狀態，我們應該自己慎重，不可讓人因我們而訕笑我們這民族全無心肝。

我相信這是他的真心話，並無矯飾。為什麼墨瀋未乾，竟有了「赫貞江上第二回之相思」呢？古人說：「聖人忘情，最下不及情，情之所鍾，正在我輩。」（《世說新語‧傷逝》）胡適不是「聖人」，而是「我輩中人」，具有「我輩」同樣的弱點，這一偶然的意外是不足驚怪的。但他畢竟很有智慧，這件事由濃而淡，化解得了無痕跡。1941年Robby的丈夫死了，還特別寫信告訴胡適，可見彼此的交情始終是存在的。不過自此以後Robby的名字也從《日記》中消逝了。

　　如果Robby的事僅止於此，我也許不會有興致寫這一段「事如春夢了無痕」的「相思債」。但是我偶然讀了杜威大弟子胡克(Sidney Hook)的自傳，得到一個十分意外的發現，使我覺得胡適與Robby的情緣陡然增添了「傳奇」的意味。讓我先把胡克有關的一段記述譯出來，再說其他。胡克說杜威晚年幾乎對他事事都言聽計從，但只有一件事他保持緘默。下面是他的原話的譯文：

> 唯一的一件事我閉口不說的是他和Roberta Lowitz Grant之間的關係：這個關係把他和他的兒女及其家庭都分斷了，最後他和兒女們竟致發生了一場陡然而不愉快的大破裂，那是因為他和她在相處差不多十年之後（她主要是照顧他的生活），他以88歲的高齡竟和她結婚了。Roberta先是Lowitz小姐，後是Grant夫人，再後是杜威夫人，她和杜威在一起的生活是怎樣的，她和杜威的兒女們之間究竟有些什麼困難——這整個故事只有當作杜威傳記的一部分來說，才更合適。不幸得很，到現在為止，這段故事還沒有在適如其分的層面和方式上寫出來。[43]

Robby最後竟變成了杜威夫人——胡適的師母，這是我完全沒有

43　Sidney Hook, *Out of Step, An Unquiet Life in the 20th Century*(New York: Harper & Row, 1987), p. 92.

想到的奇峰突起。杜威生在1859年，88歲當在1947年，前推10年則是1937年，可知胡適初識Robby之年也就是她剛剛隨侍杜威之年。杜威比Robby大45歲[44]，則1938年時Robby年34，比胡適小13歲。Robby既成了杜威夫人，她的事跡當不難在杜威傳記中找到詳細記載，何況他們結婚所引起的風波又是如此之大，當時報章雜誌中恐怕也有不少「流言」（gossip）。這是值得有興趣的人去追蹤的，我則只能說到這裡爲止，不過最後我還要補上兩條《日記》。1950年12月24日：

> 今天Mrs. John Dewey在電話上告訴我說，「昨晚王文伯在旅館房間裡被火燒傷……」

1952年6月1日，胡適寫道：

> 今夜八點半，得Mrs. John Dewey的電話，說杜威先生（John Dewey）今夜七點死了。

這兩處Mrs. John Dewey便是當年的Robby。胡適1949年重回紐約之後，和杜威交往仍多，一如既往。他和杜威夫婦在一起時，他是不是依照中國習慣，一律改口叫她 "Mrs. Dewey"呢？還是有時也依美俗叫她"Robby"呢？這是一個再也無法求證的「大膽

44　據唐德剛說，杜威87歲續絃，夫人年42。《胡適口述自傳》頁108。
　　按：杜威續絃年歲似應從胡克說，但兩人相差45歲大致可信。

假設」，然而也是「頗耐尋味」的。

六、內戰時期（1946-1949）

　　胡適1946年7月回國，就任北京大學校長，他的社會角色
（social role）已完全改變，和1937年去國前的北大教授兼文學院長
不同了。從一方面看，他的俗世地位已達到了巔峰，不但是教
育、文化、學術界的領導人物，而且也是政治界的象徵性領袖。
說他是政治界的象徵性領袖，其確切涵義是指他並無實質的勢
力，但有巨大的影響。這是時世的推移把他推到這個特殊位置
上去的，並不是出於他自己的選擇。從另一方面看，他也為這
一顯赫的俗世虛聲付出了極大的代價。他變成了他所說的「公
共人」（"public man"），私人的時間幾乎被剝奪得一乾二淨，從此
他身不由己，隨著中國局勢的動盪而動盪。這一特徵也充分表
現在他的日記上，他不再有閒暇，從容記錄「私人生活、內心
生活、思想演變的赤裸裸的歷史」（《留學日記・序》）。相反的，
整體而言他的日記流為簡單的記事日程，僅僅只有縮寫的人名
和約會的時間、地點，已不再能提供豐富的史料。本文的主旨
既在認識《日記》中所見的胡適，非萬不得已不旁引其他文件，
因此這一節和下一節不得不相應而大為簡化，這是必須向讀者
交代的。

　　1946年6月5日胡適從紐約上船歸國的那一天，在日記上說：

　　下午三點開船。

此次留美國，凡八年八個月（Sep. 26, 1937到June 5, 1946）。

別了，美國！別了，紐約！

看他的口氣，如果不是和美國永久告別，至少也是長期再見。他已55歲，重來將不知在何年。但他怎樣也不會想到，這不過是一個不滿三年的短別而已。7月24日船泊在吳淞口外，日記說：

下午三點，船在吳淞口外遠遠的就下錨了。大雨。

天晴後，八點一刻，海上晚霞奇艷，為生平所少見。

九年不見祖國的落日明霞了！

這是他在將入國門的前夕，抱著對中國未來的憧憬，寫出來的富於情感和詩意的句子。但今天回顧起來，「落日明霞」似乎都成了戰火的象徵。這時國、共談判已經破裂，再過一個月（8月10日）馬歇爾、司徒雷登便正式宣布美國「調處」失敗，大規模的內戰即將展開了。

內戰將中國知識人迅速地推向兩極化，不歸於楊，則歸於墨，中間再也沒有迴旋和中立的餘地。但胡適卻抱著出國前「超黨派」的「獨立」觀念，回到一個完全改變了的「祖國」。一個極富象徵性的故事是他在7月17日的《日記》中剪貼了一則《大公報》的新聞，標題是「胡適明日由京返滬——附誌其致毛澤東之電」。這封給毛的電報是1945年8月24日從紐約發至重慶，

託王世杰轉交的，後者30日覆電說「尊電已面轉毛先生矣。」[45]
在此電中，他勸中共「放棄武力」，準備爲中國建立一個「不
靠武裝的第二大政黨」。但深信「槍桿子裡面出政權」的毛澤
東如何能聽得進這樣的「忠告」？他自然認爲這是胡適企圖幫
蔣介石解除中共武裝的一種謀略。撇開對權力世界的天真和無
知不談，這封電報十足顯示了胡適如何以「超黨派」自居。他
始終沒有改變這一立場，然而未來的事實證明，在兩極化的中
國，他最後仍只有選擇站在國民黨政府的一邊。

　　由於1945年的《日記》已遺失，1946年的又太簡略，胡適
接受北大校長的經過和他對北大復校後的構想，都渺不可見。
根據傅斯年1945年8月17日〈上蔣主席書〉[46]，同年10月17日〈傅
斯年致胡適〉[47]，同年9月6日〈湯用彤致胡適〉[48] 和同年9月3
日〈江澤涵致胡適〉[49] 等第一手材料，我們知道，胡適最初並
不願意出任校長，但他禁不起北大同仁關於「復興北大」的請
求，終於毅然挑起了這個擔子。所以胡適這次回北大，也和他
1931年北返一樣，是一心一意想把學校辦好。鄧廣銘先生在他
任校長的兩年半期間，一直兼任他的秘書，他告訴我們：

　　身任北京大學校長的胡先生，他不但立志要把北大辦

45 梁錫華選註，《胡適秘藏書信選》，正篇（台北：遠景，1982），頁
198。
46 收在《傅斯年全集》（台北：聯經，1980），第七冊，頁147-148。
47 《胡適秘藏書信選》，續篇，頁476-485。
48 同上，頁462-463。
49 同上，頁459-461。

　　好，也不但以華北地區教育界的重鎮自任，而是放眼
　　於全中國的高等教育事業，是以振興中國的高等教育
　　為己任的。[50]

《日記》中有兩件事完全可以證實鄧廣銘的兩點追憶。1947年3
月14日：

　　中基會年會。到者八位董事。
　　我提出一案：中基會與北大第二次合作辦法。北大向
　　中基會借美金三十萬元，分兩年支用，為購買圖書設
　　備之用。北大擔負每年付息五厘，由教育部擔保，以
　　美金付還。兩年之後，分十五年還本，亦由教育部擔
　　保。此案交執行委員會審議。

這是用1931年的故智，借重中基會的貸款提升北大的學術水
平。所不同者，這次的錢不是用在「講座教授」上面，而是充
實基本研究的資源，為學術的長期發展奠定基礎。但是這一提
案經過執行委員會審議之後，略有變更。同年12月13日他記道：

　　中基會第二十次年會。決定提出美國（按：「金」字之誤）
　　二十五萬元，幫助幾個（不得過四個）大學的某一個科學

───────────
50　見鄧廣銘，〈漫談我和胡適之先生的關係〉，收在李又寧主編，《回
　　憶胡適之先生文集》，第二集（紐約：天外出版社，1997），頁70。

　　部門，為添置研究設備之用。我們擬議的是四個：
　　北大（十萬）中大（五萬）浙大、武大（各五萬）
　　北大則專用於物理系。

這大概是因為中基會最後決定多支持幾間大學，以示公允，免
招物議。當時北大已約聘了全國第一流原子物理學家九人，專
門研究最新的理論與實驗，使中國在物理學一門可以很快達到
世界水準。胡適在同一年還向政府請求，希望可以在國防科學
研究經費項下撥美金50萬元給北大[51]。可知這是他全力以赴的一
大計畫。他在死前十幾天，還特別惋惜這個計畫因時局的遽變
而流產。1962年2月5日的《日記》中有一段很長的追憶：

　　寫信給吳大猷，剪報上的馬仕俊死耗給他看。我在信
　　裡提到一九四八年中基會捐二十五萬美元為幾個大學
　　的「復興」經費：北大十萬、中大、武大、浙大各五
　　萬。北大決定不分散此款，把十萬元全給物理系為建
　　立「現代物理學」之用。當時饒樹人主持北大物理系，
　　請吳大猷在美國主持籌畫延聘物理學人才，集中北
　　大，建立一個現代物理的中心。吳健雄、張之裕、胡
　　寧、馬仕俊，都在我們這個計畫之中。他們在大猷的
　　領導之下，有全權支配這十萬美元的使用。
　　不幸這個好夢絲毫沒有實現，我就離開北大（一九四

51　〈胡適致白崇禧、陳誠〉，《胡適秘藏書信選》，正篇，頁225-229。

> 八、十二、十五）了。一九四九年二月，我打電報問大猷
> 此款已花去多少，買了多少東西。回電說，因為計畫
> 很周到，十萬元尚未動用，我就把這十萬元完全還給
> 中基會了。
> 我在信上說到這件事，說：可惜國家白白浪費了十三、
> 四個年頭！[52]

此事至老不忘，可見是他在北大校長任內精心籌劃的一件頭等
大事。

　　建立「現代物理中心」，即是「立志要把北大辦好」的明
證。他剛從美國歸來，眼見科學，特別是物理學的基本研究對
於一個現代國家的重要性，因此他這一次「復興北大」的具體
構想與16年前完全不同，中基會的錢不再用來設「講座教授」
了。但是正如鄧廣銘先生所說，他同時也「以振興中國的高等
教育為己任」，著眼點並不僅僅限於北大一校，最有力的證據
便是他在1947年9月所提出的「爭取學術獨立的十年計畫」。他
認為國家與其每年花費幾百萬美金送學生到外國留學，不如省
出一部分錢來在國內建設少數世界水準的大學，只有如此，中
國才有學術獨立的希望。所以他主張在十年之內先集中資源，
經營五所基礎最好的大學——北大、清華、武大、浙大、中央
大學，十年之後再擴充到其他大學，這當然是他早年〈非留學

52　胡適給吳大猷的原信現已收入《胡適書信集》，下冊，頁1732-1733。

篇〉的擴大與加深[53]。這篇「十年計畫」當時雖在新聞界引起很大的反響（見他所剪存的報紙，收在《日記》1947年9月5日條後），但其時物價天天飛漲，不但政府無力採納，甚至也引不起大學教授的討論興致。試看他所記9月23日北大「教授會」的情況：

> 北大開「教授會」，到了教授約百人。我作了二個半鐘頭的主席，回家來心裡頗悲觀：這樣的校長真不值得做！大家談的想的，都是吃飯！向達先生說的更使我生氣。他說：我們今天愁的是明天的生活，那有工夫去想十年二十年的計畫？十年二十年後，我們這些人都死完了。

我們不難想像，他在「教授會」開始時，一定是興沖沖地談他的「十年計畫」，以為必可得到北大同仁的同情和支持，而反應如此，毋怪連他這個「不可救藥的樂觀主義者」（"an incurable optimist"）也不得不「悲觀」了。但「學術獨立」畢竟是他終身追求的一個中心價值，晚年接受中央研究院院長的職位，這個價值又在他心中復活了。1958年3月26日的日記說：

> 十一年前(1947，九月)我曾發表「爭取學術獨立的十年計畫」，主張「在十年之內，集中國家最大的力量，

53　〈非留學篇〉最初發表在1914年的《留美學生年報》上，《留學日記》1914年1月24日〈湘省一年之留學費〉條已說：「吾『非留學篇』之作，豈得已哉！」則文或成於1913年。遠流本，頁148。

培植五個到十個成績最好的大學，使他們盡力發展他
們的研究工作，使他們成為第一流的學術中心，使他
們成為國家學術獨立的根據地。」陳之藩前些時來信，
特別提到此文。我今日重讀，也覺得其主旨不錯，可
惜沒有時間試行，其實當時也沒有人敢這樣做。
我說的「學術獨立」有四個條件：1. 現代學術的基本
訓練，中國自己應該有大學可以充分擔負。2. 受了基
本訓練的人才在國內應該有設備夠用與師資良好的地
方，可以繼續做專門的研究。3. 中國需要解決的問題（科
學問題、工業、醫藥、公共衛生、國防工業難〔題〕）在國內
都應有適宜的專門人才與研究機構可以幫助社會國家
求得解決。4. 對於現代世界的學術，本國的學人與研
究機關，應該能和世界的學人與研究機構分工合作，
共同擔負其進展之責任。

胡適1948年匆促離開北平時，仍然把這個計畫書帶了出來，可
見此計畫在他心中占有多重的份量。但這個計畫後來經過仔細
的修正，還是開花結果了。1959年2月1日他在日記中寫道：

今天行政院正式公布「國家長期發展科學計畫綱領」
的全文。（是我前天勸陳雪屏兄昨天交中央社今天公布的。）
去年（1958）這時候我先請吳大猷兄擬定一個發展科
學，培植人才的計畫。我把他的計畫帶回來，給一些
朋友看了，大家多次討論的結果，我起草一個「國家

發展科學，培植人才的五年計畫的綱領草案」。我的
草案經過了一個多月的討論，修改了許多次，到五月
中才寫定。五月尾，我送了幾「套」給政府領袖諸
公，——每「套」包括三件：

1. 我十一年前的「爭取學術獨立的十年計畫」
2. 吳大猷原案
3. 我的新綜合的五年計畫案

六月十六日我走了。到八月廿二日，行政院副院長召
集有關各部門，討論此事，以教育部梅月涵兄擬的概
要為主，即此「綱領」也。當時大家很熱心，決定第
一年款為台幣四千萬，美金五十萬，遠超過我的第一
年數字！

次日就是八月廿三日，共產黨向金門各島打了幾萬發
的炮彈，造成了台灣海峽的幾個月緊張形勢，於是這
個科學計畫就擱下來了。

我到台北是去年十一月四夜。那天行政院重提此案，就
把經費減成台幣三千萬，美金二十萬，不止打對折了！
此案送到總統府，壓在積案之下，到今年一月初，才
算核准了。

一月八日的定案，今天才正式發表，中間的延擱是因
為經費的籌畫。

我詳引這些日記，一方面是要說明胡適一生提倡「科學」，並
不只是一句口號，只要有機會，他便百折不回地推動科學研究

在中國的展開。另一方面，台灣的「國科會」在今天已成為科學研究的最重要資源，我們似乎也應該知道它的起源和史前史。總之，1958年「國家長期發展科學計畫」脫胎於1947年「爭取學術獨立的十年計畫」，而「十年計畫」最初則起於1914年「非留學」之一念。他有四句小詩，恰好可以借來描述這件事的整個過程：

> 為他起一念，十年終不改。
> 有召即重來，若亡而實在。（《嘗試集‧景不徙篇》）

回到北大校長時期，我們可以肯定地說，1946年胡適初從美國歸來，他的全副精神都貫注在怎樣「復興北大」這個問題上面。他的心態似乎和1931年的時候沒有什麼不同，即一方面把北大重建成第一流的研究重鎮，另一方面也仍以學人自處，爭取時間作自己的研究工作，《日記》中有關《水經注》的許多筆記，便足為證。然而1940年代中國的教育生態和政治生態已完全改變了，內戰造成的生計艱難逼使教授不能安心治學，學生也失去了求知的興趣。在政治兩極化的情勢下，學潮是當時一個最普遍的現象。如果說1930年代中共潛伏在各大學的地下組織還是小規模的，到了1940年代末期則已非吳下阿蒙。北大更是重點所在，當時的領導者是和我住在一起的一位至親，我對於他的傾向瞭如指掌，他也信任我，並不避諱，不過沒有透露他的地位和職務而已。我至今還清楚地記得，每次北大學生展開大規模的遊行示威的時候，他一定在家中和我們聊天，直到1949

年秋季，他才將活動詳情當故事一樣說給我聽。所以胡適在北大的兩年半之中，很大一部分精力必須用在應付學潮上面。他堅守自由主義的基本立場，對學生不但只「疏導」，不「鎮壓」，而且盡一切可能加以保護[54]。1947年5月蔣介石有一篇給「全國同學」的文告，指責學潮「顯受反動共產黨直接間接之策動」（見《日記》5月18日條所收《經世日報》的報導），他便站出來公開表示異議。5月20日陶孟和從上海寫信給他說：

> 我兄緘默久矣，識與不識每談及時，常深為憂慮。今早得讀我兄對目前學潮談話，謂政府動感情，誣學生有背景為不當。所見公平正確，直言無忌，不遜當年，曷勝欽佩。大家所憂慮者可從此冰釋矣。欣幸之餘，專函奉告，尚乞諒察是幸。

胡適在信端寫道：

> 陶孟和兄來信，可見一般朋友的心緒。此信亦可見南方報紙也有登出我批評政府的話的，此則甚可喜。
> 北方官報如《華北日報》，把我批評政府的一段刪去了。（見《日記》1947年5月22日條所附原函）

他的自由主義立場雖能滿足老朋友們的要求，但對於青年思想

54　見鄧廣銘，〈漫談我和胡適之先生的關係〉，頁72-74。

激進化的大趨勢還是發生不了半點挽回的力量。教授如此，學生又如此，他這次「復興北大」的努力可以說是徹底失敗了。「這樣的校長真不值得做！」確是他發自內心深處的感慨。

　　但是從1947年1月起，胡適便不斷受到蔣介石的壓力，逼他參加政府。2月22日他在日記中寫道：

> 今天又與雪艇(按：王世杰)細談。
> 晚上寫信給雪艇：「考試院長決不敢就，國府委員也不敢就。理由無他，仍是要請政府為國家留一兩個獨立說話的人，在要緊關頭究竟有點用處。我決不是愛惜羽毛的人，……但我不願放棄我獨往獨來的自由。……國府委員而兼北大，尤為不可。(中略)總而言之，我請求蔣先生容許我留在此地為國家做點有用的事。……」

他這一年的日記從2月15日開始，前面的已不存，因此這件事的緣起不明。據傅斯年2月4日給他的信，這是蔣在1月5日和傅單獨談話時的提議，要他「擔任國府委員兼考試院長」[55]。這時內戰已全面展開，蔣為了爭取美國的支援，希望胡適以「無黨無派」的身分加入政府，以建立一種新的形象，這一點胡和傅心裡都是很明白的。但蔣在這件事情上，逼得很緊，頗使他難於應付。3月中旬他到南京開中基會年會和中央研究院評議，蔣在

55　《胡適秘藏書信選》，正篇，頁202-203。

六天之內兩次約他面談。3月13日：

> 晚八點，蔣主席邀吃飯，先約我小談。我申說我的意
> 見，請他不要逼我加入政府。他說，你看見我的信沒
> 有？是托何市長（按：北平市長何思源）轉交的。我說，
> 沒有。他最後說：「如果國家不到萬不得已的時候，
> 我決不會勉強你。」我聽了，很高興。出來時對孟真
> 說，「放學了！」

3月17日蔣又託王世杰再來勸他，《日記》說：

> 我以為是「放學了」，其實不然。今早雪艇奉命來談，
> 說，院長不要我做只要我參加國民政府委員會，作無
> 黨無派的一個代表。我再三申說不可之意。國府委員
> 會為最高決策機關，應以全力為之，不宜兼任。

3月18日又記：

> 下午四點，蔣先生約談，他堅說國府委員不是官，每
> 月集會二次，我不必常到會，可以兼北大事。我對他
> 說，現時國內獨立超然國人太少了，蔣先生前幾年把
> 翁文灝、張嘉璈、蔣廷黻、張伯苓諸君都邀請入黨，
> 又選他們（廷黻除外）為中委，這是一大失策，今日不可
> 再誤了。他承認那是錯誤，但他一定要我考慮國府委

> 員的事。我辭出時，他送我到門，問胡太太在北平嗎？
> 我說：內人臨送我上飛機時，說：「千萬不可做官，
> 做官我們不好相見了！」蔣先生笑說：「這不是官！」

蔣之所以如此緊逼不放，當然是因為他已感到他領導下的政府
已面臨很大的危機，特別是在爭取社會信任和美國支持的方
面。關於這一點，蔣在3月5日致胡適的信中，說得很露骨：

> 日前雪艇兄返京，極稱先生堅不願參加政府，但願以
> 私人地位匡輔國家，協助政府，聞之心感。惟改組後
> 之國民政府委員會為集議決策機關，並無行政煩瑣工
> 作，其職權大於參政會而性質則相同，且係過渡時期機
> 構，為期不過數月。倘先生並此而不參加，豈惟政府決
> 定政策之最高機構失一重大助力，社會且將致疑於政
> 府革新政治之誠意。用敢重違尊意，推定先生為國府委
> 員。倘因時間匆促，不及於發表前商得先生之同意，尚
> 望體念時局之艱難，務請惠予諒察，是為至荷。[56]

這明明只是要借胡適的名字為過渡期間（從「訓政」到「憲政」）
的政府撐撐門面，根本不期望他有任何實質的貢獻。這個「國
府委員」問題一直糾纏到4月19日胡適才得解脫（見《日記》這一
天所鈔存的蔣電）。

56　《胡適秘藏書信選》，正篇，頁208。

在政治兩極化的形勢下,胡適為什麼一方面政治上站在國民黨政府的一面(如1946年參加制憲),另一方面卻又堅決不參加政府呢?傅斯年在給他的一封信裡,說得很透澈:

自由主義者各自決定其辦法與命運。不過,假如先生問我的意見,我可以說:
一、我們與中共必成勢不兩立之勢,自玄學至人生觀,自理想至現實,無一同者。他們得勢,中國必亡於蘇聯。
二、使中共不得勢,只有今政府不倒而改進。
三、但,我們自己要有辦法,一入政府即全無辦法。與其入政府,不如組黨,與其組黨不如辦報。
四、政府今日尚無真正開明、改變作風的象徵,一切恐為美國壓力,裝飾一下子。(下略)
五、我們是要奮鬥的,惟其如此,應永久在野,蓋一入政府,無法奮鬥也。(下略)
六、保持抵抗中共的力量,保持批評政府的地位,最多只是辦報,但辦報亦須三思,有實力而後可。(下略)
我想先生看法也是如此,這些話是多餘的。[57]

這是當時自由主義者所面對的兩難之境,一方面要抵抗中共,

57　《胡適秘藏書信選》,正篇,頁204-205。

使「政府不倒而改進」，另一方面又對國民黨政府極其不滿，必須保持在野的獨立地位，不斷地批評政府。胡適的看法自然與傅斯年是一致的，但是他之所以歸宿於此一立場又和他在美國的見聞有關。1944年12月8日他在哈佛大學和兩位經濟學教授及一位《基督教科學箴言報》記者暢談，回寓後記其內容如下：

> 晚上在 William Henry Chamberlain 家吃飯，客有 Prof. Harberler(economist), Mr. Markham(of the *Christian Sc. Monitor*) 大談。Markham 曾在南斯拉夫 Tito 軍中住多時，最近始歸來。他說的那兒游擊隊情形，共產黨情形，都可借作我國淪陷區游擊區情形的記載。
>
> 最近歐洲新解放的各國(法、比、丹、意、希臘)，無一國不發生政府與共產黨主持的「抗戰隊」(或其他名稱)的火併情形。政府主張解除此種軍隊的武裝，而此種隊伍不受命，故發生流血。最慘者為前昨日的 Athens 的英國海陸空軍開火援助希臘政府，攻擊其他的「抗戰隊」事件。
>
> 此種事件最足以使我們明瞭這十多年的中共問題，及這十年的中共對日作戰的問題的態度，及將來的中共問題。

很明顯的，他已預見戰後國共內戰必不可免。1945年8月他給毛澤東的電報便是在這一知識背景下發出的。他希望中共「放棄武力」，以和平方式爭政權，這便可以避免歐洲各國所發生的

悲劇。國共如不以兵戎相見，他當然也就不必一定站在政府的一邊了。另一件事也極有關係，1946年4月24日的日記說：

> 讀Kravchenko's *I Chose Freedom*，很受震動！此君原是蘇俄駐美採辦委員會的金類專家，1944年他偷跑了，來到紐約避禍，向報界談話，請求輿論的保護。
> 此書是他的自傳，描寫蘇俄的內部慘酷情形，甚有力量。

他雖然早已在理論上否定了共產主義，但對於蘇聯殘酷統治的真面目，他大概第一次讀到，所以「很受震動！」這是真的「震動」，使他久久不忘。1949年4月29日陳垣的〈給胡適之先生一封公開〉中有下面一段話：

> 記得去年我們曾談過幾回，關於北平的將來，中國的將來，你曾對我說：「共產黨來了，決無自由。」並且舉克蘭欽可的《我選擇自由》一書為證。我不懂哲學，不懂英文，凡是關於這兩方面的東西，我都請教你。我以為你比我看得遠，比我看得多，你這樣對我說，必定有事實的根據，所以這個錯誤的思想，曾在我腦裡起了很大的作用。[58]

58　見陳智超編註，《陳垣來往書信集》（上海：古籍出版社，1990），頁191。

陳援菴先生不懂英文，居然把這本書及其作者的名字都記得清清楚楚，可知胡適對他講述時必曾極盡繪聲繪影的能事，這也同時反映了此書對他的「震動」之大而且深。他在1947年8月所寫〈我們必須選擇我們的方向〉一文，從題目到內容，也都有這本書的影子。受了這一「震動」之後，他的「選擇」已定，再也不會動搖了。

蔣介石想把他拉進政府以後還有好幾次提議，包括駐美大使、行政院長，甚至總統候選人。最使他意外的是再任大使一事。1947年12月12日：

> 晚上到雪艇家中久談，他要我再去美國走一趟，這是出我意外的提議。他說，國家需要我去。我說，我老了，十年的差別，如今不比從前了。我說，如對日本和會在華盛頓開，我可以充一個團員，但大使是不敢做的了。

12月16日續記：

> 蔣主席約吃飯，我去時始知只有我一個客，他力勸我再去美國做大使。
> 他的意思很誠懇，但我不敢答應，只允考慮。
> 出主席官邸，即去訪雪艇，細談。我告以我不能去的理由。

12月17日他覆王世杰的信，舉出三個不能接受任命的理由，即指使美事，《日記》中也摘錄了一部分信稿。胡頌平先生未見《日記》，以致《年譜長編》誤以此信指辭謝行政院長的事。就《日記》所見，行政院長的提議發生在1948年11月22日，那是一年以後的事了。他在12月12日已一口回絕了王世杰的建議，爲什麼16日的晚上與蔣、王談話之後，「在床上反復不能成眠」呢[59]？他恐怕不是在「考慮」早已決定的答案，而是因爲此議勾起了他許多不愉悅的回憶吧。1949年2月13日，在他決定以私人身分再去美國之後，政府還有請他「任大使」之電，他覆電說：「弟深信個人說話自由，于國家或更有益，故決不願改變。」（《日記》2月14日）無論如何，他是再也不肯重蹈覆轍的了。

　　最後，讓我們從《日記》中看看他怎樣離開北大、離開上海，以結束這一階段的生活。1948年12月4日，北平已在圍城之中，他寫道：

> 晚上公宴錢端升(按：錢剛從美國回來)，主人是北大的
> 行政首領居多，故我們大談。我最後說，我過了十二
> 月十七日(〔北大〕五十周年紀念日)，我想到政府所在地
> 去做點有用的工作，不想再做校長了。不做校長時，
> 我也決定不做《哲學史》或《水經注》！
> 至於我能做什麼，我自己也不知道。

59　見〈復雪艇〉，《年譜長編》，第六冊，頁2003。

他在北大已不可能再有任何作為，這是再清楚不過的了，所以他當眾宣布了他的去意。最後一句話也許是寫日記時才加上去的，但充分顯示出他對未來的徬徨和失落，這是從來沒有出現過的心理狀態。12月14日：

> 早晨還沒有出門，得陳雪屏忽從南京來電話，力勸我南行，說即有飛機來接我南去。我說，並沒有飛機來。十點到校，見雪屏電：「頃經〔國〕兄又轉達，務請師與師母即日登程，萬勿遲疑。當有人來洽機，宜充分利用。」毅生（按：鄭天挺）與枚蓀（按：周炳琳）均勸我走。我指天說，「看這樣青天無片雲，從今早到現在，沒有一隻飛機的聲音。飛機已不能來了！」
>
> 我十二點回家，又得電報，機仍無消息。到一點半始得剿總電話，要我三點鐘到勤政殿聚齊。
>
> 後來我們（有陳寅恪夫婦及二女）因路阻，不能到機場。

15日的《日記》：
> 昨晚十一點多鐘，傅宜生（按：傅作義）將軍自己打電話來，說總統有電話，要我南飛，飛機今早八點可到。我在電話上告訴他不能同他留守北平的歉意，他很能諒解。
>
> 今天上午八點到勤政殿，但總部勸我們等待消息，直到下午兩點才起程，三點多到南苑機場。有兩機，分載二十五人。我們的飛機直飛南京，晚六點半到，有

許多朋友來接。

兒子思杜留在北平，沒有同行。

這是他和北大告別的最後一幕。

他到南京以後的自我感覺是「作『逃兵』、作難民」（1949年1月1日）。胡頌平追記當時和他的對話恰好可以印證這一深刻的自譴心理：

> 先生說：「我現在住在這裡，這座房子，這些煤，都要國家花錢的。像我這樣的人，也要國家花錢招待嗎？」我說：「這是臨時的住所。先生如能到外國去替政府做些外援工作，還是可以救國的。」先生說：「這樣的國家，這樣的政府，我怎樣抬得起頭來向外人說話！」[60]

但不管是抬得起頭還是抬不起頭，在這個危急關頭，讓胡適去美國為政府爭取外援，大概是南京許多人都會想到的念頭，蔣介石自然更是如此。1949年1月8日蔣請他在官邸晚餐，日記中有這樣一段話：

> 蔣公今夜仍勸我去美國。他說：「我不要你做大使，也不要你負什麼使命。例如爭取美援，不要你去做，

---

60 《年譜長編》，第六冊，頁2065。

　　我止要你出去看看。」

既說「仍勸」，則提議已不止一次。蔣的話說得通情達理，減
少了他的心理負擔，再去美國之議就此決定。這時他一定想起
了1937年8月19日蔣要他「即日去美國」的一幕。

　　他是1月15日從南京到上海的，在陳光甫的銀行招待所寄寓
了兩個多月。在這段時間內，《日記》只是簡單的日程表，不
能提供任何有用的訊息，只有兩條短記，多少透露了一點心聲。
3月14日他得北大同事的兩封來信，寫道：

　　得毅生函，有錫予（按：湯用彤）、枚蓀、綏祖、饒樹人、
　　（鄭）華熾、尹樹人簽名問好。又有（俞）大綵信。喜極！

　　這是在所謂「和談」時期，北平與上海之間仍然通郵。北
大是胡適一生事業上的「家」，現在「家」已控制在共產黨的
手上，居然還有這麼多位「家人」沒有忘記他，給他寫信問好——
包括文、法、理、農等各學院的領導人物——他這位北大「逃
兵」當時感動之深是可以想像的。另一條是為人題畫冊的感想：

　　為呂平得君題石濤畫冊。石濤自題云，「不識乾坤老，
　　青青天外山」，可見遺民不肯拋棄希望的心事。（《日
　　記》1949年3月7日）

這明明是借古人杯酒澆自己的塊壘，他竟在有意無意之間認同

於石濤了。他也許已預感自己將成爲中華民國的「遺民」,但也和石濤一樣,他是一個永遠「不肯拋棄希望」的「遺民」。

4月6日的日記是在克里夫蘭總統號船上寫的。他記道:

> 上午九時離開上海銀行,九點半到公和祥碼頭,十點
> 上President Cleveland船,十一點開船。
> 此是第六次出國。

他從此便一去不復返了!

七、落日餘暉(1949-1962)

1949-1962年可以算是《日記》的最後一個單元,同時也是胡適生命的最後階段。這一階段又分前後兩期:從1949年4月到1958年的4月,他寄寓美國紐約;1958年4月就任中央研究院院長以後,他便定居在台北的南港,直到逝世。但是與1937-1946的九年不同,由於交通的空前改進,他和台灣之間的往來不斷,遠非抗戰使美時期和國內幾成隔絕的情況可比。而且從《日記》作整體判斷,即使在寓美期間,他的基本關懷和主要影響也依然是在台灣——所謂「自由中國」,而不在美國,所以我將這前後兩期合併在同一階段之中。但是我要特別指出,本節以「落日餘暉」爲標題,重點是放在「餘暉」兩字,而不在「落日」。「落日」不過是一個純描述的比喻,表示他確實是在逐漸衰老之中而已。

　　和1937年一樣，他這次也是受政府的託付，到美國來爭取
支援的。但是1949年美國對中國政府的態度已發生了一百八十
度的改變。抗日戰爭開始以後，美國總統羅斯福是非常願意援
助蔣介石和國民政府的，國會中如參議員畢德曼（Key Pittman, 參
議院外交委員會主席）甚至公開宣稱：他個人的立場是支持中國政
府到底，即使這個政府被趕到離海岸三千里外的山洞，政府也
僅剩下蔣介石一個人，他依然如此（見《日記》1938年3月30日所附
剪報）。美國大學和社團以至普通人民更是對中國抱著無限的同
情，這可以從胡適在密西根、芝加哥、明尼蘇達、華盛頓、奧
瑞岡、加州（洛杉磯和三藩市）各地演講所得到的熱烈反響看得清
清楚楚（《日記》1938年1月25日至2月22日）。最感人的一幕發生在
華盛頓州的斯波堪市（Spokane），胡適在午餐時向當地商界、學
界、宗教界領袖詳述中國抗戰的情形之後，《日記》中有下面
一個鏡頭：

> 散後我走樓梯邊，有一個白衣的僱役招我說話，他拿
> 著三塊銀元給我，說要捐給中國救濟。我接了他的銀
> 元，熱淚盈眼眶，謝謝他的好意。他說："I wish I could
> do more." 他的名字是J. E. Mauldin, 2404 W. Benaitt St.,
> Spokane, Wash. 我把這錢交給Dr. Kizer，託他轉交紅十
> 字會。我又把昨天所得的講演費卅五元捐出，以陪襯
> 此人的義舉。（《日記》1938年2月5日）

一個餐館的侍者，只因為聽了胡適的談話，便罄其所有捐了三

個銀元，還恨自己不能做得更多，這是多麼深厚的同情心！

可是1949年胡適負著同樣的使命到美國時，整個空氣變得非常冷漠。總統杜魯門和國務卿艾契遜(Dean Acheson)都是極端厭惡蔣介石和國民黨的。在美國對華政策方面有影響力的學者如哥倫比亞大學的翟斯普(Philip C. Jessup,《白皮書》主編)和哈佛大學的費正清(John K. Fairbank)，雖都是胡適的舊識，此時卻主張放棄支持蔣介石的政權。1948年尾，國民政府已退至華南，即將據守台灣的時候，費正清更是大聲疾呼，警告美國決不應繼續承認蔣的「流亡政府」[61]。在這種政治空氣下，他再有通天的本領，也不可能像12年前那樣對美國朝野進行有效的說服工作。很明顯的，1949年也沒有任何美國官方機構或民間組織再爲他安排周遊各地的講演了。

支持國民政府的政界或學界的人也不是完全沒有，不過他們或不在其位或不屬主流，作用是有限的。他4月底到達紐約，仍住進以前的公寓(東81街104號)。5月1日他便前往華府，這一天的日記寫著：

5:00　Hornbeck Tea

5月2日又記：

61　見他的自傳*Chinabound, A Fifty-Year Memoir*(New York: Harper and Row, 1982), pp. 315-321.

Lunch with（the）Hornbecks

一連兩天都和以前國務院的老朋友洪北克茶會與午餐。可見此
行的目的主要是先從舊時合作夥伴身上投石問路，試探美國政
府的動向。洪是最熱心支持國民政府的人，1949年1月17日胡適
在上海曾摘錄英文報載洪的國會證詞，討論是否應該繼續援助
中國政府的問題。洪認為：真正的問題不是「我們是否還能援
助得起」，而是「我們是否還能承受得起不援助它」。「時間
已經遲了，但國民政府還在奮戰中。在整個亞洲，這是唯一的
獨立的本土政府，還在抵抗共產黨的前進。」他又說，「美國
對中國的眼前困境是不能辭其咎，先是雅爾達協定，後是馬歇
爾調處。調處的進行是建立在一個假的預設之上，以為兩個死
敵能夠妥協和合作。」（見《日記》所抄原文）胡適到華府首先接
觸洪北克，是理所當然的事。5月3日他已回到紐約了，5月24日
和25日他又有第二次的華府之行。24日記：

　　5:00　Paul G. Hoffman　800 Conn. Ave（?）

Hoffman是商界領袖，屬於共和黨中的自由派。1948年美國開始
「馬歇爾計畫」時，杜魯門派他作國內的執行機構（Economic
Cooperation Administration）的首長[62]，他的重要性是不必說的。25

62　見Arthur M. Schlesinger, Jr., *A Life in the 20th Century*（Boston: Houghton
　　Mifflin, 2000）, p. 465.

日有兩個約會：

> Lunch with Butterworth
> Evening — Dinner by McKee   at the Carlton to meet a
> number of friends in Congress.

Butterworth 即 W. Walton Butterworth，此時是國務院遠東司長。晚飯則是和國會中朋友聚談，這一次的任務即止於此。這兩次之間還有一次華府之行，是10日下午坐飛機去的，11日在華府，當晚即返紐約。但這次記事冊上完全空白，幸好他在5月22日給趙元任夫婦的信上把這個空白填補上了。他說：

> 別後，我的心境很不好，沒有一件事值得報告你們！
> 到Washington去了兩次，都不曾住過一天半。許多同情于中國的朋友，如Hornbeck，如Bullitt，如Prof. George H. Blakeslee，都覺得「一籌莫展」！第二次去時，見著Wedemeyer，他也是有心無力。[63]
> 我後天（廿四）又得去美京一次，可以見著Hoffman與Butterworth諸人。

則知11日是特別去會見魏德邁將軍。Bullitt在1938年任駐法大使，胡適在巴黎、華府都曾相見，Blakeslee也是他在大使任上

63　《近代學人手跡》，三集，頁16。

的熟人，當時日記中也有其名。這兩個人不知是在第一或第二
次見面的。7月14日在華府的記事：

　　10A.M.　See Gen. Marshall　2E-844（River Entrance）

這是他到五角大廈拜會馬歇爾。1950年4月3日他在給沈怡信中
提到這件事，透露了一點消息：

> 我是有傲性的人，去年七月中旬在華府還見著Marshall
> & Wedemeyer諸人，但自從八月五日「白皮書」公布
> 之後，我就整五個月沒有去華府。十二月中旬因事去
> 一次，三月初又因開會去一次，都沒有去訪問政府中
> 人，也沒有訪問國會中人。[64]

可知與馬歇爾會談的結果也是很失望的[65]。
　　此外，他在紐約也有不少類似的活動，但日記中僅記人名
與約會時地，無法重建其事，只有一件事可以稍整理出眉目。5
月7日的記事：

　　11（P.M.）　Thomas Corcoran comes to talk.

64　引見《年譜長編》，第六冊，頁2134。
65　參看他1952年在台北「北大同學會歡迎會上講詞」，所言更為露骨
　　而沉痛，引見《年譜長編》，頁2097。

這位Corcoran是當年羅斯福「新政」中的「才士」，胡適曾特記其人：

> Corcoran即是所謂 "Tom the cook"，年僅卅五六歲，為總統最信任的人。（《日記》1939年10月13日）

他是很欽佩胡適的人，此時大概在紐約執律師業。他深夜造訪，當然是為了討論怎樣挽救中國的危機問題。6月14日胡適記道：

> 見廷黻兄，他說宋子文兄從歐洲回來後，極力主張要我出來領導救國的事業，他願從旁力助。（中略）
> 與子文談，果如T.F.所說。我猜想他在歐洲必見了Corcoran，受了他的影響，故作此幻想。

6月22日又記：

> Thomas Corcoran自法國回來，在子文兄（處）見面。他力主張我出來擔任救國事業的領導工作。
> 我早猜子文是受T.C.的影響，T.F.不信。今夜我聽T.C.的話，更恍然明白了。

緊接著便是宋子文電蔣介石，提議布置胡適出長行政院，蔣覆電請胡回國再商一切。最後胡電蔣，說子文電報所說，他「從未贊成，也決不贊成」，這一插曲才告結束（《日記》6月29日及

30日）。但Corcoran雖爲羅斯福的愛將，卻極爲杜魯門所不喜[66]，所以儘管他熱烈擁護胡適，在美國政府方面則未必能發生多大的作用。

　　胡適自1949年8月5日《白皮書》發表以後便不再去華府會見任何政府與國會中人，但1950年6月23日美國政府中人卻來找到他了。他在這一天的日記裡寫道：

> 我自從去年七月到於今，沒有去見一個美國政府大官，也沒有去見一個兩黨政客。今天Dean Rusk（國務院次長）來紐約，約我去談，談了一點半鐘。我對他說：「你們現在一定飄泊到一個世界大戰，但不要叫他做『第三次世界大戰』！這不過是第二次大戰的未完事件（unfinished business）！」

第二天因事觸機，又有一條較長的日記：

> 今天各報（*Times & Herald Trib.*）都發出小字新聞，大國務卿Acheson說，「美國對台灣的政策不改變！」（前幾天各報都說，此次東京會議之後，聯合參謀總長Bradley、國防部長Johnson，見了麥帥回來，美國大概會改變其對華政策。此說流傳頗盛，故Acheson向報館記者作此聲明。）

66　見Schlesinger, Jr., *A Life in the 20th Century*, p. 458.

昨天我對Dean Rusk說，「你剛才提起杜總統正月五日
的宣言[67]，那天是英國承認中共政權的日子。正月五日
就是北平的正月六日，那天，北平一個沒有知識的共
產黨軍人(聶榮臻)送了一個短信給美國駐北平總領事
Clubb，說舊大使館的一部分房子是美國兵營，『人民
政府』不能容許這種帝國主義的兵營存在，所以必須
沒收！這一件短短的公文逼得美國政府(一月十四)宣
告撤退一切官員及其眷屬。這一個無知軍人的發瘋，
比胡適博士一篇千文字還更有力！你們的政策的變與
不變，全看這些無知的瘋子發瘋不發瘋！」

所謂「對華政策變與不變」是指美國是否承認中共的問題。當
時艾契遜大概傾向於改變，但受到國內一部分輿論的壓力而不
敢輕舉妄動，因此胡適譏稱他爲「大國務卿」。在這一則日記
中，他又多透露了與魯斯克(Rusk)談話的一點內容。但魯斯克
以官方身分約胡適談話，決不是要和他泛論對華政策，而必有
更具體、更迫切的任務。《日記》對於這一方面的重要內容，
則一字未提。最近美國中央情報局和魯斯克的舊檔案出現，我
們才知道，6月23日的談話，主旨是要說服胡適出面領導反共而
又親美的人士，以取代蔣介石的政權，不過胡氏對此表示全無
興趣。情報局檔案所說的時間和《日記》一致，但魯斯克晚年
關於此事的答問則說談話發生在「7月24日」，共歷兩個半小時，

67　按：可看1950年1月6日的日記及「宣言」剪報。

或因年老誤憶所致[68]。我雖未親查檔案，然與《日記》比勘，其真實性似無可疑。若不得這兩條《日記》爲證，美國檔案則只能算是片面之詞了。事有湊巧，6月25日東亞局勢忽然有了意外的變化，胡適在《日記》中記道：

> 昨夜十二點，我偶然聽廣播忽然聽說，「北韓大舉進攻南韓，並且『宣戰』了！」
> 我歎了一口氣，果然不出我所料，瘋子果然發瘋了。
> 這不是第三次大戰！這不過是第二次大戰的未了事件（unfinished business）而已！

韓戰的爆發迫使杜魯門下令第七艦隊協防台灣海峽，美國已不可能改變對華政策，對於播遷到台灣的國民黨政府來說，這等於是第二次「珍珠港的偷襲」。但是與1941年12月8日的對日宣戰不同，這一次美國的決定完全是客觀形勢的推移造成的，胡適並沒有發生一絲一毫推波助瀾的作用。

1950年6月25日以後，胡適在美國的工作性質也相應而改變了。首先他針對著《白皮書》中關於中共興起的歷史解釋，提出一套完全相反的看法，其最顯著的成果便是〈史達林戰略中的中國〉[69]。他在這篇文章中引用了《白皮書》的資料，而沒有

---

68 見孫揚明，〈魯斯克曾推銷兩個中國〉、〈魯斯克談孫立人事件〉兩文，刊於紐約《世界日報》，1995年1月8日《世界周刊》。
69 "China in Stalin's Grand Strategy," *Foreign Affairs*, vol. 29, no. 1, (October, 1950), pp. 11-40.

直接駁斥其論點，但讀者只要比讀二者，則胡文從頭到尾都在
和《白皮書》唱反調，是無可掩飾的。9月6日，他有一封信給
傅斯年夫婦，說出了他的真正動機：

> 夏間發憤寫了一篇長文給 *Foreign Affairs*，十月號發
> 表，題為 "China in Stalin's Grand Strategy"。主旨是要
> 人知道中國的崩潰不是像 Acheson 等人說的毛澤東從
> 山洞裡出來，蔣介石的軍隊就不戰而潰了，我要人知
> 道這是經過二十五年苦鬥以後的失敗。這段二十五年
> 的故事是值得提綱挈領說一次的。（中略）此文費時甚
> 久，費力甚多，印成有三十頁之多。因此，許多事都
> 擱起了。[70]

「Acheson 等人」指《白皮書》作者，毫無可疑。現在我要根據
《日記》及其他直接材料來證實此點。1950年8月15日的記事有
一條：

Call Armstrong of the *Foreign Affairs*

16日又記：

3: 30　Mr. Armstrong, *Foreign Affairs*, 58E. 68

70　收在《年譜長編》，第六冊，頁2149。

Armstrong(Hamilton Fish)是《外交季刊》的主編，胡適第一天打電話，第二天下午三點半到社址相晤，即是談撰文事。胡適早在1937年1月號《外交季刊》上已發表過文字（見《日記》1937年1月29日條），其時主編是否即Armstrong，今不暇查考。但他的老朋友George H. Blakeslee是編輯委員之一，一個月前剛在華府見過面，很可能是由他發動，請胡適為《季刊》寫一篇文章，為中國說話。同時胡適有一封信給趙元任夫婦，其中有一段說：

> 你們勸我在外教書，把家眷接來。此事我也仔細想過，但我不願意久居外國。讀了 "White Book"（按"Book"是"Paper"的筆誤）之後，更不願留在國外做教書的生活。[71]

這封信的日期是8月16日，恰好和Armstrong談話在同一天，可見他此時心中最消解不了的便是這部《白皮書》。1949年下半年是他心情最黯淡的一年，6月14日和7月11日《日記》中都記下了心臟病復發的跡象，10月和11月也有過三次「警報」（見《日記》1950年1月10日條）。再加上事忙，所以拖到韓戰爆發以後才動手撰寫。文成的一天他自記道：

> 寫完我的一篇英文文字"How Stalin's Strategy of Conquest Succeeds in China After 25 Years' Chinese Resistance"。此文費了我四十天的工夫，甚不值得。（後改題 "China in

---

71　《近代學人手跡》，第三集，頁18。

Stalin's Grand Strategy"。Mr. Hamilton Fish Armstrong suggested
the change.)(《日記》8月15日)

Armstrong畢竟不愧爲編輯名手，改題比原題簡潔響亮得多了。

　　這一期《外交季刊》是在9月19日出版的，9月22日香港《大
公報》便發表了胡思杜〈對我父親——胡適的批判〉，電訊第
二天便遍傳美國各大報(如《紐約時報》)，稍遲又紛紛出現在暢銷
的雜誌上(如《時代周刊》)。這個消息和胡適文章先後刊出，引起
了廣大的社會效應。胡適在24日一條剪報旁邊寫了下面兩句話：

　　　兒子思杜留在北平，昨天忽然變成了新聞人物！此當
　　　是共產黨已得我發表長文的消息之後的反攻。[72]

胡適的猜測自有可能，但尚待證實。這篇文章在美國曾引起很
大的注意，是不可否認的，尼克森1967年4月間訪問台灣，還特
別向胡適紀念館索取過此文的抽印本[73]。

　　《白皮書》所代表的是美國官方和一般所謂「中國專家」
的主流觀點，這個觀點並沒有因爲韓戰而消失，不過暫時潛
伏在下面而已。所以胡適對《白皮書》的批判也是從未停止，
1954年他爲司徒雷登(John Leighton Stuart)的自傳所寫的引論
("Introduction")中，便有十分露骨的譏刺[74]。但更多的時間，他

72　《日記》影印本9月24日條，《全編》本則漏去了這段話。
73　《年譜長編》，第六冊，頁2148。
74　*Fifty Years in China*(New York: Random House, 1954).

通過演講來揭示中共政權下知識人（intellectuals）的悲慘命運以及
強調「自由中國的世界重要性」[75]。限於篇幅，這裡不能多說了。
讓我舉《日記》中一則有趣的故事來結束他在這一方面的活動。
1952年4月2日的《日記》：

> 下午在Far Eastern Association的Boston年會上，讀了一
> 篇短文，題為"From the Open Door to the Iron Curtain"。
> 讀了之後，即有中國親共的學生兩人（一為趙國鈞，一為
> □□□）站起來質問反駁，其一人「氣」得說話四面打
> 旋！其一人問，「你不信中國現在比從前強（stronger）
> 了嗎？」我說："No!"他又說，「中國不比從前更獨立
> 了嗎？」我大聲說，"No!"
> 我本不曾加入Far Eastern Association，此次我來，全是
> 為了一個青年學者Richard Walker（Yale 的 Assistant
> Professor）。此君今年剛滿三十歲，他頭腦明白，人極
> 聰明，又肯用功。他發表了一些文字，我很敬重他，
> 所以我此次為他走這一遭。

這條日記如果我不稍加註釋，今天恐怕很少人能懂了。先說所
謂「中國親共的學生兩人」，姓名空白的一位是數理邏輯名家
王浩，那時已在哈佛大學哲學系任教，並不是「學生」。（這是

75　見《日記》1956年7月23至27日所記在University of Wyoming的五次
　　演講，參閱1955年3月11日及1956年2月9日兩條日記。

我從趙如蘭教授處求證所得，她也在場，描繪得有聲有色。）王浩受父親影響，從中學起已信仰馬克思主義，他的「親共」是根深柢固的[76]。胡適說他「『氣』得說話四面打旋」，真是十分傳神，因為後來我也曾親自領教過一次（1987年12月在哈佛大學舉辦的一次中國文化研討會上）。趙國鈞是學農業經濟的，那時大概也在作「博士後」研究，曾在費正清的東亞研究中心出版過一本關於大陸農業的小書。1955年秋天我在哈佛認識他時，他已準備回國了。他因為我從香港來，還特別和我在茶館中聚談了一個下午，我勸他最好鄭重考慮一下。但他是一個很誠懇而質樸的人，富有民族主義的激情，不久便拋下家庭獨自去了大陸。他的結局是一個悲劇，聽說在大陸不久，受到很大的挫折，又出來了。最後他在歐洲旅行途中，跳火車自殺了。所以我每讀到這條《日記》，總不勝感慨。

　　「遠東學會」即今天亞洲學會的前身，當時已在中國研究主流派費正清的控制之下，Walker則是支持國民黨政府的所謂「保守派」，所以他特別拉胡適去為他壯壯聲勢。這條日記大致也反映了胡適在美國的一般處境，關於這一方面，我只能作一個簡單的交代。

　　前引1949年8月16日他給趙元任夫婦的信，表明他不願意在美國教書，但不久江冬秀想到美國來，他不得不重新考慮教書

76　直到1976年以後他對共產黨的幻想才開始破滅。他的老師W.V. Quine 在自傳 *The Time of My Life: An Autobiography*（MIT, 1985）中對他有一小段素描，相當準確，見pp. 306-307.

的問題[77]。1950年1月5日的日記說：

> 年底忽收到Princeton的"Special Program in the Humanities"
> Committee主席Prof. Whitney J. Oates來信說，有人提我
> 的名，為Alfred Hodder Fellowship之候選人。（下略）
> 我想了幾天，今天才回信與Oates，說他們可以考慮我
> 的姓名。我頗想借一棲身之地，把「中國思想史」的
> 英文簡本寫定付印。

這就是說，他此時已改變想法，願意找一個適當的地方作教書
或研究工作了。當時中國有地位的學人流亡美國的很多，而教
書職位則少之又少。1950年5月22日的日記說：

> 朱經農來談。
> 經農說，他曾寫二十封信向各大學找事，十五處回信
> 說沒有事，只有五封信說信已轉給主管學系，如有需
> 要，再寫信通知。
> 此事使我慨歎。

這是當時的一般情況。胡適在美國擁有極高的知名度，當然不
在此列。但他也有他的特別困難之處，關鍵即在怎樣找到一個
彼此都合適的位置。1950年1月24日他記道：

77　見他12月23日給趙元任夫婦的信，《近代學人手跡》，三集，頁19-20。

W. Reginald Wheeler打電話來說，St. John's College
(Annapolis, Md.)的新校長Richard D. Weigle聽説我可以
教書，他説，「如果胡適先生肯來St. John's，我可以
每年送他一萬二千元。」
我對Wheeler説，St. John's只有兩百多學生，只有三十
多位教員，Weigle校長怕用不著中國哲學一類的學科
罷？他不可不仔細想想。

這是一個很有水準的小型學校，但對教授的要求也很嚴格，待
遇雖特別高，無論對胡適還是對學校而言，顯然都太勉強了。
最後他決定接受普林斯頓大學的兩年聘約，名義是 "Fellow of
the University Library and Curator of the Gest Oriental Library with
rank of full Professor"。這是因爲校長知道他肯來，特別添了這
一臨時職位，因爲原來的Hodder Fellowship待遇太低了。這一職
位的好處是，他可以帶一位助理來管理葛思德圖書館，他自己
不用天天上班，並且不定期地在哲學系講點課(如1952年春季在哲
學系的公開Seminar講 "What is Zen Buddhism?" 見《日記》1952年5月
14-16日)。1952年以後，他已十分明瞭美國一流大學東方系的狀
況，早已打定主意不教書了。他在1955年12月19日給趙元任的
信上説：

我這幾年所以不教書，也不熱心問人要教書演講的機
會，實在是因爲一種避嫌的心理，一面是許多所謂「漢
學」、「支那學」家總有點怕我們打入他們的圈子裡

　　去，一面是這種人在政治上又往往是「前進」分子，
　　氣味也不合，所以我總有點神經過敏的感覺，覺得還
　　是「敬而遠之」為上策，切不可同他們搶飯吃。[78]

1956年秋季他在加州大學哲學系（Berkeley）作了半年的Regents Professor（這是最高榮譽的教職），當然是老友趙元任聯合同事極力推動的結果。這是他此次留美九年中唯一的正式教授職位，但也是最後一次了。

　　他說「漢學」、「支那學」家有點怕他打入圈子並非泛言。例如1955年他曾兩次為了印刷起於何時的問題和哥倫比亞大學的富路德（Goodrich）發生過爭執。元稹《白氏長慶集・序》中有「摹勒」兩字，胡適認為即指「摹刻」，因「勒」字訓「刻」，由來已久（如「勒石」）。富氏則尊奉伯希和，不信元、白詩有刻本之說。所以胡適在《日記》中一則曰：「此真西洋學者之固執自信」（1955年2月13日），再則指富氏「反覆辯論，皆不中理」（同年3月30日）。事實上王國維也早以「摹勒」為雕板之證[79]，胡適似未見其文，但與之暗合。我猜想辯論之際，富路德的語言或不免有使胡適「神經過敏」之處。「前進分子」必以費正清為首選，費正清在1930年代在北平時受教於蔣廷黻，也常和胡適往來，當時且尊之為「現代的伏爾泰」（見*Chinabound*, p. 46）。但1949年以後費氏和蔣、胡二人都非常疏遠，他請胡適到哈佛

78　《近代學人手跡》，三集，頁58-59。
79　見〈晉開運刻毘沙門天王象跋〉，《遺書》本《觀堂別集》卷三。

去講演只有一次，在1955年5月6日[80]。爲什麼呢？因爲那時正值大陸批判胡適思想的高潮，美國報紙上時時有報導，費正清和他的研究生們已無法忽視他的存在。但他們的成見很深，聽了他關於「近代中國的思想革命」的講演以後，對他更不佩服[81]。在他們的眼中，胡適對20世紀中國變動的歷史認識似乎遠不及他們來得深刻。

　　胡適不但不想在美國教書，而且動了回台北定居的念頭。就是在加大教書的時候（1956年11月），他已有信給李濟，想在南港中央研究院內借地自建住宅，以便利用歷史語言研究所的豐富藏書，繼續自己未完成的學術工作[82]。

　　我在本節開始時便指出，胡適從1949到1958年雖在美國住了九年，然而他的真正關懷卻在台灣，因爲這是中華民國治權所及的唯一領土了。他口中和筆下往往用「自由中國」四個字作爲台灣的代號，但這是他的期待和嚮往，不是指實際的現狀。他的真正想法是：國民黨既已接受了憲法體制，雖然出於萬般無奈，民主和自由終於有逐漸實現的可能，而且也只有台灣成爲名副其實的「自由中國」之後，民主和自由才有可能推廣到整個中國。他對台灣的一切具體關懷都環繞這一主題而展開，下面我將以《日記》爲基本材料，試著清理出三個線索。

　　一、憲政法統的延續。 1951年3月31日他寫道：

80　見胡適5月3日給趙元任的短信，《近代學人手跡》，三集，頁50。

81　Jerome B. Grieder, *Hu Shih and the Chinese Renaissance*(Harvard University Press, 1970), "Preface".

82　原信見《胡適年譜長編》，第七冊，頁2563-2564。

> 昨今兩天寫了一封長信，交杭立武兄帶呈蔣總統。（中略）次談關於總統副總統的憲法緊急補救辦法。
> 最後我勸他想想「國民黨自由分化，分成幾個獨立的新政黨」，而第一要件為「蔣先生先辭去國民黨總裁。」（下略）

因為依照憲法，總統六年一任，蔣的總統將在1954年滿期。他恐怕蔣到了台灣之後，索性把心一橫，不再講「憲法」和「選舉」了，因此才特別提出這個問題。至於國民黨自由分化的意見，他早在1948年已向蔣當面建議過一次（見《日記》1948年4月8日條）。同年10月11日：

> 查良鑑（字方季）、周宏濤兩先生從台北飛到美京（Oct. 1），今晚來看我。周君帶來蔣總統九月廿三日的親筆信，答復我五月卅一的長信。（中略）
>　尊函所言憲法問題、黨派問題，以及研究匪情、瞭解敵人等問題，均為目前急務，然非面談不能盡道其詳，故望駕回之心更切也。（下略）

這是表示蔣很重視他的提議。10月12日的日記頁上續記：

> 據周君說，關於憲法問題，已有一個委員會，研究辦法。委員會有王亮疇（按：寵惠）、王雪艇（按：世杰）、張其昀諸人。

　　黨派問題，我的見解似不是國民黨人所能了解，似未
　　有進展。

可知關於憲法問題，國民黨已開始行動。至於國民黨分化，胡
適是想借此建立多黨政治，但要蔣辭去總裁，那是太過於一廂
情願了。1952年9月他再給蔣寫信，把他的真意和盤托出。9月
14日他寫道：

　　寫長信給蔣總統，共八葉。大旨是說，十月十日召集
　　的國民黨大會是一個難得的機會，應有明白的表示：
　　①表示民主政治必須建立在多個政黨並立的基礎之
　　　上，而行憲四五年來未能樹立這基礎，是由於國
　　　民黨未能拋棄「黨內無派，黨外無黨」的心理習
　　　慣。
　　②表示國民黨應廢止總裁制。
　　③表示國民黨可以自由分化，成為獨立的幾個黨。
　　④表示國民黨誠心培植言論自由。言論自由不是憲
　　　法上的一句空話，必須由政府與當國的黨明白表
　　　示願意容忍一切具體的政策批評，並須表示，無
　　　論是孫中山、蔣介石，無論是三民主義、五權憲
　　　法，都可以作批評的對象。（下略）

不用說，這些話蔣半句也聽不進，所以此信如石沉大海。1953
年1月16日他訪台離去的前夕，日記中記著他和蔣面談的情形：

> 蔣公約我晚飯，七點見他，八點開飯。談了共兩點鐘，
> 我說了點逆耳的話，他居然容受了。
> 我說，台灣今日實無言論自由。第一、無一人敢批評
> 彭孟緝。第二、無一語批評蔣經國。第三、第（按：「無」
> 字之誤）一語批評蔣總統。所謂無言論自由，是「盡在
> 不言中」也。（中略）
> 最奇怪的，是他問我，召開國民大會有什麼事可做？
> 我說，當然是選舉總統與副總統。（中略）
> 他說，請你早點回來，我是最怕開會的！
> 這最後一段話頗使我驚異。難道他們真估計可以不要
> 憲法了嗎？

蔣雖然表現了容忍胡適的雅量，但是他視憲法如兒戲，則是十分明顯的。1953年5月5日的日記：

> 昨晚寫了一晚的信，大概有幾千字。
> 一封給雪艇，討論憲法的法統不可輕易廢止。國民大
> 會明年二月應該召集，本年秋季應由立法院修正「國
> 大組織法」，改過半數開會為三分之一。

這些具體的建議後來都實現了，1954年3月總統副總統即依此修正的組織法選了出來，國民黨政權又取得了「合法性」，但胡適所期待的多黨政治、言論自由則完全落空了。不過今天從長程回溯以往，憲法的法統畢竟延續了下來，這才有以後一步一

步地弄假成真。個人的生命無論如何長，總比不過基礎鞏固的
制度。胡適在這一方面的關懷和努力，用他自己的話說，可謂
「功不唐捐」。

　　二、**言論自由的爭取**。胡適一向認爲言論自由是一切其他
自由的始點，民主、法治只能建立在自由的基礎之上。他爭取
言論自由的根據地便是1949年由他領銜創辦的《自由中國》半
月刊。《日記》1949年2月10日：

　　　7:　立武

2月12日：

　　　11:　雷儆寰

2月26日：

　　　9:　立武來談？

4月6日：

　　早飯在王雪艇、雷儆寰處。

這是胡適離開上海前，在日曆簿上所記的三次約會，都與《自
由中國》有關。何以知之？4月16日他在克里夫蘭總統號的船上

有一封信給杭立武、王世杰、雷震三人，最近才出現。原信如
下：

> 立武、雪艇、儆寰諸兄：
>
> 一路上很平安，只是不能寫文字！
>
> 勉強趕成一篇「述」獨秀的文字。如毛子水對此題有
> 文字寄來，他的文章一定比我好，當用他的，不必用
> 我的。此稿請勿拋棄，可寄還我。
>
> 「宗旨」寫了幾次，都寫不成。最後有一篇短的，十
> 分不滿意。千萬請你們與(崔)書琴、(張)佛泉、子水諸
> 君仔細斟酌，最好是完全重寫過。
>
> 請注意這不過是擬稿之一種。萬不得已時，還是不發
> 表書面的宗旨或約章。
>
> 若發表「宗旨」定稿，請不要具名。
>
> 請不要忘了傅孟真(斯年)是作文章的大好手。
>
> 我明早(十六)到檀香山，廿一早到舊金山，大約須住到
> 廿五或廿六始起身東去。[83]

這是《自由中國》籌劃階段的原始史料，不但使我們知道杭立
武、王世杰、雷震三人是這份刊物的原動力，而且也透露出崔、
張、毛三人最初都與刊物的構想有密切的關係。信中提到「述」

83　見萬麗鵑編註、潘光哲校閱，《萬山不許一溪奔——胡適雷震來往
　　書信集》(台北：中央研究院近代史研究所，2001)，頁1-3。

陳獨秀一稿，即是後來發表的〈陳獨秀的最後見解〉。1949年2
月23日的日曆簿上記道：

> 讀「陳獨秀最後論文和書信」，深喜他的晚年大有進
> 步，已不是「托派」了，已走上民主自由的路了。

這是有人把陳獨秀晚年的文稿送給他看，希望出版。他讀後十
分感動，所以在船上寫了這篇介紹性的文字。1961年6月5日他
寫給李孤帆的信上說：

> 我在十二年前作序印行的《獨秀最後見解》，就是你
> 記憶起的國際大飯店裡江津某君(按：疑是何之瑜)交來
> 的遺稿──交來的並非全部。[84]

陳獨秀最後死在四川江津，這些文稿當然都是愛護他的朋友保
存起來的。其次是信中提到的「宗旨」，便是後來在《自由中
國》上每期刊載的四條。1949年5月15日他在紐約收到了「宗旨」
的印本，並在上面寫著「張佛泉寄來的」幾個字(收在影印本《日
記》5月17日一條的前面)。從信中的反覆叮嚀，可見他對這條短
短「宗旨」的慎重。這封信為什麼把杭立武放在前面呢？杭立
武有一篇追憶胡適的短文解答了這個謎團，他說：

84　引見《年譜長編》，第十冊，頁3626。

　　愚在滬一面搶救物資，一面計畫反共。首先擬辦一雜
　　誌，曾草擬緣起並提出十餘名稱，就商於胡先生，胡
　　先生閱後，十分贊成，並願合作，但對雜誌名稱認為
　　傳統的字樣不足以號召，主張用「自由中國」四個字，
　　我接受後即加緊籌備。

　　正在此時，行政院改組，李宗仁代總統和何應欽院長
　　會商閣員名單，向胡、梅(貽琦)兩先生請教教長人選。
　　在他們力薦和敦促下，愚遂出任。隨即來至臺北，召
　　集第一次會議，當場決定籌辦兩個雜誌，一為《自由
　　中國》，並指定雷震先生為主編，一為《反攻》，並
　　指定臧啟芳先生為主編，並決定兩份雜誌經費由教育
　　部補助三年。[85]

　　《自由中國》創建的歷史大致已清楚了。雜誌最初雖由教育部
補助經費，創辦人士也多為政府中人，但它並不是嚴格意義上
的官方刊物，而毋寧傳達了一群自由主義者在國家危難時期的
共同聲音。胡適自始即與聞其事，而且刊物的命名也出自他手，
因此他一直視《自由中國》如己出，與《獨立評論》不相上下。
在「發行人胡適」一行字下，他成了《自由中國》的護法(patron-
saint)。通過《自由中國》以爭取言論自由，是他對「自由中國」——
台灣的另一深切的關懷。《日記》1951年9月24日條記：

85　收入李又寧主編，《回憶胡適之先生文集》，第二集(紐約：天外出
　　版社，1997)，頁177。

　　昨得香港不署名的電報，是明碼，今天譯出：

　　　「九月一日台灣當局決議①全部收購②全港停止出

　　　版③令Northwest停寄。二日United Press發出新聞，

　　　四日再行開放。」

　　此皆指《自由中國》五卷五號我的一封信！

這件事原委大致是這樣的：《自由中國》第4卷11期的社論〈政府不可誘民入罪〉，因受到軍事機關的壓力，第12期發表一篇立論相反的文章表示道歉。香港《工商日報》立即報導，這是政府壓制言論自由的事件。胡適十分憤怒，於1951年8月11日寫了一封嚴重抗議的信，最後說：

　　　我因細想，《自由中國》不能有言論自由，不能有用

　　　負責態度批評實際政治，這是台灣政治的最大恥辱。

　　　我正式辭了「發行人」的名銜，一來是表示一百分贊

　　　成〈政府不可誘民入罪〉的社評，二來是表示我對於

　　　這種「軍事機關」干涉言論自由的抗議！[86]

這封信刊登在《自由中國》第5卷5期上面，但這一期印成後，台灣當局又決議採取香港無名電報中所說的三種措施，使胡適的抗議信不能流傳。但這個決議為合眾社（United Press）探得，向全世界發出電訊，有關政府部門才不得已而放棄了原決議。胡

86　《萬山不許一溪奔》，頁24。

適在9月11日又寫了一封信給《自由中國》社同仁，查詢合眾社
電訊是否正確。他在信末再度強調：

> 總之，自由中國不可沒有自由，不可沒有言論自由。
> 總統與行政院長在這個國難時期，更應該切實鼓勵言
> 論自由，使人民的苦痛，政府的毛病，都有上下周知
> 的可能。[87]

這是胡適公開站出來爲《自由中國》爭取言論自由的一次奮鬥。
所以青年黨領袖左舜生在香港《自由人》報上稱讚道：

> 至於胡（適）先生個人，他最近還為爭取言論自由，發過
> 一次怒吼，可見這位老鬥士並沒有忘懷他三十年前的
> 往績，他一定還是要繼續奮鬥下去的。[88]

1956年11月《自由中國》出版的「祝壽專號」中對蔣介石頗多
批評性的意見（包括胡適的文章在內），又有關於反對黨的主張，
因此不但引起官方刊物長時期的「圍剿」和「恫嚇」，而且還
遭到許多方面的實際干擾。「《自由中國》沒有自由」立時成
爲海內外的話題。胡適在1957年2、3月間的日記剪報中貼了不
少報章的議論（見2月7日、8日，3月25日各條），而沒有一個字的評

87　《萬山不許一溪奔》，頁29。
88　見左舜生，〈時局漫談〉，收在《日記》1951年12月26日條。

述。但他在7月間給趙元任的私函中卻把心中的積憤盡情地傾吐
了出來。他說：

> 這大半年來的所謂「圍剿《自由中國》半月刊」的事
> 件，其中受圍剿的一個人就是我。所以我當初決定要
> 回去，實在是為此。(至少這是我不能不回去的一個理由。)
> 我的看法是，我有一個責任，可能留在國內比留在國
> 外更重要，──可能留在國內或者可以使人 "take me
> *more* seriously"。
> 我underscored the word "more"，因為那邊有些人實在
> 怕我說的話，實在have taken me seriously，甚至於我在
> 1952-53說的話，他們至今還記在帳上，沒有忘記。[89]

這時中央研究院院長的事還沒有發生，他決意回台灣，除了前
面所說的研究和著作的關係以外，爭取言論自由顯然也是一個
很重要的原因。

　　三、維護學術的獨立。在這一方面，我將集中討論他和遷
台後中央研究院的關係。研究院的第一任院長是蔡元培，在他
的領導下，學術研究一向是獨立於政治之外。1940年蔡元培逝
世後，朱家驊代理院長，在傅斯年的支持下，一直都遵守著已
建立的傳統。1948年在南京選出第一屆院士後，院的制度終於
完備。1954年朱家驊在胡適的積極贊助下，開始討論恢復院士

89　《近代學人手跡》，三集，頁93-94。

選舉問題，這是延續學統，與延續憲法的法統具有同樣重要的
意義。《日記》1955年3月9日：

> 中央研究院在北美的院士十二人在紐約舉行第一次談
> 話會。（Room 1129-31, Hotel Edison）院士凡八十一人，已
> 死了四人。在自由地區的，凡十九人，現在北美的有
> 十三人，除吳大猷在Ottawa不能來，餘十二人是：
> 　（1）李書華、陳省身、吳憲（按：數理組）
> 　（2）陳克恢、林可勝、袁貽瑾、汪敬熙（按：生物組）
> 　（3）李濟、李方桂、趙元任、蕭公權、胡適（按：人文組）
> 被邀列席的有全漢昇、勞榦、董同和（按：龢），都是史
> 語所的專任研究員。

這次院士集會主要是討論怎樣提名院士候選人，選出新院士的
問題。到了1957年8月18日，評議會初步選舉了三十四位候選
人，即將召開院士會議，選舉第二屆院士。就在這個關鍵的時
刻，蔣介石逼朱家驊辭職了。依照規章，評議會必須很快選出
三位院長候選人，由總統作最後決定。胡適在10月22日記道：

> 為中央研究院院長朱家驊辭職的事，11月3日召開評議
> 會，選舉三個候選人，由總統選任一人。
> 此次驊先辭職，實等於被迫去職。海外有六個評議員，
> 都很憤慨。
> 今晚勉強寫信委託王世杰先生代表我投票：①朱家

驊，②李濟，③李書華。
又寫長信慰問騮先。

朱家驊明明已辭職，而胡適偏偏選他為第一位院長候選人，這
是表示他的「憤慨」和抗議。多次選舉的結果，他以第一位入
選，其餘兩人則是李濟與李書華。蔣當然選任了他，而他回電
不就。前面提到，他本來便有回台定居的想法，然而他並沒有
出任公職的意願，尤不願在這種情況下繼朱為院長，但蔣不肯
放過他，又再電促駕。他最後為什麼還是決定接受了呢？《日
記》中一字未提，但他在12月15日給趙元任的信中解答了這個
疑問：

> 這個決定是同梅月涵(貽琦)兄談過之後才決定的。我起
> 初只知道評議會的選舉，共投了四次票，才選出第三
> 人，潤章(按：李書華得十票，張其昀得七票落選)。月涵
> 說，在選舉之前，真有人為張君「拉票」，連月涵都
> 在被拉之列。前三次投票時，都是
>
> 李潤章九票
> 張曉峯七票 ⎫(還有兩票可能是騮先？)
>
> 到第四次投票，月涵覺得投了三次的「客氣」票，夠
> 客氣了，才投潤章一票，才夠十票！這是我沒有想到
> 的risk的程度！
> 月涵還說，「如果你(我)不就，濟之和潤章都不會就，
> 結果是評議會得召開第二次選舉會，那時的可能候選

人，你當然不用猜了。」這更是我沒有想到的risk！[90]

真相至此已大白，梅貽琦的話使胡適深信，他如果堅辭不就，院長的職位最後很可能落在張其昀的身上，其結果是中央研究院必將全面落入國民黨的籠罩之下。這個判斷是否正確，姑置不論，胡適因此才斷然改變初衷，則是不容懷疑的。他在1958年1月4日給李濟的信也說：

> 十二月初……我已和月涵校長談過兩次，知道了十一月三日選舉的詳情，月涵說，「你若不幹，濟之、潤章也不會幹，結果是評議會得重開選舉會。」我仔細想過，才……請總統任命老兄為代院長，使我可以安心養病，早日痊癒回國就任。這個fomula也是因為要救這個(老兄十一月五日函中所謂)「蔡子民、丁在君、傅孟真僅餘之事業」，想能得老兄的諒解。[91]

中央研究院自始便是自由主義派學人的唯一學術事業，向來不受「黨天下」的干擾。怎樣挽救這個「僅餘之事業」於不墜，使自由學統在這唯一可以託庇之所延續下去，胡適當然有無可推卸的責任，這是他不得不回台灣的一個更重要的理由。

1958年4月胡適回到台北就任院長以後，很少時間寫日記，

90　《近代學人手跡》，三集，頁99-100。
91　引見《胡適年譜長編》，第七冊，頁2622。

其中較重要的部分如「長期發展科學計畫」的推動，我在第六
節「內戰時期」中已說過了，不再重複。但是關於反對蔣介石
違憲連任和雷震入獄兩個互相關聯的事件，他在日記中不但保
存了大量的有關剪報，而且也記下了許多感想和活動，可見這
兩件事在他生命的最後一程占據著多麼重要的地位。本文的主
旨既在凸顯《日記》中所見的胡適，下面讓我引摘其中有關各
條，略加詮釋，以終此節。

根據中華民國三十五年（1946）所制定和通過的憲法第四十
七條，總統任期六年，「連選得連任一次」。蔣介石第二任總
統到1960年3月期滿，依法已不能再作總統候選人。當時蔣一方
面表示不主張修改憲法，另一方面則明擺出將繼續任總統的姿
態。國民黨內部對這個兩難問題分裂成兩派，一派主張利用1948
年國民大會所通過的「動員戡亂時期臨時條款」，解釋蔣連任
第三屆總統是出於「戡亂時期」的特殊需要，這大概符合蔣本
人的意向。另一派則主張公開修改憲法，將條文中「連選得連
任一次」的「一次」兩字刪除，這是所謂「違憲連任」事件的
背景。胡適在公開場合所表示的態度十分明朗，即「堅決反對
總統三度連任」和「堅決反對修憲」（見《日記》1960年2月20日
條所附剪報的標題）。但他在私下還作了嚴肅的努力，1959年11
月14日記：

王雲五先生來談。本月四日，在教廷新公使酒會上，
我和張岳軍先生談，我說：「我回來二十天了，還沒
有去見總統。我知道他很忙，又常到別處去。請你（張

先生）留意，如總統有工夫，我想去看他。」這是十天前的事。今天岳軍遇著雲五先生，他說，他知道我要向總統說些什麼話，所以他頗感遲疑。「如果話聽得進當然很好。萬一聽不進，胡適之也許不感覺為難，但總統也許覺得很窘。」所以他要雲五先生示意，要我去和他談，讓他代我轉達！

這是岳軍的好意，我當然接受。

第二天他果然和張群有一段很重要的談話。11月15日的日記：

今晚在梅月涵宴請日本前文部省大臣灘尾弘吉的席上見著張岳軍，飯後他邀我到他家小談。

我請他轉告蔣總統幾點：

①明年二三月裡，國民大會期中，是中華民國憲法受考驗的時期，不可輕易錯過。

②為國家的長久打算，我盼望蔣總統給國家樹立一個「合法的、和平的轉移政權」的風範。不違反憲法，一切根據憲法，是「合法的」。人人視為當然，雞犬不驚，是「和平的」。

③為蔣先生的千秋萬世盛名打算，我盼望蔣先生能在這一兩月裡，作一個公開表示，明白宣布他不要作第三任總統，並且宣布他鄭重考慮後，盼望某人可以繼他的後任。如果國民大會能選出他所期望的人做他的繼任者，他本人一定用他的全力支持他，幫

助他。如果他作此表示，我相信全國人與全世界人
都會對他表示崇敬與佩服。

④如果國民黨另有別的主張，他們應該用正大光明的
手段明白宣布出來，決不可用現在報紙上登出的「勸
進電報」方式。這種方式，對蔣先生是一種侮辱，
對國民黨是一種侮辱，對我們老百姓是一種侮辱。

岳軍說，可以鄭重的把我的意思轉達。但他說，蔣先
生自己的考慮，完全只是為了(1)革命事業沒有完成，
(2)他對反共復國有責任，(3)他對全國軍隊有責任。
我說，在蔣先生沒有做國民政府主席也沒有做總統的
時期，——例如在西安事變時期——全國人誰不知道
他是中國的領袖？如果蔣先生能明白表示他尊重憲
法，不做第三任總統，那時他的聲望必然更高，他的
領袖地位必然更高了。

我在十月廿五日下午，去看黃少谷先生，把上面的話
全說給他聽了，今天是第二次重說一遍。我只是憑我
自己的責任感，盡我的一點公民責任而已。

八天以後蔣的反應通過土雲五傳給他了。11月23日他記道：

五點，我去看雲五先生。他說，昨天他見到岳軍先生
了。岳軍把我的意思先記出來，然後面告蔣先生，並
沒有留下記錄，只委婉的口述。我的四點意見（見十五
日記。雲公記不得第四點是什麼，只記得我的前三點都在

> 內。）他都轉達了。
>
> 蔣先生鄭重考慮了一會，只說了兩句話：「我要說的話都已經說過了。即使我要提出一個人來，我應該向黨提出，不能公開的說。」
>
> 我怕這又是三十七年和四十三（年）的老法子了？他向黨說話，黨的中委一致反對，一致勸進，于是他的責任已盡了。

這件事當然便到此為止。胡適所關懷的是他念茲在茲的「憲法的法統」，而蔣的考慮則從完全不同的角度出發，他們之間其實根本沒有共同的語言。《年譜長編》1960年3月21日條記：

> 上午九點鐘，先生到國民大會會場去選舉第三任總統。先生是主張無記名投票的人，早上去投票，也可以說是擁護無記名投票（第九冊，頁3219-3220）。

這句話是很含蓄的。我可以不必大膽地假設，這一票決沒有投給蔣介石。

1960年雷震的冤案和《自由中國》的停刊，由於《蔣介石日記》的出現，其內幕今天已大白於天下。雷案特別選在胡適到美國開會的期間爆發，當時真是一個轟動了天下（特別是美國）的「名案」（cause célèbre）。胡適晚年，甚至一生，所受到的精神打擊沒有比這一次更大的。1960年10月22日他從美國回到台北，11月18日去見蔣介石。這一天他有日記，差不多寫了近三

千字，以專記一件事情而言，這是全部《日記》中最長的一篇
了。下面讓我盡量壓縮，把直接有關的部分節錄出來。日記說：

> 早十一點出門，十一點半之前幾分到總統府。（中略）
> 約十一點半，秘書長換了衣服來陪我坐了一兩分鐘，
> 就同進去見總統了。今天除岳軍之外，有一個秘書，
> 一個副官，手裡沒有紙筆，任務當然是用心聽話作記
> 錄的。

這一段描寫會見室的人事布置，氣氛顯然是很緊張、很嚴肅。
話題轉入雷案，日記說：

> 我忍不住說：我本來對岳軍先生說過，我見總統，不
> 談雷案。但現在談到國際形勢，我不能不指出這三個
> 月來政府在這件事上的措施實在在國外發生了很不好
> 的反響。（中略）
> 總統說，我對雷震能十分容忍。如果他的背後沒有匪
> 諜，我決不會辦他。我們的政府是一個反共救國的政
> 府，雷震背後有匪諜，政府不能不辦他。我曉得這案
> 子會在國外發生不利的反響，但一個國家自有他的自
> 由，有他的自主權，我們不能不照法律辦。（中略）
> 我說，關於雷震與匪諜的關係，是法庭的問題。我所
> 以很早就盼望此案能移交司法審判，就是為了全世界
> 無人肯信軍法審判的結果。這個案子的量刑，十四年

> 加十二年，加五年，總共三十一年徒刑，是一件很重
> 大的案子。軍法審判的日子（十月三日）是十月一日才宣
> 告的，被告律師只有一天半的時間可以查卷，可以調
> 查事實材料。十月三日開庭，這樣重大的案子，只開
> 了八個半鐘頭的庭，就宣告終結了，就定期八日宣判
> 了！這是什麼審判？我在國外，實在見不得人，實在
> 抬不起頭來。所以八日宣判，九日國外見報，十日是
> 雙十節，我不敢到任何酒會去，我躲到Princeton去過
> 雙十節，因為我抬不起頭來見人。

胡適這段話等於當面揭穿軍事審判根本是假的，是事先早就決
定了的，也等於直說蔣這樣做是給國家丟臉，害得他在國外無
面目見人。這些都是很重的話，所以蔣的話也開始重起來了，
不過轉入另一層面：

> 總統忽然講一件舊事。他說，去年□□回來，我對他
> 談起，「胡先生同我向來是感情很好的。但是這兩年
> 來，胡先生好像只相信雷儆寰，不相信我們政府。□
> □對你說過沒有？」

蔣這一段話完全不理會胡適所爭的原則問題，而轉入個人交情
的層次，好像胡適「喜新忘舊」，受了雷震的蠱惑之後，不記
得蔣從前對他的好處了。這是蔣過去「結金蘭」的政治觀的反
影。讓我引29年前的一則胡適日記作對比，以澄清這裡所涉及

的有趣問題。1931年羅隆基因為在《新月》上批評了國民黨，蔣介石一怒而令上海光華大學解除他的教職。胡適為此事與校長張壽鏞(詠霓)相商，看看有無挽救的可能。張壽鏞寫了一個密呈給蔣，經過胡與羅同意之後，送了上去(見《日記》1931年1月19日條)。下面是蔣的反響：

> 張壽鏞先生來談。他見了蔣介石，把呈文交上去了，蔣問：「這人究竟怎麼樣？」他說：「一個書生，想作文章出點風頭，而其心無他。」蔣問：「可以引為同調嗎？」他說：「可以，可以！」
> 我忍不住要笑了，只好對他說：「詠霓先生，話不是這樣說的。這不是『同調』的問題，是政府能否容忍『異己』的問題。」但他不懂我這話。(《日記》1931年1月22日條)

蔣對現代型知識人也一味想通過「套交情」的傳統方式來拉近彼此之間的距離，最後「引為同調」，他似乎相信一切原則性的爭執都可以由此而泯滅。我記得梁漱溟在一篇回憶文字中也說初次見面，蔣便和他「套近乎」，這是北京土語，與「套交情」同義，可見這確是蔣的一個特色。回到1960年胡、蔣對話，胡的回答也是針鋒相對的：

> 我說，□□從來沒有對我說過這句話。現在總統說了，這話太重了，我當不起。我是常常勸告雷儆寰的。我

　　對他說過，那年(民國卅八年四月)總統要我去美國。我
坐的輪船四月廿一日到舊金山，四月廿一日在中國已
是四月廿二了。船還沒進口，美國新聞記者多人已坐
小汽輪到大船上來了。他們手裡拿著早報，頭條大字
新聞是「中國和談破裂了，紅軍過江了！」這些訪員
要我發表意見，我說了一些話，其中有一句話，「我
願意用我道義力量支持蔣介石先生的政府。」我在十
一年前說的這句話，我至今沒有改變。當時我也說過，
我的道義的支持也許不值得什麼，但我說的話是誠心
的。因為我們若不支持這個政府，還有什麼政府可以
支持？如果這個政府垮了，我們到那兒去！——這番
話，我屢次對雷儆寰說過。今天總統說的話太重，我
受不了，我要向總統重述我在民國卅八年四月廿一日
很鄭重的說過的那句話。

胡適好像是在強調：這不僅僅是個人「感情」問題。若就個人
層面說，他也曾以自己的「道義力量」支持過蔣的政府，對蔣
並沒有情感上的欠負。但他立即借著「政府」兩個字跳回公的
立場，表明他不但沒有受雷震的影響，反而時時曉以大義，因
為政府不是任何個人的，而是屬於大家的，政府若垮了，大家
都無處可去。最後他的話題陡變，撇開雷案，轉而爭取反對黨
的自由。他記道：

　　說到這裡，我知道時間已不早了。我打定主意，要加

入一段話。我說，我回到台北的第二天，所謂「反對黨」的發言人——李萬居、高玉樹、郭雨新、王地、黃玉嬌——來看我。我屋中客多，我答應了那個禮拜三晚上(十月廿六日)同他們吃飯面談。禮拜三(廿六日)上午，我去看副總統，我把我要向他們說的話先報告副總統。我說，李萬居一班人既然說，他們要等我回國，向我請教，我有責任對他們說幾句很誠懇的話。我要勸告他們兩點：(一)在時間上要展緩他們成立新黨的時期，他們應該看看雷震案的發展，應該看看世界形勢，如美國大選一類的事件，不可急于要組黨。(二)我要勸他(們)根本改變態度，第一，要採取和平態度，不可對政府黨取敵對的態度。你們要推翻政府黨，政府黨當然先要打倒你了。第二，切不可使你的黨變成台灣人的黨，必須要和民、青兩黨合作，和無黨派的大陸同胞合作。第三，最好是能夠爭取政府的諒解——同情的諒解。——以上是我對副總統說我預備那晚上對他們幾位說的話。同時我還表示一個希望。十年前總統曾對我說，如果我組織一個政黨，他不反對，並且可以支持我。總統大概知道我不會組黨的，但他的雅量，我至今不忘記。我今天盼望的是：總統和國民黨的其他領袖能不能把那十年前對我的雅量分一點來對待今日要組織一個新黨的人？

他對想組織反對黨者的實際建議和勸告，他對蔣的「雅量」的

期待，今天看來，都不免太過於一廂情願，他真是一個名副其實的「不可救藥的樂觀主義者」（"an incurable optimist"）。但是正在這種地方，他那帶有中國情味的自由主義也展現了一縷值得回味的「落日餘暉」。

2004年4月15日序於胡適的舊遊之地──普林斯頓

後記

為了趕上今年5月4日的出版時限，這篇長文是在4月中之前的十幾天之內匆促完成的，可以說是一篇急就章。當時我只能就手邊所有的資料，勾勒出一個整體的大輪廓，而無暇在一切細節上面，廣事稽考，以求精確。

最近我讀到胡適的《英文信函》（《胡適全集》〔合肥：安徽教育出版社，2003〕本第四十和四十一兩卷），發現原文第五節「出使美國（1937-1946）」中的一些推斷都可以在英文信中得到證實。例如我曾根據《日記》，斷定1945-1946年秋季他在哥倫比亞大學正式任教一學期，但《日記》極為簡略，不足以定案。現在讀了他在1945年5月28日和同年6月13日給富路德（L. Carrington Goodrich）的兩封信，這個問題便完全解決了。從第一封信中，我們知道他的授課期間是從10月到第二年的1月，每星期講課兩次。從第二封信中，我們更知道哥大最後將他這四個月的講學待遇調整為四千美元（見《全集》第四十一卷，頁510-511、

524-525）。這都證明他所擔任的是一學期的專任教職。

　　不但如此，他在1942年9月大使卸任後的出處問題，《日記》中語焉不詳，只有從當時英文信件中才能獲得比較清楚的記述。他在1942年9月24日給女友韋蓮司（E.C. Williams）的信中說：

> 我已經接到許多美國大學的邀請，包括康奈爾、哥倫比亞、哈佛、芝加哥、威斯康辛、巴恩斯基金會（Barnes Foundation，原注：羅素正在那裡任教）和其他地方。但是已決定先休息一段時期，然後再考慮何去何從。（《全集》第四十一卷，頁325）

　　這時他的卸任消息才傳出十幾天，各大學已爭相聘請如此，可見當時美國學術界對這位「學者大使」的尊重之一斑。其中最值得一提的是芝加哥大學的重金禮聘案。他在1942年12月22日給芝大校長赫琴斯（Robert Maynard Huchins）的回信中，特別申謝芝大以美金一萬元的年薪聘請他前往任教的誠意，他說：「這比我的大使年俸還要高。」但是他為了全力撰寫未完成的《中國思想史》，已決定接受美國學術聯合會（American Council of Learned Societies）的「研究補助費」（grant in aid of research），因此不得不辭謝芝大的聘約（見《全集》第四十一卷，頁350-352）。「研究補助費」只有六千美元（見1942年11月25日給Waldo G. Leland的信，同上，頁332-335），遠不能與芝大的待遇相比。但在這一出處取捨之間他的中心價值所在也充分顯露了出來：他始終是一位「學人」，把原創性的學術研究放在第一位，

世俗的名位和金錢不在他的主要考慮之中。

　　最後，我要對「赫貞江上第二回之相思」這一有趣公案（在第五節之末）稍作補充。這一段文字，台北《聯合報》副刊曾以「赫貞江上之相思」爲題在今年5月3日和4日單獨刊布，引起不少讀者的興趣。5月30日傅建中先生在台北《中國時報‧人間副刊》發表了〈胡適和R.L.一段情緣——響應余英時先生的「大膽假設」〉，對於胡適和Roberta Lowitz之間的一段情緣進行了「小心求證」的工作。他首先根據一部最新的杜威傳記，將有關Lowitz和杜威、胡適交往的基本事實扼要地呈現了出來（這部傳記是Jay Martin, *The Education of John Dewey* 〔New York: Columbia University Press, 2002〕）。其次，更値得稱道的，傅先生還直接向南伊利諾伊大學的杜威研究中心索取了胡適給Lowitz的兩封親筆信，並譯成中文以饗讀者。這樣一來，我根據《日記》所做的「大膽假設」便基本上證實了。由於胡適親筆信的發現，我們現在確切知道，胡適稱Lowitz爲「小孩子」（Hsiaohaitze），而自稱「老頭子」（Laotoutze），這是他們兩人之間的親密隱語，具有極不尋常的涵義。

　　在新資料的啓發下，我現在對於「赫貞江上第二回之相思」要重新加以檢討。我在原文中判斷，這一段情緣的發生，Lowitz似乎是原動力。「老頭子」和「小孩子」的暱稱則進一步支持了我的判斷。我相信這是由於Lowitz開始向胡適示愛時，後者以年齡爲搪塞，說對方還是「小孩子」而自己已是「老頭子」了。事實上，胡適在這裡運用了傳統詩人、文士對於「紅粉知己」一種「欲迎而故拒」的手法。吳梅村〈無題〉之三結句說：

　　年華老大心情減，辜負蕭娘數首詩。

這兩句詩便是「老頭子」和「小孩子」的「典雅」版。何況胡
適很早已有「倚少賣老」的結習（見趙元任1930年慶祝胡適四十歲
生日的賀詞，收在趙新那、黃培云編《趙元任年譜》〔北京：商務印
書館，1998〕，頁171-173）；這時當然免不了要重施故伎，以緩和
Lowitz的攻勢。現在我們必須進一步追問：胡適用「老頭子」、
「小孩子」兩個暱稱究竟始於何時？傅建中先生所引的英文
信，最早的一封是1938年11月30日，已遠在「赫貞江上第二回
之相思」（1938年7月12日）之後。我最近又發現了一條絕妙的證
據，使我們對這一段情緣的認識更清楚了。去年出版的《北京
大學圖書館藏胡適未刊書信日記》（北京：清華大學出版社，2003）
收入了一封「小孩子」給胡適的電報（"Hsio Hai Tze to Hu Shih"），
日期是1938年7月7日（頁262）。這時胡適正在密歇根大學講學，
所以電報是由密大教授霍爾（Robert Hall）轉交的。電文如下：

　　Recieved forwarded letter today. Miss Laotouze
　　unbelievably. Returning New York. Love. Hsio Hai
　　Tze（今天收到轉來的信。想念「老頭子」到了令人不
　　能相信的地步。即返紐約。愛。「小孩子」）

顯而易見的，Lowitz並不熟悉中文的拼音，以致「老頭子」和
「小孩子」都各漏去了一個英文字母。但這是小問題，可以置
之不論。這一簡短電報的證據價值是多方面的，而且無比的重

要。讓我一一道來。

　　第一，我在原文中說，胡適7月10日從密歇根回到紐約，Lowitz當天便來看他，大概是胡適首先將歸期告訴了她，或事先通過電話。從電文中「收到轉來的信」一語，現在我們可以確定：胡適是寫信通知的，因為這是一封回電。第二，「老頭子」、「小孩子」早在胡適6月30日動身去中西部之前便出現了。自從4月14日Lowitz邀他吃茶開始，兩個半月之中胡適和她交往頻繁，5、6兩個月已達到了幾乎形影不離、時時「久談」的地步，而6月29日兩人的「郊遊」則更標誌著情感上的一次跳躍。所以Lowitz向胡適示愛而終於引出「老頭子」和「小孩子」的暱稱，最遲也是6月29日「去郊外遊」的時候發生的，或者更在其前。此時胡適尚不滿四十七歲，固然不能說是「老頭子」，而Lowitz則已三十有四（她生在1904年），無論如何也和「小孩子」沾不上邊。所以這兩個稱呼只能是兩人之間的情感已達到公開談論的階段才可能出現。在確定了Lowitz的意向之後，胡適大概曾對她表示過下面的意思：「我已是一個『老頭子』了，而你在我看來還是一個『小孩子』，我們之間的年齡距離太大了。」這是這兩個暱稱之所以產生的事境和語境，否則胡適不可能忽然異想天開地自稱「老頭子」，稱對方為「小孩子」，而且還鄭重其事地將這兩個暱稱的英文拼法寫出來，讓她記住。第三，「想念『老頭子』到了令人不能相信的地步」，是一句分量極重的話，道盡了小別七日的「相思」之苦，大有「一日不見，如隔三秋」的風味。「老頭子」讀到這一句時，心中的滋味，可想而知。第四，電報的最後一個字是「愛」，更能打動胡適

的心。試讀他在1941年的一首〈無題〉詩：

　　電報尾上他加了一個字，
　　我看了百分高興。
　　樹枝都像在跟著我發瘋。
　　凍風吹來，我也不覺冷。
　　風呵，你盡管吹！
　　枯葉呵，你飛一個痛快！
　　我要細細的想想他，
　　因為他那個字是「愛」！
　　（《嘗試後集》，《全集》第十卷，頁344）

此詩自注「三十年（一九四一）冬」作，本事已不可考。但1941年1月11日胡適獲知Lowitz丈夫（Robert Roy Grant）的死訊，曾去電致悼。他是不是因此而勾引起三年前的一段記憶，才寫了這首〈無題〉詩，我們並不能輕下斷語。無論如何，「小孩子」的這個「電報尾上」則千真萬確地加上了一個「愛」字；此外在1938到1941這三年間胡適所收到電報之中，我們還沒有發現第二封是以「愛」字結尾的。〈無題〉詩也許與「小孩子」完全無關，但通過它，我們卻不難想像，胡適當時讀到這封電報時，一定也是「百分高興」，甚至「發瘋」！

　　詳細分析了「小孩子」1938年7月7日的電報之後，對於五天後（7月12日）「赫貞江上第二回之相思」，我們便再也不會感到一絲一毫的意外了。胡適即使有過一點「心防」，也被「小

孩子」這封電報徹底攻破了。Lowitz給胡適寫過信，也打過電報，但保存到今天的則只有這一封了，而它的證據作用竟如此之大，我們不能不特別感謝北大圖書館這部《未刊書信日記》的貢獻。

投桃報李，讓我對《未刊書信日記》中有關英文釋文的失漏處，略作訂正。

一、"Bert to Hu Shih"（頁198-199）："Bert"的全名是Bertha Mah。她是Wing Mah的妻子，見下條。Bert也是當時胡適的女性崇拜者之一，所以信末明白表示：她希望胡適不但是「冬秀的丈夫」而且也是「我的丈夫」，此外則不能再是「任何別人的丈夫」（"but no one else's"）。但這只是極端崇拜的一種表達方式，與愛情無關。讀者不可誤會。

二、"Ibing Wah to Hu Shih"（共二信，頁265-267）。按："Ibing Wah"是"Wing Mah"誤釋。他的中文姓名是「馬如榮」，自1930年代起便在加州大學柏克萊（Berkeley）分校政治系任教。他一家人（包括妻子和兩位女兒）都是終身「胡迷」，詳見《胡適日記》及《英文信函》。Wing Mah在1938年10月9日賀胡適出任駐美大使的信中也特別提到：Bert早在9月初便希望當時的大使是胡適，而不是王正廷（C.T. Wang），見頁266。

三、"V.K. Willingtucker（?）to Hu Shih"（共二信，頁330-332）。按：釋文在英文名字之下加一問號，表示不能十分確定之意。其實"V.K. Willingtucker"應讀作"V.K. Wellington Koo"即大名鼎鼎的顧維鈞。他當時（1938）是中國駐法大使，所以兩信首頁都用的是「巴黎中國大使館」（"Ambassade de Chine, Paris"）的信箋。這

兩封信都是討論胡適出任駐美大使的問題。其中第二函(8月27日)是答覆胡適8月20日的信，胡信收在《全集》第四十卷，頁340-341。兩信都出自顧的親筆，是很珍貴的原始文件。

四、"Someone to Hu Shih(1938.7.25)"，頁347。這也是顧維鈞的親筆信，簽名是"V.K.W. Koo"。胡適在7月27日有覆函，見《全集》第四十卷，頁337-338。

五、"Someone to Hu Shih(1938.5.11)"，頁346。按：簽名是"H.J. Timperley"。他是*Manchester Guardian*報的駐華記者，熱心幫助中國的抗日戰爭。他有一封給E.C. Carter的信，已收入本書作為附錄("Appendix: H.J. Timperley to Edward C. Carter"〔1938.6.9〕)，頁224-225。Timperley 5月11日給胡適信首段所提到的他一部即將刊行的新書便是*The Japanese Terror in China*，書局的介紹辭也收入本書頁226。

六、"Someone to Hu Shih(1938.9.27)"，頁349。按：簽名是"Archie Rose"，全名為"Archibald Rose"。他是英國文化教育界的一位領袖人物，1926年胡適為中英庚款委員會事到英國訪問，他便是一位主要接待人。所以1926年12月30日胡適離英前夕，他親筆寫了四頁的告別信，感謝胡在英國留下的積極影響，筆跡和本書所收的信完全相符。

七、"Someone to Hu Shih"，頁353。這是本書所收的最後一封信，寫於1922年10月23日。作者的簽名是"Osvald Siren"。他是瑞典Stockholm大學的教授，專治中國藝術史，著作甚多。他的六巨冊*Chinese Painting: Leading Masters and Principles*(New York: Ronald Press, 1956-1958)至今仍是中國畫史研究中的基本參

考書。胡適初識他在1922年3月18日，地點是北京的六國飯店，見《胡適日記》。

　　以上僅就所知增補於上，其餘還有可以商榷的地方，但因手頭資料不足，一時又無暇廣徵博考，唯有俟之異日。總之北大所藏《未刊書信日記》的史料價值極高，上引「小孩子」的電報便是一個最明顯的例子。任何關於胡適生平與思想的深入研究都不能完全依賴中文史料，英文文獻至少具有同等的重要性。這是我寫完這篇「後記」所得到的一個最深刻的感想。

2004年9月4日　余英時

論學談詩二十年

——序《胡適楊聯陞往來書札》

1976年初我還在哈佛大學和楊蓮生師共同講授中國史。在我生日那一天，蓮生師忽然笑吟吟地持一包東西相贈，說是特別爲我準備的生日禮。從禮包的外形看，我猜想是一本書，打開一看，原來是胡適之先生給蓮生師五十多封信的複印本，共173頁。我當時不僅驚喜出於意外，而且十分感動。因爲我知道這都是他在哈佛燕京社的複印機上一頁一頁地親手印製的。蓮生師並且告訴我：他一共複印了兩份，一份贈中央研究院胡適紀念館，一份贈我。我生平所收到的生日禮，以這一件最爲別致，也最不能忘懷。

在他親手裝訂好的信冊扉頁上，蓮生師還有下面的題辭：

何必家園柳

灼然獅子兒

英時賢弟存念

聯陞持贈

　　　　　　　　　一九七六年一[1]月廿一日
　　　　　　　　　即丙辰元月廿二日時
　　　　　　　　　英時不惑已六年矣

何必家園柳
灼然獅子兒
英時賢弟存念
聯陞持贈
一九七六年一月廿一日
即丙辰元月廿二日時
英時不惑已六年矣

1　編按：丙辰年元月廿二日應為一九七六年二月廿一日。

他在另一頁的上端又題曰：「胡適之給楊聯陞的信，一九四三至一九五八」。這就是說，冊中包括了這16年中胡先生給他的信。這當然不是全豹，但大致可以說：這些信最能表示胡、楊兩公之間的私人交誼，因此許多專門論學的長信都沒有收入此冊。

這些信都是適之先生在旅美時期寫的，1943和1944兩年屬於前期，即在他卸任駐美大使，移居紐約的時期；1949-1958年屬於後期，即他在大陸政局遽變後流寓紐約的十年。1958年他回台出任中央研究院院長後，便沒有太多的空閒和蓮生師通信了。

由於蓮生師這一番贈信的因緣，今天我特別高興能看到《胡適與楊聯陞往來書札》的問世。本書所收雙方往來書札已十分完備，為中國現代學術史提供了極為珍貴的新資料。陶英惠先生收集之功和劉國瑞先生的大力支持，是我們必須深深感謝的。陶、劉兩先生囑我為此書寫一篇序，我自然義不容辭。

在這篇序文中，我想敘述一下胡、楊(以下皆省去敬稱)交遊的經過，以為讀者提供一點背景的知識。他們相見始於何時今已不可考，但彼此熟識起來，奠定了終身的師友情誼大概是在1943年。這一年2月，胡適到哈佛大學參加遠東文明學系的「訪問委員會」(Committee on Far Eastern Civilization)，先後住了五天，2月14日的晚上曾在趙元任家中和一些中國學生長談[2]。楊

2　見《胡適的日記》(台北：遠流影印手稿本)，第15冊，1943年2月11日至15日。

聯陞是趙元任最欣賞的一個學生，想必是其中之一。所以本年
10月初胡適再到哈佛為美國陸軍訓練班(當時的正式名稱是"The
School of Overseas Administration")作六次關於中國歷史文化的講
演時，他似乎已和楊很熟了。《日記》本年10月10日條寫道：

> 與張其昀(曉峯)、金岳霖、楊聯陞同吃午飯，飯後同
> 到Dunster House(曉峯寓)大談。

10月14日的《日記》又記：

> 晚上在周一良家吃晚飯。同坐的楊聯陞、吳保安、任
> 華，都是此間最深於中國文字歷史的人。周夫人也是
> 有學問的。……在紐約作考證文字，無人可與討論，
> 故我每寫一文，就寄與王重民兄，請他先看。此間人
> 頗多，少年人之中頗多可與大談中國文史之學的。

這裡已可看出胡對於周、楊諸人的賞識，但語氣中也露出剛剛
發現一批文史界後起之秀的喜悅。
　　但是胡和這批青年學人的交情發展得很快，到了第二年
(1944)，胡已打定主意要延攬周一良和楊聯陞到北京大學去任
教了。1944年6月29日胡在日記中寫道：

> 喜見新黃到嫩絲，
> 懸知濃綠傍堤垂。

雖然不是家園柳，

一樣風流繫我思。

　　戲改楊聯陞的「柳」詩，卻寄楊君及周一良君。（我
　　上周去信，約楊、周兩君去北大教書，他們都有宿
　　約，不能即來。）[3]

6月21日胡致楊信之末說：

　　北京大學萬一能復興，我很盼望一良與兄都肯考慮到
　　我們這個「貧而樂」的大學去教書。

這就是《日記》中所說的「上周去信」。此時抗戰尙未結束，
胡也還不是北大校長，但他已開始爲北大的復興設想了。如果
不是他對於楊、周兩位的學問已有十分深切的認識，胡是絕不
會預作如此鄭重的表示的。但周是燕京大學保送到哈佛的，必
須先回燕京服務，楊則已應張其昀之約，去浙江大學任教，所
以都「不能即來」。

　　楊和胡的交情則更比其他青年學人爲深厚。這不僅因爲兩
人性格都溫厚開朗，特別投緣，而且知識上的興味也最爲接近。
他們都喜歡歷史考據，都好研究中文的文法和語法，尤其是都
愛寫詩。這些共同興趣很早便使他們兩人的交情進入了不拘形

---

3 見《胡適的日記》（香港：中華書局，1985），頁598。詩中「傍」字
　誤印為「旁」，已據胡同日給楊的原信改正。

跡的境地。1944年10月到1945年5月，胡適正式接受哈佛遠東系的邀請，教八個月的中國思想史，長期住在康橋，他和楊的關係便益發親密了。據我所見到的一部分楊的未刊日記，楊不但旁聽胡的思想史課程，而且等於作了胡的助教，代爲選英文教材，並在胡外出開會時代他監考[4]。

　　詩的唱和似乎是拉近兩人之間的距離的一個很重要的媒介。1944年12月21日楊陪胡下鄉買一批老傳教士留下的中國舊書，胡在日記中寫道：

　　楊君在火車作小詩：
　　　才開壽宴迎佳客，又冒新寒到草廬。
　　　積習先生除未盡，殷勤異域訪遺書。[5]

胡的生日是12月17日，這一年有不少朋友從各地來爲他祝壽，先後有兩次大宴會，因此才有首句的「才開壽宴迎佳客」。但楊先生後來告訴我，此句的「佳客」原作「嬌客」，戲指胡的美國女看護。胡笑了一笑，把「嬌」字改作「佳」字。這便是我所說的，他們的交情已不拘形跡了。後來爲了買書的事，兩人之間還續有唱和，這裡不必詳述了。楊在1945年1月29日記中有一條簡短的記載，說：

4　可參看胡頌平，《胡適之先生年譜長編初稿》（校訂版），第5冊，頁1854-1855，1865。這些資料都是楊提供的。
5　見《胡適的日記》（中華本），頁608。

上胡課（按：指思想史）。呈閱四年來所作詩，請勿廣布。

1949年4月胡適流寓美國，最初一年之內，心情十分黯淡，幾乎從一個「不可救藥的樂觀主義者」變成了一個悲觀主義者了。這一年5月以後的日記最能看出他全無興致的低潮心情。7月間楊寫信給他便想用詩來解開他的心結。胡在7月27日的回信中說：

> 謝謝你七月二十一日的信。
> 你勸我「多作幾首詩」，這個意思頗新鮮，我一定記在心裡。可惜的是
> 　　待等秋風落葉，
> 　　那時許你荒寒？
> 詩是你的，？是我借加的。

這種細緻體貼的詩的感情，今天讀來還能使人低迴不已。

這種感情是相互的。胡對楊的關懷和愛護，也同樣地無微不至。1958年3月4日胡給楊的信說：

> 收到你三月二日的信，知道你有血壓過高的現象，我很掛念，很盼望你多多休息，多多聽醫生的話。……你實在太辛苦，得此警報是有益的。……那晚你來我家，我沒聽見你說起身體近狀，只在你走後我頗責怪我自己「幹麼不讓聯陞多談談他自己的工作，幹麼只管我自己的 talk shop！」現在我明白了，那晚上我說

> 話固然太多，其實時間也太晚，你也太累了，已不是
> 向來的你了，所以你說話特別少。

其實這已是楊在這年年底開始大病的朕兆，第二年他便入院長
期治療了。1959年4月27日胡在台北覆楊報告病癒的信說：

> 今天在台大醫院裡收到你四月十八日的信，我看了信
> 封上你的字跡，高興得直跳起來！拆開看了你說的「昨
> 日（四月十七日）出院回家，這半年不用教書，還可以接
> 著 take it easy。下月起想寫些短篇文字，但當愛惜精
> 力，決不過勞」，我特別高興！
> 我一定把這個好消息報告給我們的許多好朋友。他們
> 都很掛念。

從胡的這兩封信——一寫在楊大病之前，一寫於初癒之後——
我們不難看到，胡對楊的健康流露出一種發自內心的關懷。

胡、楊之間的關係當然不止於詩的唱和或私交方面，更重
要的是20年間幾乎沒有間斷的論學往復。這裡讓我先說幾句關
於胡適作為一個學人的風格。胡適一生的活動面極為廣闊，他
的自由主義的政治立場尤其受到世人的注意，但從本質上看，
他始終不失為一個學人。他一生最愛好的還是中國文學、史學、
哲學各方面的研究。他不但自己一直保持著很高的學術興味，
而且終身以推動「科學方法整理國故」為最大的樂趣。因此他
隨時隨地留心人才，發現了人才之後則不斷加以鼓勵，並不辭

「到處逢人說項斯」。同時他又深受現代價值的影響，完全接
受了在知識面前人人平等的觀念。因此他對於後輩學人確能站
在對等的地位上討論問題，從不露出居高臨下的姿態。1943年
與楊聯陞、周一良等人訂交以後，他們之間的論學，無論是口
舌的或文字的，都體現了一種蘇格拉底對話式的精神，而與中
國的語錄傳統不同。胡適研究《水經注》一案始於1943年11月。
在以後兩三年的通信中，他曾為了其中梵文問題一再徵詢周一
良的意見，也曾為校勘和考據的問題要楊聯陞替他嚴格地審查
證據。1946年回到北平以後，他在百忙中仍然保持與周一良討
論學術，儘管後者在政治上已逐漸左傾。1948年秋天，他還寫
了一封長信與周商榷牟子《理惑論》的年代問題。這封信後來
附在周的論文之後，刊於1950年出版的《燕京學報》上。胡適生
前在中國大陸上正式發表的文字，這大概算是「絕筆」了。

　　1940年代胡適在哈佛結識的後輩學友之中，楊聯陞是相知
與日彌深而且終身不渝的一位。1949年胡重返美國時，楊在西
方漢學界已如旭日初升。胡對他治學的精博，極為推重，故每
有所述作必與楊往復討論。這一點在他們的通信中表現得很清
楚；如果我們說，楊是胡晚年在學術上最信任的人，那是一點
也不誇張的。胡在「遺囑」中指定楊為他的英文著作的整理人，
絕不是偶然的。

　　另一方面，楊對胡則終身以師禮尊之，所以他給胡寫信總
是自署「學生」。楊是清華畢業生，但曾在北大「偷聽」課。
我猜想他一定也旁聽過胡在1930年代所開的關於中國文學史的
課程(可惜我當年忘記問問楊先生)。無論如何，楊在哈佛曾聽過胡

一學年的「中國思想史」，這是已證明的事實。他事胡如師，是順理成章的。胡心中也未嘗不視楊為他的學生，不過，在文字上未嘗作此表示而已。「雖然不是家園柳，一樣風流繫我思。」這兩句詩便把他們之間的關係描寫得恰到好處。

　　現代的師生關係是戴震所謂古代的師與友之間，作學生的已不能如莊子所謂「暖暖姝姝於一先生之言」，更不容易作到恪守師說不變的地步。楊在治學方法上受胡的影響很深，這是不成問題的。但是他並不以胡所標榜的「科學方法」為治學的無上戒令。早年在清華時期，他已從陳寅恪治隋唐經濟史，畢業論文(關於中唐的稅制)便是在陳的指導下完成的。他的專業是中國社會經濟史，因此也接受了陶希聖以社會科學治史的主張。後來陶為他的《漢學評論集》(英文文集)作序，說他是「轉益多師而自成大師」，確不失為知言。故楊從胡遊真能作到擇善而從，而不致把胡的限制變作自己的限制。對於胡立說過當的地方，他往往獻疑質難，不稍假借。例如有關全祖望七校《水經注》的問題、《壇經》之「壇」是否「檀施」之「檀」的問題，楊都不同意胡的「大膽假設」。

　　但是楊在自己研究的範圍之內向胡求教則往往得到「小扣大鳴」的效果。從1949年到1958年，楊的不少重要論著都曾獲得胡的攻錯之益，其中有關於考證材料的，也有涉及基本論點的。舉其著者，英文論文中如南宋會子的考證、王莽新朝之「新」的涵義及中國社會思想史上「報」的觀念，中文論文中如《老君音誦誡經》考釋及自搏與自撲考等，都在撰述過程中容納了胡的許多批評和建議。他們之間反覆討論所發揮的積極效果是

有目共睹的，上述幾篇論文之所以嚴密周洽正得力於胡一方面
攻瑕抵隙，另一方面又傾其所知以相助。朱熹詩云「舊學商量
加邃密」，於此見之。他們論學20年，達到了相悅以解、莫逆
於心的至高境界。這一知性的樂趣，寓雋永於平淡之中，自始
至終維繫著兩人師友之間的深厚情誼。後世讀他們的書信集的
人是不能不為之神往的。

最後，我還要指出胡楊交遊中另一個值得注意的特色，即
他們之間從來不以政治為談論的題目。這並不表示他們在政治
上有什麼基本的分歧，而是因為楊是一位純粹學院式的人物，
對於實際政治不但沒有興趣，而且視為畏途。他告訴過我，在
1930年代中期，他曾當選為北平大學生聯合會的主席，那正是
學生運動左右分化最為尖銳的時代。他這個主席一直處於左右
兩派學生的夾攻之中，吃盡了苦頭。從此以後他便遠離一切政
治活動了。胡很了解他的性格和想法，所以只和他談學問，絕
不涉及政治。作為一個學人，胡的自由主義的重心也偏向學術
和思想，與實際政治終不免有一間之隔。儘管1940年代末期的
中國局勢逼使他不能不在政治上作出明朗的抉擇，但他的自由
主義從未轉化為政治行動。由於他是一個學術本位的自由主義
者，他完全可以作到讓政治的歸於政治，讓學術的歸於學術，
使這兩個領域不相混淆。

1945年12月17日是胡適54歲的生日，楊聯陞寫了一副對仗
工整但又很富於幽默感的壽聯為他祝壽。聯曰：

　　及門何止三千，更教碧眼兒來，紅毛女悅；

　　慶壽欣逢五四，況值黃龍酒熟，黑水妖平。

據他說，此聯在紐約的中文報紙上刊出後，他頗受到左派人士的譏刺。因為「黑水妖平」指共軍在東北被國軍擊敗的近事而言。以「黑水妖平」對「紅毛女悅」自屬妙手拈來，涉筆成趣。詩人遇到這種天造地設的對仗是不肯隨便放過的。但這個「妖」字卻也使他的政治同情偏向胡的一邊了。據楊在12月9日的記事冊上的紀錄，初稿文字與定稿頗有不同，最後四個字原作「白日旗飄」，以文字而論，自遠不及改稿為工穩。但楊的日記又說：「十日與丁梧梓商改。」丁梧梓即丁聲樹，原為中央研究院歷史語言研究所的研究員，其時正在哈佛訪問。所以我們已不能斷定「黑水妖平」四字是作者自己的改筆，還是出於丁聲樹的建議。總之，楊雖然一生遠離實際政治，卻不是沒有政治意識和政治判斷的人，1945年4月3日他曾特別注意海耶克那部轟動一時的《到奴役之路》；4月12日晚他又去聽哈佛經濟系和社會系的幾位名教授討論海氏的書。這一天適值羅斯福總統逝世，他在日記中寫了一首悼詩，起句云：「章憲煌煌告五洲，大西洋月印如鉤」，正是頌讚羅氏的「大西洋憲章」。他的政治傾向還是很清楚的。這兩天的記事為他的壽聯提供了一種思想的背景。從這個意義上說，楊和胡一樣，也是學術本位的自由主義者。正是由於愛好羅斯福所揭示的「四大自由」，他萬般無奈地作出了定居美國的抉擇。然而也幸虧如此，他才躲開了政治的紛擾，在哈佛燕京漢和圖書館裡，窮年累月地博覽群書，終於為西方漢學界放一異彩。

　　1949年胡適重返紐約時，當年哈佛校園中「可與大談中國文史之學」的群英只剩下楊聯陞一人了。其餘幾位，借用胡的一句名言，不但都已失去了說話的自由，而且也沒有不說話的自由了。我們今天能讀到這一冊胡、楊書信集，真有說不出的意外喜悅。但從產生它的歷史背景看，這一冊書也未嘗不可以說是20世紀中國學術史上的劫後餘燼。這一堆劫後殘灰，一方面固然足以供後世讀者憑弔20世紀中國所經歷的滄桑，但另一方面也必將會激發來者的弘願，踏在前人所遺留的業績上，重振「中國文史之學」！

　　在結束這篇序文之前，讓我再回到個人的立場上說幾句話。蓮生師從遊於適之先生之門是他生平最為珍惜的一段經歷。1976年他贈我「何必家園柳」一句題詞便顯然借用了適之先生「雖然不是家園柳」那首贈詩。1965年夏天他和我一詩云：

　　　古月寒梅繫夢思，誰期海外發新枝。
　　　隨緣且上須彌座，轉憶當年聽法時。

「古月」指適之先生，「寒梅」是清華大學校長梅貽琦先生。他飲水思源，最念念不忘的還是適之先生當年「說法」的一番錘鍊。1977年我離開哈佛之前，他又對我說起他先後二十年和適之先生文字往復，受益無窮，樂趣也無窮。因此他希望我去後依然能繼續我們之間長期論學的習慣。不用說，這也正是我所期望於他的。1985年我寫《中國近世宗教倫理與商人精神》，

除函札往返外，在電話上更和他長談過無數次。最後他為該書
寫〈原商賈〉的長序則是他晚年最用氣力的論學之作。他和適
之先生互相攻錯在他學術生命中所發生的創造性的作用，於此
可見。他不惜以晚年衰病之身從多方面啓發我，主要也是因為
他要把他和適之先生的論學傳統延長下去。

　　我從來沒有見過適之先生，但是我在學術專業上受惠於蓮
生師的則遠比他得之於適之先生的既深且多。這已不是尋常感
謝的套語所能表達於萬一的。1966年我回到哈佛任教，這個新
添的職位是他全力爭取得來的。我終於沒有能等到他退休便決
定離開了哈佛，從私人情感上說，我對他的歉意是永久的。但
是和適之先生一樣，他具有異乎尋常的寬容精神。他不但沒有
半點介意的表示，而且尊重我的決定，鼓勵我在學術上充分發
展自己的個性。從學術之為公器的一方面看，他肯定了我的決
定的正面意義。這也是「何必家園柳」的更深一層的涵義。但
是他早在1976年元月為我生日題詞時，大概沒有料到這五個字
竟成為「一語成讖」的預言吧！

　　我寫這篇序文時，蓮生師逝世已滿七週年了。他生前最重
視中國文化中「報」的價值。但「報」字之義也有從傳統到現
代的轉化，可以用種種不同的方式表現出來。讓我謹將此序獻
給他在天之靈，算是我對他一種最誠摯的回報。

1998年元月2日 余英時 敬序於
美國珂泉(Colorado Springs)旅次

中國近代思想史上的胡適
──《胡適之先生年譜長編初稿》序

前言

　　這部《胡適之先生年譜長編初稿》是胡頌平先生花了整整五年的時間(民國五十五年一月一日至六十年二月二十三日夜)編寫成功的。初稿完成以後，頌平先生又不斷地收集新出現的材料加以補充。例如遺落在大陸的《胡適的日記》曾有一小部分輾轉刊布在香港的《大成》雜誌上(77期，1980年4月出版)，現在也收入《年譜》民國十年和十一年有關各條之內了。可見這部三百萬多萬字的《年譜》先後經過了十五、六年的時間才定稿的。本來丁文江先生主編的《梁任公先生年譜長編初稿》已算是資料最豐富的一部年譜了，但本書取材的豐富尚超出《梁譜》好幾倍，這真可以說是中國年譜史上一項最偉大的工程了。

　　頌平先生是最有資格編寫這部年譜的人。第一、民國十七年譜主出任吳淞中國公學校長的時代，頌平先生恰好是公學的

學生，因此他在思想上直接受過譜主的薰陶。他對譜主的認識不僅是情感的，而且也是理智的。第二、他早在民國三十五年就開始為譜主服務，譜主與教育部有關的許多事情都由他代為辦理。而尤其重要的是他在譜主最後四年（1958年4月至1962年2月）的生活史上占據了一個特殊的地位：他不但擔任了譜主的主要文書工作，是譜主的私人顧問，而且實際上還照顧著譜主的日常生活。因此他有機會觀察譜主最後幾年的一切言行。譜主有不少私下談話現在都保留在這部年譜中了；對於傳記而言，這些尤其是最可貴的第一手資料。18世紀英國的包斯威（James Boswell）所著《約翰遜傳》（*Life of Samuel Johnson*），便因生動地記錄了傳主的思想與活動而成為不朽的名著。在中國方面，錢德洪主撰的《王陽明年譜》，和段玉裁的《戴東原年譜》也都能在文字材料之外保存了不少譜主的口語。這些口語往往為後世研究譜主思想的人提供了意想不到的重要證據。我以前寫《論戴震與章學誠》那部專論便十分得力於段玉裁所記錄的戴震的口語。以我所知，在本譜譜主的門生故舊之中再也找不出第二人同時具備了上述的條件（關於年譜的現代意義，請參看〈年譜學與現代的傳記觀念〉）。

在中國史學傳統上，長編是一種史料整理的工作。司馬光在正式撰寫《資治通鑑》之前，便先有劉恕、劉攽、范祖禹三人分別編纂了一部《長編》。據說這部長編曾裝滿了兩間屋子，足見司馬光最後定稿時採擇之精和斷制之嚴。但是如果沒有《長編》為基礎，司馬光的史才、史學與史識終究是沒有用武之地的。所以章學誠稱長編的工作為「比類」，並肯定其價值不在

「著述」之下。他說：

> 司馬撰《通鑑》，為一家之著述矣，二劉范氏之《長
> 編》，其比類也；兩家本自相因而不相妨害……但為
> 比類之業者，必知著述之意，而所次比之材，可使著
> 述者出，得所憑藉，有以恣其縱橫變化；又必知己之
> 比類與著述者多有淵源，而不可以比類之密笑著述之
> 或有所疏；比類之整齊而笑著述之有所畸輕畸重，則
> 善矣。蓋著述譬之韓信用兵，而比類譬之蕭何轉餉，
> 二者固缺一不可；而其人之才，固易地而不可為良者
> 也。(見《文史通義》外篇三〈報黃大俞先生〉)

適之先生是服膺章氏史學見解的人，所以他在《梁任公先生年
譜長編初稿》的序文中一方面希望將來有人根據《長編初稿》
寫出一部《梁任公年譜定本》或《梁任公傳記》來；而另一方
面則特別看重這部《長編初稿》「保存了許多沒有經過最後刪
削的原料」。他著重地指出：

> 正因為這是一部沒有經過刪削的《長編初稿》，所以
> 是最可寶貴的史料，最值得保存，最值得印行。

我覺得適之先生最後這一句話完全可以適用於這部記述他自己
生平的《年譜長編初稿》上面。

　　但是我必須指出，這部《長編》也有一個先天性的缺陷，

即在史料的收集方面受到一種無可奈何的客觀限制。《梁任公
年譜長編》是以任公先生近一萬封的信札(特別是家信)爲基本材
料的。適之先生曾指出當時徵求梁先生信札的大成功是由於三
個原因：第一、梁先生早歲就享大名，信札多被保存；第二、
梁先生的文筆可愛、字跡秀逸，值得收藏；第三、當時中國尚
未經過大亂，名人的墨蹟容易保存。在這三個理由之中，前兩
個也完全適用於適之先生，但第三個理由對於適之先生而言卻
不能成立了。適之先生留在中國大陸上的信札經過抗戰和最近
三十餘年的動盪大概已銷毀得所餘無幾了。因此以信札材料而
言，本譜較之《梁譜》便不免相形遜色。最近大陸內部刊印了
適之先生當年未及攜出的一批信札和日記。其中信札部分現在
已輾轉流傳到台灣，將爲適之先生增添許多重要的傳記原料。
但可惜本譜已來不及加以充分利用了。

　　提到適之先生的《日記》，我覺得這也是本譜另一不能讓
讀者完全滿意的所在。適之先生有寫日記的習慣，幾乎很少間
斷。這批日記至少是與信札有同等重要性的傳記材料。然而本
書除了《胡適留學日記》和《大成》雜誌轉載的幾條之外，幾
乎完全沒有觸及任何未刊的日記材料。但是我深信這絕不是由
於頌平先生的疏忽，他必然有其不得已的苦衷。這批未刊日記
也許不在台北，也許尚待整理，也許還不到公布的時候。總之，
我們可以斷言，頌平先生「是不能也，非不爲也」。從史學的
觀點說，我們希望在不久的將來，有人能將適之先生的信札和
日記加以系統的搜集和整理，並分別刊布出來，以收與本書相
得益彰之效。所以就材料的性質而言，本書與《梁任公年譜》

雖同稱《長編初稿》，而重點則頗有不同。大體說來，《梁譜》
是以譜主的一般活動，尤其是政治活動為主。這是很自然的，
因為任公先生不但自始即在政治舞臺上扮演著重要的角色，而
且一直到死都躲不開政治的糾纏。年譜中所收的信札和其他文
獻大部分也都是談政治問題的。因此讀《梁譜》的人都免不了
發生一種感想，即譜主的學術思想在全書中所占的比重稍嫌不
足。繆鳳林認為《梁譜》「述任公一生思想之變遷」尚不及蕭
公權《中國政治思想史》中論梁啓超的一章。這一批評並不是
完全沒有道理的（見蕭公權，《問學諫往錄》〔台北：傳記文學出版
社，1972〕，頁129）。

　　與《梁譜》相對照，這部《胡譜》的特色便清楚地顯現出
來了。本書篇幅之所以長達三百萬字以上，主要是因為編著者
幾乎將譜主五十餘年中的一切論學論政的文字「都擇要摘錄，
分年編入」（胡適〈章實齋年譜自序〉）。這顯然是師法譜主在《章
實齋年譜》中的創例。所以本書事實上可以說是一部譜主著作
的編年提要。我深信，讀者循誦本書一過便可以對譜主一生學
術思想的發展獲得一極清晰而深刻的認識。這一特色也正是本
書最有價值的地方。

　　適之先生是20世紀中國學術思想史上的一位中心人物。從
1917年因正式提出文學革命的綱領而「暴得大名」（這是他在1959
年給胡光麃信上的話。原信影印本見胡光麃，《波逐六十年》〔新聞天
地社，第六版，1972〕，頁380），到1962年在台北中央研究院的酒
會上遽然逝世，他真是經歷了「譽滿天下，謗亦隨之」的一生。
在這四十多年中，無論是譽是謗，他始終是學術思想界的一個

注意的焦點：在許多思想和學術的領域內——從哲學、史學、文學到政治、宗教、道德、教育等——有人亦步亦趨地追隨他，有人引申發揮他的觀點和方法，也有人和他從容商榷異同，更有人從各種不同的角度對他施以猛烈的批評，但是幾乎沒有人可以完全忽視他的存在。這一事實充分地說明了他在中國近代史上所占據的樞紐地位。

　　適之先生的人格和思想在這部年譜裡已有很詳細的記錄，我不可能再有所增益。我和適之先生從無一面之雅，因此在情感上也產生不了「譽」或「謗」的傾向。而且捧場對於已故的適之先生固然毫無意義，打死老虎則尤其不是值得提倡的風氣。適之先生生平強調歷史的觀點最力，對於任何事情他都要追問它是怎樣發生的、又是怎樣演變的。我在下面便想試從幾個不同的歷史角度來說明他何以能在20世紀上半葉的中國扮演那樣一種獨特的歷史角色。但是限於篇幅，我不可能在這裡全面地評估適之先生在中國近代學術思想上的意義和影響。這是必須首先加以聲明的。以下的歷史分析，我希望盡量作到客觀兩個字，也就是適之先生所常說的「還他一個本來面目」。因為要「還他一個本來面目」，我不但要指出他的正面貢獻，而且也不避諱談到他的限制。在這一方面我當然無法完全避開主觀判斷的問題。適之先生說得好：

> 整治國故必須……以古文還古文家，以今文還今文家；以程、朱還程、朱，以陸、王還陸、王……各還他一個本來面目，然後評判各代各家各人的義理是

非。不還他們的本來面目，則多誣古人。不評判他們
的是非，則多誤今人。但不先弄明白了他們的本來面
目，我們決不配評判他們的是非。(見〈國學季刊發刊宣
言〉，收入《胡適文存》，第二集〔台北：遠東圖書公司，
1971年5月三版〕，頁8。)

但是我要補充一句，思想史家「評判」古人的「義理是非」，
其根據絕不應該是自己所持的另一套「義理」。如果以自己的
「義理」來「評判」古人的「義理」；那便真的變成「以一種
成見去形容其他的成見」了(金岳霖語，見馮友蘭，《中國哲學史》
審查報告二)。思想史家「評判」的根據只能來自他對於思想史
本身的了解。主觀與客觀在這裡是統一的。

一、胡適的出現及其思想史的背景

　　胡適的〈文學改良芻議〉發表在1917年1月號的《新青年》
上，同年9月他開始在北京大學任教。他的《中國哲學史大綱》
卷上是在1919年2月出版的，5月初便印行了第二版。同時，他
的朋友陳獨秀等在1918年12月創辦了《每週評論》，他的學生
傅斯年、羅家倫等也在1919年1月創辦了《新潮》。這兩個白話
刊物自然是《新青年》的最有力的盟友，以胡適為主將的「新
文化運動」便從此全面展開了。
　　胡適以一個二十六、七歲的青年，回國不到兩年便一躍而
成為新學術、新思想的領導人物，這樣「暴得大名」的例子在

中國近代史上除了梁啓超之外，我們再也找不到第二個了。但是梁啓超最初是追隨老師康有爲從事變法運動而成名的，這和胡適的全無憑藉仍然稍有不同。六十多年來，對胡適不心服的人很多。無論是在中西哲學、史學或文學方面，都不斷有人指摘他的這樣或那樣的缺點。那些出於黨派政治動機和訴諸情緒的「反胡」或「批胡」言論可以置之不論。嚴肅而有理據的批評則是學術發展途程中的正常而健康的現象。自古迄今，恐怕沒有一位學者能夠在著作中完全不犯錯誤，也沒有一位思想家的觀點和方法能夠爲同時的人所普遍接受。胡適自然也不是例外。但是其中有些批評卻不免給人一種印象，好像胡適之所以招致批評並不完全由於他在學術上有錯誤或在思想上有偏頗，而主要是受了他「暴得大名」之累。因爲這一類的批評者在有意無意之間總流露出阮籍所謂「時無英雄，使豎子成名」的感慨。我對於胡適是否名實相符的問題沒有討論的興趣，因爲這是一個典型的「見仁見智」的問題：反對他的人固然可以找出無數的「證據」來說明他「徒具虛名」，擁護他的也未嘗不能找出同樣多的「證據」來說明他「名下無虛」。我所感到興趣則是一個客觀的歷史問題，即胡適爲什麼竟能在短短一兩年的時間內取得中國學術思想界的領導地位？換句話說，我只是把胡適的「暴得大名」看作一種客觀存在的歷史現象而提出一些初步的觀察。必須說明，我的觀察不但是初步的，而且也不可避免地帶有片面性。我自己絕不敢說這些觀察完全正確，甚至基本上正確；相反地，借用胡適的名詞，它們不過是一些「待證的假設」而已。

　　1917年的中國學術思想界當然不能說是「時無英雄」。事實上，中國近代思想史上影響最大的幾位人物如嚴復、康有爲、章炳麟、梁啓超等那時都還健在。其中年齡最高的嚴復是65歲（依照中國算法），年齡最小的梁啓超只有45歲。但以思想影響而言，他們顯然都已進入「功成身退」的階段，不再活躍在第一線了。我們只要讀胡適在1918年1月所寫的〈歸國雜感〉，便不難了解當時中國學術思想界是處於怎樣一種低潮的狀態。所以我們可以說在胡適歸國前後，中國思想界有一段空白而恰好被他填上了。

　　但是問題並不如此簡單。我們必須繼續追問，這一段空白究竟屬於什麼性質呢？爲什麼是胡適而不是別人填上了這段空白呢？

　　對於這兩個問題，我們都可以有種種不同的解答。例如強調思想反映社會經濟變遷的人便往往把這個空白看作是當時中國新興的資產階級需要有自己的意識形態，而胡適從資本主義的美國帶回來的實驗主義便恰好能滿足這個階級的精神要求。但是我在這裡無法涉及這種綜合性的歷史判斷，因爲無論是建立或駁斥這一類的綜合判斷都要牽涉到無數複雜而困難的理論問題和方法論的問題。因此，我只打算從嚴格的思想史的觀點來討論上述的兩個問題。讓我先提出對於第一個問題的看法。

　　要了解這個時期的思想空白的性質，我們首先必須確定當時學術思想界亟待解決的中心問題是什麼。我們可以毫不遲疑地說，當時一般中國知識分子所最感困惑的是中學和西學的異同及其互相關係的問題。進入民國之後，中國的政體雖已略具

西方的形式，但一切實質的問題依然懸而未決，政治現象反而更
見混亂。中國傳統的觀念向來認定「世運之明晦、人才之盛衰，
其表在政，其裡在學。」（張之洞語，見《勸學篇・序》）所以中學、
西學的問題便重新被提到思想界的討論日程上來了。

　　晚清中國思想界對這個問題的答案大致可以「中學爲體、
西學爲用」一語爲代表，我們通常把這個公式歸之於張之洞的
發明，其實這是晚清人的共同見解。早在1861年馮桂芬所寫的
〈采西學議〉一文（見《校邠廬抗議》）已主張「以中國倫常名教
爲原本，輔以諸國富強之術」。1892年鄭觀應撰〈西學〉篇，
他的結論是：「合而言之，則中學其本也，西學其末也。」[1] 1896
年梁啓超在〈西學書目表後序〉中也說：

> 要之，舍西學而言中學者，其中學必爲無用，舍中學
> 而言西學者，其西學必爲無本，皆不足以治天下。[2]

張之洞的《勸學篇》最後出（1898），他綜合了上引諸家的意見是
毫無可疑的。張氏的原文如下：

> 一曰新舊兼學：四書、五經、中國史事、政書、地圖
> 爲舊學，西政、西藝、西史爲新學。舊學爲體，新學

1　見中國近代史資料叢刊：《戊戌變法》，第一冊（神州國光社，1953），
　　頁49。
2　見《梁任公年譜長編》（台北：世界書局，1972年10月再版），上冊，
　　頁32。

　為用，不使偏廢。(《勸學篇‧設學第三》)

他的特殊貢獻不過是以「體用」來代替鄭觀應的「本末」而已。
但在中國傳統的一般用語中，體用和本末則是可以互通的。可
見「中(舊)學爲體、西(新)學爲用」的口號確能夠代表晚清思想
界對這個問題的共同看法[3]。這當然不是說從馮桂芬到張之洞這
四十年間中國思想在這一點上完全是靜止的。如果細加分析，
最後仍然有所不同。馮桂芬和鄭觀應所謂「西學」完全是指科
學與技術而言，張之洞的「西學」則同時包括了「西藝」(即科
學與技術)和「西政」，而且他明白指出：「西學亦有別，西藝
非要，西政爲要。」(《勸學篇‧序》)[4]但是大體而論，「中學
爲體、西學爲用」的思想格局一直延續到「五四」的前夕都沒
有發生基本的變化。

　　這個問題之所以遲遲不能有突破性的發展，其主要原因之
一是當時中國知識分子對於所謂「西學」普遍地缺乏親切而直
接的認識。他們關於西方文化的知識大體都是從日本轉手而來
的。張之洞曾說：

3　梁啓超後來也說這個口號「張之洞最樂道之，而舉國以為至言。」
　　見《清代學術概論》(商務印書館，1921年初版)，頁161。
4　關於這一點，近人已有討論。見蕭公權，《中國政治思想史》，下
　　冊(台北：聯經出版事業公司，1982)，頁844-845；Ssu-yü Teng and John
　　K. Fairbank, *China's Response to the West, a documentary survey,
　　1839-1923*(Harvard University Press, 1954), pp. 50, 164-165. 關於體用
　　問題可看William Ayers, *Chang Chih-tung and Educational Reform in
　　China* (Harvard University Press, 1971), pp. 150-152, 159-160.

西學甚繁，凡西學不切要者，東人已刪節而酌改之。(《勸
學篇・游學第二》)

梁啓超說得更明白：

> 晚清西洋思想之運動，最大不幸一事焉，蓋西洋留學
> 生殆全體未嘗參加於此運動；運動之原動力及其中
> 堅，乃在不通西洋語言文字之人。坐此為能力所限，
> 而稗販、破碎、籠統、膚淺、錯誤，諸弊皆不能免；
> 故運動垂二十年，卒不能得一健實之基礎，旋起旋落，
> 為社會所輕。[5]

梁氏是清末介紹西學最熱心的一個人，他的話自然是完全可信
的。

　　這裡面當然有例外。嚴復翻譯的《天演論》、《原富》、
《名學》、《群己權界論》、《法意》、《群學肄言》等西方
名著，無疑代表了當時介紹西學的最高水準。在1902年〈與《外
交報》主人論教育書〉中，他一方面公開駁斥「中學為體、西
學為用」之說，而另一方面則極力提倡直接通過西方語文以求
取西學。他說：

> 中國所本無者，西學也，則西學為當務之亟明矣。且

5　《清代學術概論》，頁162-163。

既治西學，自必用西文西語而後得其眞。[6]

但是嚴復對中國近代思想的影響主要還是《天演論》一書。尤其是「優勝劣敗，適者生存」這句話深深地激動了中國的人心，使得稍有血性的人都知道中國必須發憤圖強才可免於亡國的命運。至於其他所譯諸名著，則誠如梁啓超所說，「半屬舊籍，去時勢頗遠。」[7]一般人仍無法從其中獲得關於西方文化的基本認識。

　　嚴復在中年以前論中西文化異同雖時有深入之見，但似並未能爲一般讀者所共喻。到了晚年，他的思想愈來愈保守，因此不願再談西學問題，更不願談什麼中西融貫的問題了。民國元年(1912)他署理北京大學校長時曾明白地表示：

比欲將大學經文兩科合併為一，以為完全講治舊學之
區，用以保持吾國四五千載聖聖相傳之綱紀、彝倫、
道德、文章於不墜。且又悟向所謂合一爐而冶之者，
徒虛言耳。為之不已，其終且終至於兩亡。故今立斯
科，竊欲盡從吾舊，而勿雜以新。[8]

6　見舒新城編，《近代中國教育史資料》(人民教育出版社，1961)，
　　下冊，頁993。

7　《清代學術概論》，頁162。關於達爾文進化論在中國近代思想史上
　　的一般影響，現已有專題研究。見James Reeve Pusey, *China and*
　　Charles Darwin(Harvard University Press, 1983).

8　〈與熊純如書札二〉，見《嚴幾道晚年思想》(香港：崇文書店，1974)，
　　頁3。

可見這位中國唯一能直接了解西學的人在思想上竟已退回到
「中學爲體、西學爲用」以前的階段去了。

　　在五四運動的前夕，一般知識分子正在迫切地需要對中西
文化問題有進一步的認識；他們渴望能突破「中體西用」的舊
格局。然而當時學術思想界的幾位中心人物之中已沒有人能發
揮指導的作用了。這一大片思想上的空白正等待著繼起者來填
補，而胡適便恰好在這個「關鍵性的時刻」出現了。

二、思想革命的始點

　　這片空白當然不是胡適一個人或少數幾個人所能立刻填補
得起來的。但是他和陳獨秀的早期合作確是「新文化運動」的原
動力。陳獨秀富於革命的衝動和敏銳的觀察力；胡適則持論堅定
而態度穩健。所以他們兩個人在這一方面可以說配合得恰到好
處。胡適自己便曾指出：

> 胡適當時承認文學革命還在討論的時期……故自取集
> 名爲《嘗試集》，這種態度太和平了。若照他這個態
> 度做去，文學革命至少還須經過十年的討論與嘗試。
> 但陳獨秀的勇氣恰好補救這個太持重的缺點。……當
> 日若沒有陳獨秀「必不容反對者有討論之餘地」的精
> 神，文學革命的運動決不能引起那樣大的注意。[9]

9　〈五十年來中國之文學〉，《胡適文存》，第二集，卷一，頁249-250。

其實不僅文學革命如此，稍後的思想革命也是如此。當時胡適
對中西學術思想的大關鍵處所見較陳獨秀爲親切。陳獨秀沒有
到過西方，他對西方的認識仍是從日本轉手而來的[10]。但是由於
觀察力敏銳，他很快地便把捉到了中國現代化的重點所在。一
直流傳到今天的「民主」（德先生）和「科學」（賽先生）兩句口號
便是由他最先提出來的。無可否認地，陳獨秀在「五四」前後
對「民主」與「科學」的理解大體上是接受了胡適和杜威的影
響。因此他在1919年所發表的〈實行民治的基礎〉一文中便毫
不遲疑地主張「拿英美做榜樣」[11]。他在同年同期《新青年》上
所寫的〈本志宣言〉中則表示「我們相信尊重自然科學實驗哲
學」。總之，他的思想在這一階段是和胡適非常接近的。另一
方面，胡適在〈新思潮的意義〉中也首先承認陳獨秀所提倡的
「德先生」和「賽先生」之說是關於新思潮的一種最簡明的解
釋。不過他更進一步指出：

> 新思潮的根本意義只是一種新態度。這種新態度可以
> 叫做「評判的態度」。……尼采說，現今時代是一個

---

10 舊傳陳獨秀於1907-1910年曾到法國留學，但據李書華和李石曾兩人
　　的回憶，其事並不確。見郅玉汝編，《陳獨秀年譜》（香港：龍門書
　　店，1974），頁16-17。並可參看李璜，《學鈍室回憶錄》（台北：傳
　　記文學出版社，1973），頁24。

11 《新青年》，七卷一期（1919年12月1日出版），頁16。關於陳氏此文
　　受當時杜威講演的影響，可參看Chow Tse-tsung, *The May Fourth
　　Movement, Intellectual Revolution in Modern China* (Harvard University
　　Press, 1960), pp. 230-231.

　　「重新估定一切價值」(Transvaluation of all values)的時
　　代。「重新估定一切價值」八個字便是評判的態度的
　　最好解釋。[12]

這種「重新估定一切價值」的態度才把中國如何現代化的問題
從科技和政制(張之洞所謂「西藝」、「西政」)的層面正式提升到
文化的層面，因而突破了「中體西用」的思想格局。從此以後，
「中學」、「西學」的舊名詞基本便爲「中國文化」、「西方
文化」之類的概念所取代了。李大釗的〈東西文化根本之異點〉
(《言志》，1918年7月)，梁啓超的《歐遊心影錄》(上海《時事新
報》，1919年3月)和梁漱溟的《東西文化及其哲學》(1922)都是
在這一「新思潮」刺激之下而產生的強烈反響。當時中國知識
界把推行這種「新思潮」看作一種「文化運動」是完全合乎事
實的[13]。最近馮友蘭回憶道：

　　梁漱溟先生……作了一個「東西文化及其哲學」的講
　　演，在當時引起了廣泛的興趣，因為，無論他的結論

12　《胡適文存》，第一集，卷四，頁728。按：此文也發表在《新青年》，
　　七卷一期。尼采的「重新估定一切價值」現在英文譯作 "revaluation of
　　all values." 尼采的本意只在攻擊現存的偽價值，但他並未提供新的價
　　值。見Walter Kaufmann, *Nietzsche, Philosopher, Psychologist, Antichrist*
　　(Princeton University Press, Fourth Edition, 1974), pp.110-115.
13　關於此點見Chow Tse-tsung, *The May Fourth Movement, Intellectual
　　Revolution in Modern China*, pp. 194-196. 梁漱溟也說「東西文化」這
　　類名詞是因為新文化運動才在中國流行起來的。見他的《東西文化
　　及其哲學》(台北：虹橋書店重印本，1968)，頁2。

是否正確，他所講的問題，是當時一部分人的心中的
問題，也可以說是當時一般人心中的問題。[14]

追源溯本，梁漱溟之所以能暢談「東西文化及其哲學」這樣的
問題，正是由於胡適倡導的「評判的態度」打破了長期以來的
思想僵局。在張之洞的時代，這樣的問題是無法提出的。縱有
一二「孤明先發」的人(如郭嵩燾和早期的嚴復)略能見其彷彿，
也不可能引起同時人的共鳴。

顧頡剛回憶他最初在北京大學聽胡適講「中國哲學史」一
課的情形，曾說：

胡先生講得的確不差，他有眼光、有膽量、有斷制，
確是一個有能力的歷史家。他的議論處處合於我的理
性，都是我想說而不知道怎樣說纔好的。[15]

這一段話可以擴大來解釋胡適在「五四」前後思想影響的一般
性質。從文學革命、整理國故，到中西文化的討論，胡適大體
上都觸及了許多久已積壓在一般人心中而不知「怎樣說纔好」
的問題。即使在思想上和他完全不同，甚至相反的人(如梁漱溟
與李大釗)也仍然不能不以他所提出的問題為出發點，所以從思
想史的觀點看，胡適的貢獻在於建立了孔恩(Thomas S. Kuhn)所

---

14 見〈哲學回憶錄(一)〉，《中國哲學》，第三輯(1980年8月)，頁364。
15 《古史辨》(香港：太平書局，1962)，〈自序〉，頁36。

說的新「典範」(paradigm)。而且這個「典範」約略具有孔恩所說廣狹兩義：廣義地說，它涉及了全套的信仰、價值和技術(entire constellation of beliefs, values, and techniques)的改變；狹義方面，他的具體研究成果(如《中國哲學史大綱》)則起了「示範」(shared examples)的作用，即一方面開啓了新的治學門徑，而另一方面，又留下了許多待解決的新問題[16]。胡適晚年曾談到他的「重新估定一切價值」在學術思想界所造成的變動。他說：

> （在現代的中國學術裡），這一個轉變簡直與西洋思想
> 史，把地球中心說轉向太陽中心說的哥白尼的思想革
> 命一樣。在中國文化史上我們真也是企圖搞出個具體
> 而微的哥白尼革命來。[17]

這個說法並不算太誇張，特別是就中國文化的研究(廣義的「整理國故」)而言。

---

16 孔恩的「典範」說有許多歧義，這裡只就其中最重要的兩點而言。參看他的 "Second Thoughts on Paradigms," in *The Essential Tension, Selected Studies in Scientific Tradition and Change*(Chicago University Press, 1977), pp. 293-319. 必須聲明，孔恩論「哲學革命」的結構本在解釋每一專門學科的內在發展，所以它的對象是很具體的。我在這裡借用它來說明胡適所倡導的「思想革命」當然不能密合孔恩的原意，因為「思想革命」的範圍是十分廣泛的，不過如果專以胡適在「整理國故」方面所導致的「史學革命」——或「考證學革命」——而言，則「典範」的觀念仍然是很適用的。參看〈《中國哲學史大綱》與史學革命〉。

17 見唐德剛譯註，《胡適口述自傳》(台北：傳記文學出版社，1981)，頁255。

　　總結地說，「五四」的前夕，中國學術思想界尋求新突破的醞釀已到了一觸即發的境地，但是由於方向未定，所以表面上顯得十分沉寂。胡適恰好在這個「關鍵性時刻」打開了一個重大的思想缺口，使許多人心中激盪已久的問題和情緒都得以宣洩而出。當時所謂「新思潮」便是這樣形成的。而胡適的出現也就象徵著中國近代思想史進入了一個嶄新的階段。

三、長期的精神準備

　　現在我們必須進一步討論前面所提出的第二個問題：爲什麼恰巧是胡適而不是任何別人填補了這片思想的空白呢？僅從思想史的客觀要求一方面看，我們當然可以說胡適的出現是具有高度的偶然性的。思想革命醞釀到了成熟時期，必然有人會乘勢而起。如果沒有胡適其人，遲早也會有別人出來扮演他所扮演的歷史角色。但是在胡適的出現已經成爲歷史事實的情形之下，我們便不能不把歷史的客觀要求和胡適個人的主觀條件配合起來加以觀察了。從主觀條件一方面著眼，我們便會發現胡適的出現並不完全是偶然的；他對自己所要扮演的歷史角色不但早有自覺，而且也進行了長期的準備。

　　胡適在美國留學的七年(1910-1917)是他一生思想和志業的定型時期。我們試讀他的《留學日記》便不難看出他在這幾年中所最關懷的正是中西文化異同的問題，特別是中國傳統在面臨西方近代文明的挑戰時究竟應該怎樣轉化的問題。在這幾年之中，他的見解先後雖頗有遷易，但他所關懷的問題始終未變。

例如在1912年10月14日，曾想著《中國社會風俗真詮》一書，為傳統社會制度辯護[18]。1914年1月27日演說中國婚制，更公開地指出中國「名分所造的」(duty-made)婚姻比西方「自造的」(self-made)婚姻，在愛情方面更有保證[19]。這種看法在他後來攻擊舊制度、舊風俗，並提倡易卜生的《娜拉》時已不再提起了。又如他在1911年10月4日曾有信給梅光迪(覲莊)「論宋儒之功」[20]，在1914年1月23日，他又有信給許怡蓀討論如何革新「孔教問題」[21]。這一態度和他在〈新思潮的意義〉中所說的「重新估定孔教的價值」更是截然異趣了。但是，他持續不斷地對同一類的問題進行嚴肅的思考，則是顯然的事實。

胡適在1915年5月28的日記中自省道：

> 吾生平大過，在於求博而不務精。蓋吾返觀國勢，每以為今日祖國事事需人，吾不可不周知博覽，以為他日國人導師之預備。不知此謬想也。吾讀書十餘年，乃猶不明分功易事之義乎？吾生精力有限，不能萬知

18　見《胡適留學日記》(台北：臺灣商務印書館，1959)，卷二，第一冊，頁103。

19　同上，卷三，頁168-169。按：這當然是有感而發的「夫子自道」。見他1917年1月16日〈病中得冬秀書〉一詩。其第二節有「由分生情意，所以非路人」之句，即指此。見《嘗試集》(胡適紀念館，1971年2月初版)，頁111。

20　《胡適留學日記》，卷一，頁79。

21　同上，卷三，頁157-160。參看他的英文論文 "The Confucianist Movement in China," *The Chinese Students' Monthly*, 9.7 (May, 1914), pp. 533-536.

而萬能。吾所貢獻於社會者，唯在吾所擇業耳。吾之
天職，吾對於社會之責任，唯在竭吾所能，為吾所能
為。吾所不能，人其舍諸？
自今以往，當屏絕萬事，專治哲學，中西兼治，此吾
所擇業也。[22]

這一條劄記最足以表現他後來在〈自序〉中所說的「少年人的
自喜、誇大、野心、夢想」（頁6）。他早已在那裡進行「為他日
國人導師之預備」了。他的自負並不是毫無根據的狂妄，試以
他1911年的《日記》而言，那時他剛剛進康乃爾大學農學院讀
一年級，但是在一般功課之外，他還不斷地私下自修中國舊學。
他所點讀的舊籍包括了：經、史、子、集各部門，如《左傳》、
《詩經》、《杜詩》、《說文》、《陶淵明詩》、《謝康樂詩》、
《王臨川集》、《荀子》、《顏習齋年譜》等。他的第一篇學
術論文——〈詩三百篇言字解〉——便是在這一年寫成的。不
但如此，他在整個留學期間還一直注視著國內政治、社會、思
想各方面的動態。他讀《國粹學報》，留心章炳麟、梁啓超的
文字；他也讀國內報紙，記載袁世凱「尊孔」、「祀孔」的命
令，甚至宋教仁被刺一案，他也剪貼了所有報紙上登載的證據。
所以他雖在美國，對國內的情形並不隔膜。當時留美同學中曾
有人說他「知國內情形最悉」，大概並不算過譽[23]。當時中國留

22　《胡適留學日記》，卷九，第三冊，頁653-654。
23　同上，卷六，第二冊，頁377。

學生在專業方面有成績的人很多，但是在專業以外同時還能嚴
肅地研究中國歷史文化的人卻寥寥可數了。胡適在1915年7月22
日的一則劄記中曾感慨地說：

> 我所遇歐洲學生，無論其為德人、法人、俄人、巴爾
> 幹諸國人，皆深知其國之歷史政治，通曉其國之文學。
> 其為學生而懵然於其祖國之文明歷史政治者，獨有二
> 國之學生耳，中國與美國是已。……吾國之學子有幾
> 人能道李、杜之詩，左、遷之史，韓、柳、歐、蘇之
> 文乎？可恥也。[24]

這種不知祖國歷史文化的恥辱感，他在到美國不久之後便產生
了。1911年6月17日是中國基督教學生會夏令會的第四天。他記
載這一天討論會的情形說：

> 討論會，題為「孔教之效果」，李佳白君(Dr. Gilbert Reid)
> 主講，已為一恥矣，既終，有Dr. Beach言，君等今日
> 有大患，即無人研求舊學是也。此君乃大稱朱子之功，
> 余聞之，如芒在背焉。[25]

可以斷言，三個多月後他寫信給梅光迪「論宋儒之功」一定是

24　《胡適留學日記》，卷十，第三冊，頁703。
25　同上，卷一，頁43-44。

因爲受了這一天的刺激而起的。

　　無論我們說他是「少有大志」也好，「狂妄自大」也好，
或者「好名心切」也好，總之，他在留美這幾年中確是在自覺
地想「把自己這塊材料鑄造成器」（見〈易卜生主義〉，《胡適文
存》，第一集，卷四，頁643）。而且他所嚮往的「器」始終是通才
而不是專家。他在1915年2月18日〈自課〉一條引曾子「士不可
不弘毅」之語後，說道：

　　　　任重道遠，不可不早爲之計：第一、須有健全之身體；
　　　　第二、須有不撓不屈之精神；第三、須有博大高深之
　　　　學問。日月逝矣，三者一無所成，何以對日月？何以
　　　　對吾身？

他在「進德」一項說：

　　　　表裡一致——不自欺。
　　　　言行一致——不欺人。
　　　　對己與接物一致——恕。
　　　　今昔一致——恆。

又在「勤學」一項規定自己要：

　　　　每日至少讀六時之書。
　　　　讀書以哲學爲中堅，而以政治、宗教、文學、科學輔

焉。²⁶

部分地由於性格使然，他往往偏重通博一路而不大能專精²⁷。但是他的「求博而不務精」主要還是念念不忘要「爲他日國人導師之預備」。1916年6月9日他在紐約遇見相別九年的老師馬君武，他曾記道：

> 先生留此五日，聚談之時甚多。其所專治之學術（按：工科），非吾所能測其淺深。然頗覺其通常之思想眼光，十年以來似無甚進步。其於歐洲之思想文學似亦無所心得。先生負國中重望，大可有爲，顧十年之預備不過如此，吾不獨爲先生惜，亦爲社會國家惜也。²⁸

這段評論完全反映了他對自己的期待，因此不知不覺地把自己在思想上的「預備」轉加到馬君武的身上。其實馬君武既已決心以工科爲專業，也許根本便不發生什麼「預備」的問題了。1917年1月27日朱經農曾問胡適：「我們預備要中國人十年後有什麼思想？」他特別在《日記》中記道：

> 此一問題最爲重要，非一人所能解決也，然吾輩人人

26　見《胡適留學日記》，卷九，第三冊，頁563-564。
27　除前引一條外並可參看《胡適留學日記》，卷三，〈我之自省〉，第一冊，頁167；及卷七，〈專精與博學〉，第二冊，頁461-463。
28　同上，卷十三，第四冊，頁934。

心中當刻刻存此思想耳。[29]

可見他對於思想預備的問題真到了「造次必於是，顛沛必於是」的境地。這一長期的精神準備便是他後來倡導新文化運動的一個最重要的主觀憑藉。

四、思想革命的兩個領域

但是僅靠主觀憑藉並不足以掀起一場思想運動。能造成運動的思想必然是由於這種思想恰好適合當時社會的需要。因此我們必須更進一步去分析胡適所提倡的思想爲什麼能掀動「五四」時代的中國。胡適相信先秦諸子之學「皆起於救世之弊，應時而興」[30]。但是這種一般性的說法並沒有解釋同屬「應時而興」的各家思想，何以有的竟成爲「顯學」，而有的竟歸於寂滅的問題。杜威的另一位大弟子胡克(Sidney Hook)也曾討論過西方哲學史上同樣的問題。他承認這個問題不容易獲得明確的解答。但是他指出，凡是被社會所普遍接受的思想系統通常具有四種特性，即全面性(comprehensiveness)、精嚴性(rigor)、實際相關性(practical relevance)和彈性(flexibility)。這四種特性在個別哲學家中雖然有不同程度的分配，但多少都是具備的[31]。必須說明，胡克的話原是針對比較嚴格意義的哲學史而言，和兼具通

29　《胡適留學日記》，卷十五，頁1087。
30　見〈諸子不出於王官論〉，《胡適文存》，第一集，卷二，頁255。
31　見他的 *The Hero in History*(Boston: Beacon Press, 1955), p. 33.

俗性的胡適思想頗有不同。不過由於他的目的是爲哲學史提供
一種社會學的解釋，因此這幾點一般性的觀察大體上仍可以有
助於我們了解胡適思想在近代中國的影響究竟屬於何種性質。

　　胡適晚年在他的《口述自傳》裡曾列舉了中共1954年對「胡
適思想」所進行的有系統的「批判」，其中包括了「哲學思想」、
「政治思想」、「歷史觀點」、「文學思想」、「哲學史觀點」、
「文學史觀」、「歷史和文學的考據」以及「紅樓夢研究」等
項目[32]。事實上，從後來大陸出版的幾百萬字的《胡適思想批判》
（共八輯）來看，其範圍甚至超過了預定的項目。這一事實充分地
說明了胡適思想的全面性——它幾乎觸及了廣義的人文學科的
每一方面。但是這並不等於說，胡適在這許多專門學術上都有
高度的造詣。以他個人的研究業績而言，我們可以說，他在中
國思想史和文學史（特別是小說史）方面都起了劃時代的作用。這
種開新紀元的成就主要來自他所提倡的方法、觀點和態度。這
也就是上文所說的「新典範」的問題。正是在這個層面上——
也可以稱爲方法論的層面——他的思想影響才擴散到他的本行
以外的廣大領域中去。關於方法論層面的問題，下文還要繼續
提到。這裡只是要特別指出，本文所謂胡適思想的全面性基本
上是就這一層面而言的。

　　但是本文不擬追溯胡適思想在各部門發生影響的實際過程，
因爲那不是有限的篇幅所能容許的。爲了更清楚地說明胡適思想
的全面性，我想最好的辦法是利用思想史上所謂「上層思想」和

32　《胡適口述自傳》，頁215。中共原文見《學習》，1955年2月號。

「通俗思想」的概念(或者再擴大一點，利用人類學與社會學上「上層文化」與「通俗文化」的概念)。胡適思想影響的全面性主要由於它不但衝激了中國的上層文化，而且也觸動了通俗文化。

(1)通俗文化

胡適的「暴得大名」最初完全是由於他提倡文學革命。用白話來代替文言[33]，在胡適的構想中自始即是思想革命或新文化運動一個有機的組成部分。所以他的〈文學改良芻議〉第一條便提出「言之有物」，而所謂「物」則包括二事：一曰情感，二曰思想。他顯然認為只有新的白話文體才能表達20世紀的新情感和新思想。提倡白話自然便不得不尊《水滸傳》、《紅樓夢》、《儒林外史》為「文學正宗」，這就把通俗文化提升到和上層文化同等地位上來了。陳獨秀完全了解胡適此文的命意所在。他在〈文學革命論〉中說：

> 孔教問題，方喧哅於國中，此倫理道德革命之先聲也。文學革命之氣運，醞釀已非一日；其首舉義旗之急先鋒，則為吾友胡適。余甘冒全國學究之敵，高張「文學革命軍」大旗，以為吾友之聲援。旗上大書特書吾革命軍三大主義：曰、推倒彫琢的阿諛的貴族文學，建設平易的抒情的國民文學；曰、推倒陳腐的舖張的

33　不僅是「古文」，因為晚清以來所謂「古文」是專指桐城派那種純淨洗練的文字而言的。

> 　　古典文學，建設新鮮的立誠的寫實文學；曰、推倒迂
> 　　晦的艱澀的山林文學，建設明瞭的通俗的社會文學。[34]

　　這一段話以「倫理道德革命」始，以「通俗的社會文學」終，不但把思想革命與文學革命聯繫了起來，也把通俗文化代替傳統上層文化的意思表露得十分明顯。

　　從社會史的觀點看，「五四」新文化運動的基礎無疑是城市中的新興知識分子和工商業階層。1919年5月4日的愛國運動立即引起了全國各大城市的學生罷課、商人罷業和工人罷工，這一事實充分說明了新文化運動是靠什麼社會力量支持的。城市知識分子、商人和工人在全國人口中雖然所占的比例極小，但是他們在政治、社會、經濟和文化上是積極、主動的分子。當時的大眾傳播工具只有報章雜誌。白話文運動獲得成功以後，新思想、新觀念便能夠通過報章雜誌而直接傳播給廣大的城市讀者群了。所以新文化運動從白話文開始雖出於歷史的偶然，但以結果而論則是非常順理成章的一種發展。陳獨秀解釋文學革命發生的歷史背景說：

> 　　中國近來產業發達，人口集中，白話文完全是應這個
> 　　需要而發生而存在的。適之等若在三十年前提倡白話
> 　　文，只需章行嚴一篇文章便駁得煙消灰滅。[35]

34　見《胡適文存》，第一集，頁18。
35　〈科學與人生觀序〉附錄三〈答適之〉，見《胡適文存》，第二集，
　　頁153。

這番話雖嫌說得過於簡單，但就指出社會背景這一點而言，並不
是毫無道理的。胡適的白話文主張爲什麼在美國留學生圈內幾乎
完全得不到支持，而在國內卻立刻獲得巨大而熱烈的反響呢？這
豈不恰好說明大多數在美國的留學生已脫離了中國的社會現實，
而國內的學者則生活在社會變動之中嗎？胡適由於「知國內情形
最悉」，因此才對時代的動脈有敏銳的感應，這正是過人之處。

　　但是問題尚不止此。改革中國語文以普及教育，自清末以
來早已不斷有人在提倡；而白話或俗話的報紙也早已在各地出
現。爲什麼必須要等到「五四」前夕白話文運動才能成功呢？
胡適在1922年，曾對這個問題提出了解答。他說：

> 二十多年以來，有提倡白話報的，有提倡白話書的，
> 有提倡官話字母的，有提倡簡字字母的……這些人可
> 以說是「有意的主張白話」，但不可以說是「有意的
> 主張白話文學」。他們的最大缺點是把社會分作兩部
> 分：一邊是「他們」，一邊是「我們」，一邊是應該
> 用白話的「他們」，一邊是應該做古文古詩的「我們」。
> 我們不妨仍舊吃肉，但他們下等社會不配吃肉，只好
> 拋塊骨頭給他們去吃罷。[36]

胡適答案中關於「我們」和「他們」的分別不僅根據清末王照、

36　〈五十年來中國之文學〉，《胡適文存》，第二集，頁246。參看他
　　的〈新文學的建設理論〉，收在《中國新文學大系導論集》（上海，
　　1940），頁21-31。

勞乃宣的文字，恐怕也包括了他自己早年的心理經驗。他16歲時(1906)在《競業旬報》上所發表的許多「破除迷信，開通民智」的白話文字大概也都是寫給「他們」看的。但他在美國受了七年的民主洗禮之後，至少在理智的層面上已改變了「我們」士大夫輕視「他們」老百姓的傳統心理[37]。正由於這一改變他才毫不遲疑地要以白話文學來代替古典文學，使通俗文化有駸駸乎凌駕士大夫文化之上的趨勢。這一全新的態度受到新興知識分子和工商階層的廣泛支持，自不在話下[38]。另一方面，白話文學之所以激起當時守舊派的強烈反感也正是由於通俗文化的提倡

---

37 格雷德認為胡適的政治思想中有「士大夫意識」(elitsm)與民主觀念兩個互相衝突的因素。這個衝突一直到1930年代才獲得一種解決的方式。見Jerome B. Grieder, *Hu Shih and the Chinese Renaissance, Liberalism in The Chinese Revolution, 1917-1937*(Harvard University Press, 1970), pp. 238, 269-271.

38 晚明以來，一部分由於王學提倡個性解放的影響，已不斷有人把通俗文化中的小說、戲劇與士大夫的文化相提並論了。例如袁宏道(1568-1610)以《金瓶梅》勝過枚乘的「七發」，以《水滸傳》的文學成就在六經和《史記》之上。後來金聖歎評點《水滸傳》、《西廂記》諸書便是在這一風氣之下完成的。生平最佩服金聖歎的劉繼莊甚至認為民間的小說、戲曲、占卜、祭祀即是聖人六經之教的根源所在。但是這一路的思想在17世紀以後並沒有繼續發展。胡適在1916年曾注意到王陽明、袁宏道的「白話詩」，但係間接得來。對公安派的推崇俗文學似尚無所知。見《留學日記》，第四冊，頁1024-1025。近代在提倡小說、戲劇方面最有力並對新文學運動有開路之功的人則是梁啟超。所以胡適雖不是中國史上第一個抬高通俗文化的地位的人，但是他的提倡則確實發生了革命性的作用。這一點必須從近代新的社會背景方面去了解。關於劉繼莊和中國史上通俗文化的問題，參看我的〈從史學看傳統〉一文，《史學與傳統》(台北：時報公司出版，1982)，頁14-16。關於梁啟超的影響，參看錢玄同的〈寄陳獨秀〉，《胡適文存》，第一集，頁27。

直接威脅士大夫的上層文化的存在。1919年3月林紓給蔡元培的
信說：

> 若盡廢古書，行用土語為文字，則都下引車賣漿之徒，
> 所操之語，按之皆有文法，不類閩、廣人為無文法之
> 啁啾。據此，則凡京、津之穉販，均可用為教授矣。
> 若云《水滸》、《紅樓》皆白話之聖，並足為教科之
> 書，不知《水滸》中辭吻多采岳珂之《金陀萃編》，
> 《紅樓》亦不止為一人手筆，作者均博極群書之人。
> 總之，非讀破萬卷，不能為古文，亦並不能為白話。[39]

兩種文化的衝突在這封信中表現得最為清楚。林紓說，提倡「土
語」，則「引車賣漿」的「穉販」都可以用為教授。這句話最
可見他從士大夫的立場上拒斥通俗文化的心理。他不能貶抑《水
滸》、《紅樓》，因此便只好推斷其作者都是「博極群書之人」。
這顯然是把通俗文化納入上層文化以緩和其威脅性的一種策
略。但當時嚴復則採取另一種反應的方式。他在〈與熊純如書
札六十八〉說道：

> 設用白話，則高者不過《水滸》、《紅樓》，下者將
> 同戲曲中皮簧之腳本。就令以此教育，易於普及，而
> 遺棄周鼎、寶此康瓠，正無如退化何耳！須知此事全

39　林紓，《畏廬三集》（商務印書館，1924），頁27-28。

> 屬天演。革命時代學説萬千。然而施之人間，優者自
> 存，劣者自敗。雖千陳獨秀、萬胡適、錢玄同豈能劫
> 持其柄？則亦為春鳥秋蟲，聽其自鳴自止，可耳。林
> 琴南輩與之較論，亦可笑也。[40]

嚴復對中國上層文化具有堅強的信念，所以仍將《水滸》、《紅樓》劃在通俗文化之內，而以進化論爲支持其信念的最後根據。嚴、林兩人的抵抗策略雖然有異，但是對通俗文化抱鄙薄的態度，則並無二致。由此可見，胡適思想的影響牽涉到許多複雜的層次，不是「西化」一詞所能簡單地概括得盡的，雖然取近代西方文化模式以改造中國傳統的確代表了胡適思想的一個基本方向。

（2）上層文化

如果胡適的成績僅限於提倡白話文學，那麼他的影響力終究是有限度的。但是他的思想在上層文化領域之內所造成的震動卻更爲激烈、更爲廣泛；他在中國近代學術思想史上之所以具有劃時代的意義，這是一個決定性的原因。

這裡有必要稍稍回顧一下「五四」前夕中國上層文化所呈現的大體面貌。無可置疑地，「五四」前夕中國學術思想的主流仍然是儒家。儘管兩千年來儒學內部各層面已先後吸收了許多其他學派的成分，儘管儒學自晚清以來已因受到西方觀念的

40　《嚴幾道晚年思想》，頁128-129。

衝激而搖搖欲墜，但大體而論，儒學的基本架構依然存在，依然維持著它在上層文化或大傳統中的主流地位。民國成立以後，袁世凱曾屢頒尊孔之令，並於民國三年三月六日親行祭孔大典。同時康有爲、陳漢章等人則提倡中國正式奉儒學爲宗教；他們所組織的「孔教會」更是十分活躍。孔教問題當時也一度困擾遠在美國的胡適。胡適基本上是不贊成這些舉動的，不過他最先的反應則表現爲審慎的思考，而不是強烈的批判[41]。這一歷史背景可以使我們了解爲什麼新文化運動最後歸宿到全面性的反傳統、反儒家的思想革命。事實上，前引陳獨秀〈文學革命論〉中「孔教問題方喧呶於國中，此倫理道德革命之先聲」一語，已暗示了此後的發展。

　　儒學作爲一種維持政治社會秩序的意識形態而言早在清末民初已經破產了。甚至袁世凱政府中人也對它失去了信心。湯化龍在民國三年〈上大總統言教育書〉中已指出無論是「中、小課讀全經」或「以孔子爲國教」都是行不通的[42]。所以摧破儒家意識形態——即所謂「打倒孔家店」——已到了水到渠成的階段。但是儒學作爲一種學術思想而言，則在當時不但具有很大的活力，而且仍居於最高的地位。在當時所謂「中學」或章炳麟所謂「國故學」中，經學無疑仍高據首座，以下才是先秦諸子學、史學和文學。在經學領域內，古文學派和今文學派正處於尖銳對峙的狀態；前者有章炳麟、劉師培，後者有廖平、

41　見《胡適留學日記》，第一冊，頁157-160，199；第二冊，頁468-470。

42　原載《庸言》，第2卷第5號(1914年5月)，現收入《近代中國教育史資料》，下冊，頁1070-1071。

康有爲、崔適，都卓然成家。在子學領域內，則章炳麟和梁啓
超的影響最大。此外更有以最精密的方法、最新穎的觀點開拓
新學術疆土的王國維。

　　這些學術界的領導人物儘管各有不同的背景和專長，甚至
同屬一派(如今、古文)的學人彼此之間也分歧甚大，但是他們的
精神憑藉和價值系統基本上則多來自儒家[43]。

　　這便是胡適回國時所面對的中國上層文化的一般狀態。他
如果想在中國取得思想的領導權，首先便得在國故學界有出色
的表演，僅僅靠西學的知識和白話文學是絕對不夠的。他在美
國自修國學並撰寫《先秦名學史》博士論文恰好爲他提供了這
一特殊的條件。

　　當時國故學界雖有經、史、子、集幾種傳統的分野，但是
各家研究都是建築在乾、嘉以來考據、辨僞的基礎之上。而更

43　上述諸人之中，除崔適是一位典型的傳統經師外，其餘都曾直接間
　　接地受到西方思想的洗禮。個別的人如章炳麟早期甚至對儒家還持
　　批判的態度。但是說他們基本上仍在儒統之內，應該不算大錯。由
　　此可見，我們在概念上必須把意識形態和學術思想加以區別。儒家
　　意識形態在20世紀已經失效，但儒家本身仍有其源頭的活水。儘管
　　儒學和儒家意識形態之間有著千絲萬縷的關聯，二者之間終有一道
　　界線在，則是自孔子以來即爲儒者所明確意識到的。把學術思想與
　　意識形態混爲一談，使我們始終不能正確地了解「五四」反傳統、
　　反儒家的歷史意義。胡適晚年曾正式否認他「反孔非儒」。他說他
　　對長期發展的「儒教」有嚴厲的批判，但是在一切著作中對孔子、
　　孟子、朱熹卻是「十分崇敬的」。見《胡適口述自傳》，頁258。其
　　實他的意思正是說他反對儒家的意識形態——「孔家店」——但是
　　並不反對儒學本身。章炳麟早年的儒家批判也應該從這一角度去理
　　解。關於這一分別，請看我的〈學術思想與意識形態〉一文，刊於
　　香港《明報月刊》，200期紀念號(1982年8月)。

巧的是胡適的治學途徑自始即走上了考據的方向。他在留美考
試第一場國文試中便以考證「規」、「矩」出現的先後而得了
一百分。他在留學期間所發表的幾篇學術文字，如〈詩三百篇
言字解〉、〈爾汝篇〉、〈吾我篇〉、〈諸子不出於王官論〉
也都是考據之作。他的「暴得大名」雖然是由於文學革命，但
是他能進北京大學任教則主要還是靠考據文字[44]。其中〈諸子不
出於王官論〉成於1917年4月，離他動身回國不過兩個多月。這
篇文筆是專爲駁章炳麟而作的，也是他向國學界最高權威正面
挑戰的第一聲。所以，就胡適對上層文化的衝擊而言，〈諸子
不出於王官論〉的重要性絕不在使他「暴得大名」的〈文學改
革芻議〉之下。

　　但是胡適在中國上層文化中造成革命性的震動卻要等他在
北大教中國哲學史的課程以後。在胡適到北大以前，中國哲學
史一課是由陳漢章（伯弢）講授的，他從伏羲講起，一年下來只講
到〈洪範〉。胡適接手以後，則丟開唐、虞、夏、商，改從周
宣王以後講起。據顧頡剛記載當時的情形：

　　　這一改把我們一班人充滿著三皇、五帝的腦筋驟然作
　　一個重大的打擊，駭得一堂中舌撟而不能下。許多同

---

44 據胡適晚年回憶，蔡元培要聘他到北大教書是因為看到〈詩三百篇
　　言字解〉。見《胡適之先生年譜長編初稿》，頁291編註。後來他在
　　1936年6月29日給羅爾綱的信中勸氏用真姓名發表〈金石補訂筆記
　　之最工者〉，並且說：「此項文字可以給你一個學術的地位。」這
　　大概是從他自己早年的經驗得來的。見羅爾綱，《師門辱教記》（香
　　港：圖南出版社重印本），頁56。

學都不以為然，只因班中沒有激烈分子，還沒有鬧風
潮。我聽了幾堂，聽出一個道理來了，對同學說，「他
雖然沒有伯弢先生讀書多，但在裁斷上是足以自立
的。」[45]

顧氏晚年回憶這一段思想上的震動，仍說：

他(胡適)又年輕，那時才二十七歲，許多同學都瞧不起
他，我瞧他略去了從遠古到夏、商的可疑而又不勝其
煩的一段，只從《詩經》裡取材，稱西周為「詩人時
代」，有截斷眾流的魄力，就對傅斯年說了。傅斯年
本是「中國文學系」的學生，黃侃教授的高足，而黃
侃則是北大裡有力的守舊派，一向為了《新青年》派
提倡白話文而引起他的痛罵的，料想不到我竟把傅斯
年引進了胡適的路子上去，後來竟辦起《新潮》來，
成為《新青年》的得力助手。[46]

顧氏終生忘不了這一深刻的心理經驗，更可見當時他在思想上所
受到的震動之大。在中國近代思想史上只有梁啓超1890年在萬木
草堂初謁康有為時的內心震動可以和顧頡剛、傅斯年1917年聽胡
適講課的經驗相提並論。這正是由於康、胡兩人同是思想史上劃

45　《古史辨》，第一冊，〈自序〉，頁36。
46　見顧頡剛，〈我是怎樣編寫《古史辨》的？〉(上)，《中國哲學》，
　　第二輯(1980年3月)，頁332。

時代的人物[47]。

顧頡剛在1917年以前早已出入今古文經學之門，傅斯年則是黃侃的高足，他們的舊學基礎不但不在胡適之下，或者竟有超過他的地方。但是他們雖有豐富的舊學知識，卻苦於找不到一個系統可以把這些知識貫穿起來，以表現其現代的意義。胡適的新觀點和新方法便恰好在這裡發揮了決定性的轉化作用。他能把北大國學程度最深而且具有領導力量的幾個學生從舊派教授的陣營中爭取了過來，他在中國學術界的地位才堅固地建立起來了。

1919年2月《中國哲學史大綱》卷上出版，胡適在上層文化方面的影響很快地從北大傳布到全國。這部書自然已超出清代的考證學的範圍；其〈導言〉部分以當時西方哲學史、歷史學和校勘學的方法論為基本架構，對清代考證學的各種實際方法作了一次有系統的整理，即使在今天也還不失為一件有參考價值的文獻。蔡元培在此書的〈序〉中說：

> 現在治過「漢學」的人雖還不少，但總是沒有治過西洋哲學史的。留學西洋的學生治哲學的本沒有幾人。這幾人中，能兼治「漢學」的，更少了。適之先生生

47　梁啓超，《三十自述》說：「時余以年少科第，且於時流所推重之訓詁詞章學，頗有所知，頗沾沾自憙。先生乃以大海潮音，作獅子吼，取其所扶持數百年無用舊學更端駁詰，悉舉而摧陷廓清之。自辰入見，及戌始退，冷水澆背，當頭一棒，一旦盡失其故壘，惘惘然不知所從事，且驚且喜，且怨且艾，且疑且懼，與(陳)通甫聯床，竟夕不能寐。」見《飲冰室合集》(上海：中華書局，1936年印行)。文集第四冊，文集之十一，頁16。

> 於世傳「漢學」的績溪胡氏，稟有「漢學」的遺傳性；
> 雖自幼進新式學校，還能自修「漢學」，至今不輟；
> 又在美國留學的時候兼治文學哲學，於西洋哲學史是
> 很有心得的。所以編中國哲學史的難處，一到先生手
> 裡就比較的容易多了。

這一段話，除了說他生於世傳「漢學」的績溪胡氏不是事實外，大體上是相當客觀公允的[48]。這裡最值得注意的是蔡〈序〉特別強調胡適和「漢學」之間的關係。蔡氏在1919年3月18日〈答林琴南書〉中也說：

> 北京大學教員中，善作白話文者為胡適之、錢玄同、
> 周啓孟諸君。公何以證知為非博極群書，非能作古文
> 而僅以白話藏拙者？胡君家世漢學，其舊作古文雖不
> 多見，然即其所作《中國哲學史大綱》言之，其了解
> 古書之眼光不讓清代乾、嘉學者。[49]

這封信清楚地反映了當時上層文化和通俗文化之間的分野。如果胡適僅以提倡白話而轟動一時，那麼他的影響力最多只能停留在通俗文化的領域之內。上層文化界的人不但不可能承認他

---

48 胡適晚年曾正式說明蔡元培誤會他出自「世居績溪城內」胡培翬（1782-1849）的一系。見《胡適口述自傳》，頁4-5。
49 見孫常煒編，《蔡元培先生全集》（台北：臺灣商務印書館，1968），頁1087。

的貢獻，而且還會譏笑他是「以白話藏拙」。蔡元培一再推重
胡適在乾、嘉考證學方面的造詣，正是針對著上層守舊派的這
種心理而發的。胡適自己當然更明白這種情勢：他首先必須在
考證學上一顯身手才能期望在上層文化的領域內取得發言的資
格。他在《中國哲學史大綱》中用那麼多的篇幅討論有關考證、
訓詁、校勘的種種問題，恐怕多少也和這一心理背景有關。他
的工作方向事後證明是有效的。他在考證方法上的新突破彌補
了他在舊學方面功力和火候的不足。他運用西方的邏輯知識來
解釋《墨經》，尤其受到時流的推重。梁啓超治諸子雖遠在胡
適之前並且對胡適有啓蒙之功，但是這時他反面因為受到胡適
的影響而重理舊業了。他的《先秦政治思想史》和《墨經校釋》
是在胡適的《中國哲學史大綱》和《墨辨新詁》的刺激之下而
撰寫的[50]。1920年梁啓超綜論清末的考證學竟以胡適為殿軍。他
說：

> 而績溪諸胡之後有胡適者，亦用清儒方法治學，有正
> 統派遺風。[51]

《中國哲學史大綱》出版一年之後，胡適終於躋身於考證學的

---

50 見錢穆，《國學概論》（上海：商務印書館，1931），下冊，頁143。
51 《清代學術概論》，頁12-13。梁啓超寫這25個字頗費斟酌。他的原
　　文比此處多出十餘字，後來特別專函中華書局編者改定，可見其慎
　　重的態度。見左舜生，〈我眼中的梁啓超〉，收在《萬竹樓隨筆》（台
　　北：文海出版社，1967），頁176。

「正統」之內了。

五、胡適思想的形成

胡適的影響力雖然分別投射到兩個文化的領域，但是這並不是說他具有兩套不同的思想。事實上他的思想只有一套，不過應用在兩種不同的場合而已。關於這一點，他自己在1936年的《藏暉室劄記》（即《留學日記》）〈自序〉中有明白的交代：

> 我在一九一五年的暑假中，發憤盡讀杜威先生的著作……從此以後，實驗主義成了我的生活和思想的一個嚮導，成了我自己的哲學基礎。……我寫《先秦名學史》、《中國哲學史》，都是受那一派思想的指導，我的文學革命主張也是實驗主義的一種表現；《嘗試集》的題名就是一個證據。

所以根據他自己的供證，他的思想基本上便是杜威的實驗主義。關於他是杜威哲學的信徒這一點，他生平在中英文著作中曾反覆說過無數次，當然是可信的。但是從思想史的觀點看，我們要問：他的思想是不是完全來自杜威的哲學呢？究竟在什麼確定的意義上，我們才可以說胡適是杜威的實驗主義信徒呢？詳細的分析在這裡當然是不可能的。我只能對這兩個問題提出簡單的答案。第一、胡適在〈介紹我自己的思想〉一文中曾說他的思想受兩個人的影響最大：一個是赫胥黎（Thomas H.

Huxley)，一個是杜威。前者教他怎樣懷疑，教他不信任一切沒有充分證據的東西；後者教他把一切學說都作待證的假設，教他處處顧到當前的問題和思想的結果。總之，這兩個人使他明瞭科學方法的性質與功用。而所謂科學的方法則最後可以歸結到「大膽的假設，小心的求證」十個字[52]。可見杜威以外，還有赫胥黎也是對他有長遠影響的人。他最早受赫氏的影響當然是來自嚴復所譯的《天演論》，但後來赫氏的「存疑論」(agnosticism)對他的啓發更大[53]。赫胥黎的影響主要是在「懷疑」兩個字，屬於消極一方面。在積極方面，他接受了杜威如何求證，如何解決具體問題的一套方法。但是在胡適的理解中，赫胥黎和杜威的方法都是一種歷史的方法。赫氏研究古生物學的方法自然與歷史方法有相通之處，而杜氏的genetic method在胡適筆下也順理成章地被譯成「歷史的態度」[54]。胡適對「歷史」一詞的偏好正好透露出他的中國背景。胡適在正式歸宗於杜威的實驗主義之前，早已形成了自己的學術觀點和思想傾向。這些觀點和傾向大體上來自王充《論衡》的批評態度，張載、朱熹注重「學則須疑」的精神，特別是清代考證學所強調的「證據」觀念。當時章炳麟特別欣賞《論衡》的「懷疑之論，分析百端」[55]。所以他自己的著作即名之曰：《國故論衡》。胡適最早接觸張載、

52　見《胡適論學近著》，頁630-646。
53　見胡適，〈五十年來之世界哲學〉，第四節「演化論的哲學」，《胡適文存》，第二集，卷二，頁273-278。
54　見〈實驗主義〉，《胡適文存》，第一集，卷二，頁296。
55　見《檢論》（章氏叢書本），卷三，〈學變〉，頁21。

朱熹論「疑」的語錄則來自他的父親的《日記》[56]。至於清代考
證學，那更是他很早便耳熟能詳的東西了。但是這些觀念最初
只是零碎的，直到他細讀杜威的著作之後才構成一種有系統的
思想[57]。這就自然地引進我在上面所提出的第二個問題，即胡適
究竟在什麼確定的意義上可以稱作杜威的實驗主義的信徒？

胡適在1914年1月25日曾說：

> 今日吾國之急需，不在新奇之學說，高深之哲理，而
> 在所以求學論事觀物經國之術。以吾所見言之，有三
> 術焉皆起死之神丹也：
> 一曰歸納的理論，
> 二曰歷史的眼光，
> 三曰進化的觀念。[58]

這時他還沒有研究杜威的思想，但在精神上已十分接近杜威的

56　見《胡適口述自傳》，頁11。胡適所引張載語作「為學要不疑處有
　　疑，纔是進步。」這恐怕是他的記憶錯誤了。《張子全書》中有相
　　近的觀念，但並無此語。見唐德剛譯註9，頁20。我想此語大概是出
　　自《朱子語類》，卷11，〈讀書法下〉：「讀書無疑者須教有疑，
　　有疑者卻要無疑。到這裡方是長進。」見（台北：正中書局，1973年
　　修補本），第一冊，頁296。

57　見《胡適口述自傳》，頁96-97，121-122；並可參看他的英文論文 "The
　　Scientific Spirit and Method in Chinese Philosophy," in Charles A.
　　Moore, ed., *The Chinese Mind, Essentials of Chinese Philosophy and
　　Culture*（Honolulu, 1967）, pp. 104-131.

58　《胡適留學日記》，卷三，第一冊，頁167。

實驗主義了。他在同一天記自己關心的問題有三點：一、泰西之考據學，二、致用哲學，三、天賦人權說之沿革[59]。此處的「致用哲學」不知是不是實驗主義的譯名。但無論如何，他此後一生的學術和思想的方向在此已明確地表露了出來。最重要的是他不看重任何「新奇之學說」和「高深之哲理」，而專注意一個「術」字。這便是他後來反對談抽象的「主義」，而專講求「方法」的先聲。他自始至終把實驗主義看作一種科學方法。他介紹實驗主義的文章很多，但以〈杜威先生與中國〉一文說得最簡單扼要。他說：

> 杜威先生不曾給我們一些關於特別問題的特別主張——如共產主義、無政府主義、自由戀愛之類——他只給了我們一個哲學方法，使我們用這個方法去解決我們自己的特別問題。他的哲學方法總名叫做「實驗主義」；分開來可作兩步說：
> (1)歷史的方法——「祖孫的方法」他從來不把一個制度或學說看作一個孤立的東西，總把他看作一個中段：一頭是他所以發生的原因，一頭是他自己發生的效果。上頭有他的祖父，下面有他的子孫。捉住了這兩頭，他再也逃不出去了！這個方法的應用，一方面是很忠厚寬恕的，因為他處處指出一個制度或學說所以發生的原因，指出他的歷史背景，故能了解他在歷

59　《胡適留學日記》，卷三，第一冊，頁168。

　　史上占的地位與價值，故不致有過分的苛責。一方面，
　　這個方法又是最嚴厲的；最帶有革命性質的，因為他
　　處處拿一個學說或制度所發生的結果來評判他本身的
　　價值，故最公平，又最厲害。這種方法是一切帶有評
　　判(critical)精神的運動的一個重要武器。
　　(2)實驗的方法──實驗的方法至少注重三件事：(一)
　　從具體的事實與境地下手；(二)一切學說理想，一切
　　知識，都只是待證的假設，並非天經地義；(三)一切
　　學說與理想都須用實行來試驗過；實驗是真理的唯一
　　試金石。……60

這一段綜述最能使我們看清楚胡適對杜威的實驗主義的中心興
趣所在：在他的心中，實驗主義的基本意義僅在其方法論的一
面，而不在其是一種「學說」或「哲理」。也許正因為如此，
他才對杜威哲學的本身沒有追源溯始的興趣──也就是說，沒
有運用「歷史的方法」來加以分析。他只強調實驗主義是達爾
文進化論在哲學上的應用。因而使人覺得它是最新的科學方
法。他曾不止一次地說過，實驗主義的優越性在於它一方面接
受了達爾文的進化觀念，另一方面則拋棄了黑格爾辯證法的影
響61。他似乎沒有注意杜威早年曾經歷過一個黑格爾思想的階

　　60　《胡適文存》，第一集，卷二，頁380-381。
　　61　同上，第一集，卷二，〈實驗主義〉，頁296；《胡適論學近著》，
　　　　卷五，〈介紹我自己的思想〉，頁630-631。

段，並且用達爾文的生物學來支持新黑格爾主義[62]。杜威批判英國經驗主義把心和知識的對象機械地劃分爲二，正是受了黑格爾的影響。所以他才特別稱讚黑氏的《邏輯學》(*Logic*)是「科學精神的精華」[63]。甚至杜威後期(1926)的《經驗與自然》(*Experience and Nature*)一書中尙保留了黑格爾影響的明顯痕跡[64]。這當然更不是胡適在1920年代到1930年代所能注意得到的問題了。我指出這一點並不是要說明胡適對杜威哲學了解不足。相反地，我正是要藉此顯出胡適對杜威的實驗主義只求把握它的基本精神、態度和方法，而不墨守其枝節。他是通過中國的背景，特別是他自己在考證學方面的訓練，去接近杜威的思想的。從這個背景出發，他看到實驗主義中的「歷史的方法」及其「假設」和「求證」的一套運作程序，一方面和考證學的方法同屬一類，但另一方面又比考證學高出一個層次，因此可以擴大應用於解決一切具體的社會問題。他深信這便是科學方法的最新和最高的形式。

六、方法論的觀點

這裡應該指出，胡適思想中有一種非常明顯的化約論

62　見Morton G. White, *The Origin of Dewey's Instrumentalism*(Columbia University Press, 1943), pp. 119-125.

63　這是杜威在1891年說的，見Morton White, *Social Thought in America, The Revolt against Formalism*(Boston: Beacon Press, 1957), p. 19.

64　見 Richard Rorty, "Dewey's Metaphysics," in *Consequences of Pragmatism* (University of Minnesota Press, 1982), pp. 72-89.

(reductionism)的傾向，他把一切學術思想以至整個文化都化約爲方法。所以他在《中國哲學史大綱》中認定古代並沒有什麼「名家」，因爲每一家都有他們的「名學」，即「爲學的方法」。後來他更把這一觀念擴大到全部中國哲學史，所以認爲程、朱和陸、王的不同，分析到最後只是方法的不同[65]。一部西方哲學史在他的理解中仍然是哲學方法變遷的歷史[66]。他所最重視的「民主」與「科學」也還是可以化約爲方法。在他晚年討論民主與科學的一篇殘稿中，他說「科學本身只是一個方法，一個態度，一種精神。」「民主的真意義只是一種生活方式。」但是「這種生活方式的背後也還是一種態度，一種精神。」[67]他自己說，他特別強調「方法」是受了杜威的影響[68]。這也許是事實，因爲，杜威的實驗主義的確是以方法爲中心的。但是我們前面已看到，胡適早在1914年已特別注意「術」了。大概嚴復介紹的西方名學和章炳麟闡釋的佛教因明學與墨子、荀子的名學都曾對他有過重要的啓示。此外清代的考證學也可以對他發生過某種程度的暗示的作用。姑不論起源如何，也不論理論上有何困難，胡適這種化約論確實決定了他接受西方學術和思想——包括杜威的實驗主義在內——的態度。他所重視的永遠是一家或一派學術、思想背後的方法、態度和精神，而不是其

65　見《胡適文存》，第一集，〈清代學者的治學方法〉，頁383-391；
　　《中國古代哲學史》，台北版〈自記〉（臺灣商務印書館，1961），
　　頁3-4。

66　見《胡適口述自傳》，頁93-97。

67　見《胡適手稿》，第九集下（胡適紀念館，1970），卷三，頁545-550。

68　《胡適口述自傳》，頁94。

實際內容。同時又由於在進化論(他肯定這是已經證實而毫無可疑
的科學真理)和實驗主義方法(他肯定這是科學方法)的巨大影響之
下,他認為一切學說的具體內容都包括了「論主」本人的背景、
時勢,以至個性,因此不可能具有永久的、普遍的有效性[69]。但
是方法,特別是經過長期應用而獲得證驗的科學方法,則具有
客觀的獨立性,不是「論主」本人種種主觀的、特殊的因素所
能左右的。所以他說:

> 一切主義,一切學理,都該研究。但只可認作一些假
> 設的(待證的)見解,不可認作天經地義的信條,只可
> 認作參考印證的材料,不可奉為金科玉律的宗教;只
> 可用作啓發心思的工具,切不可用作蒙蔽聰明,停止
> 思想的絕對真理。如此方可以漸漸養成人類的創造的
> 思想力,方才可以漸使人有解決具體問題的能力,方
> 才可以漸漸解放人類對於抽象名詞的迷信。[70]

可見他把一切學說都當作「假設」、「印證的材料」和思想的
「工具」看待;也就是一切學說都必須約化為方法才能顯出它
們的價值,此文中「創造的思想力」便是杜威所最重視的「創
造的智慧」(creative intelligence)。胡適在〈杜威先生與中國〉一

---

69 見〈四論問題與主義〉,《胡適文存》,第一集,卷二,頁373-379。
70 原文見《胡適文存》,第一集,卷二,〈三論問題與主義〉,頁373。
   文字小有不同係參照〈介紹我自己的思想〉,《胡適論學近著》,
   頁632-633。

文中之所以特別聲明杜威沒有給中國人帶來任何特別的主張，
只留下了一種名之為實驗主義的「哲學方法」，正是因為他相
信杜威的方法可以從杜威基於美國社會背景而發展出來的一些
特別主張中抽離出來。60年來，不斷有人曾懷疑世界上是否真
的存在著這樣一種懸空的方法論？更有人曾質問人文現象和自
然現象的研究是否真能統一在一種共同的「科學方法」之下？
但是胡適的答案始終是肯定的。他的堅強信心建築在他早期的
成功的歷史上。他提倡文學革命，開闢國學研究的新疆域，以
至批判中國的舊傳統，都用的是實驗主義的方法。在方法論的
層次上，他的確不折不扣地是杜威的信徒。無論我們是否接受
或同情他的立場，我們都必須承認，他所提倡的實驗主義方法
論的確和其他成套的學說(如馬克思主義)不在同一層次之上。方
法論雖然也不可避免地要涉及價值取向，但是在一定的條件下
它是可以轉化為中立性的工具的，自然科學方法的客觀性和普
遍性早已是一個不可否認的事實：只要每一門科學專業的人不
越出他自己的研究範圍，他的方法是「放之四海而皆準」的。
甚至胡適的實驗主義方法論也未嘗沒有可以普通化和客觀化的
成分。例如中國大陸上今天喊得最響亮的兩個口號──「實事
求是」、「實踐是檢驗真理的唯一標準」──便至少間接地和
胡適的思想有淵源。「實事求是」最初是由清代考據學家提出
來的(語出《漢書・河間獻王傳》)，但在「五四」以後曾經胡適特
別著力地宣揚過，從此變成了一句口頭禪[71]。「實踐是檢驗真理

71　見〈幾個反理學的思想家〉，《胡適文存》，第三集，卷一，頁82。

的唯一標準」這句話字面上是取自毛澤東的「實踐論」[72]，但是現在這種憑空的提法，顯然和實驗主義的真理論相去不遠了。試問它和前面所引胡適的那句話──「實驗是真理的唯一試金石」──有什麼實質上的分別呢？

胡適在方法論的層次上把杜威的實驗主義和中國考證學的傳統匯合了起來，這是他的思想能夠發生重大影響的主要原因之一。前面我們曾引及胡克(Sidney Hook)的說法，即一個被社會普遍接受的思想系統往往具備全面性、精嚴性、實際相關性和彈性。胡適思想在方法論的層次上便恰好同時具備了精嚴性和彈性。這兩種性質有時是互相衝突的，但在胡適的方法論上卻有相反相成之妙。胡適的方法論現在看來似乎太簡單了，但較之清代考據自然是更精密了，更嚴格了，也更系統化了。這對於當時舊學出身的人是非常具有說服力和吸引力的。有說服力，因為這正是他們所最熟悉的東西；有吸引力，則因為其中又涵有新的成分，比傳統的考據提高了一級，成為所謂「科學方法」了。另一方面，由於提高了一級，這個方法的應用範圍便隨之大為擴展，不復限於幾部古經典的研究了；這便是它的彈性之所在。它可以用來研究小說、戲劇、民間傳說、歌謠，可以用來辨古史的真偽，也可以用來批評傳統的制度和習俗。胡適的實驗主義的方法所以能風靡一時，是和它同時具有精嚴性和彈性這一事實分不開的。

72　《毛澤東選集》，第一卷(1966年橫排本)，頁269：「實踐是真理的標準。」

　　不可否認地，胡適和杜威在某些基本觀念上是有分歧的。有人曾指出，杜威哲學的主要目的在於設法使失調的社會或文化重新獲得和諧；「創造的智慧」也是用來結合新與舊的。但胡適的態度則似乎與此相反：他在介紹杜威思想時則強調「利用環境，征服他，約束他，支配他。」因此他主張破壞舊傳統，創造新文化。這可以看出胡適在接觸杜威之前在思想上已別有定見；通過嚴復，他已深受赫胥黎、斯賓塞一派人的影響了[73]。這個說法是相當有理由的，但是不免忽略了胡適與杜威所處的社會、文化環境截然有異。清末民初的中國，有志改革的人往往被迫走上激進一路，正是由於傳統的阻力太大所致。嚴復在譯《天演論》的時代，據說便常常說「尊民叛君，尊今叛古」八個字[74]。但嚴復無論就思想或性格言都近乎穩健溫和的一派。這正可以說明為什麼胡適強調杜威的方法論了：他也同樣不能把杜威學說的具體內容當作「天經地義」的信條。他和杜威不同之處正所謂「易地則皆然」，也正是他善於師法杜威的地方。胡適談中國禪學的方法，曾舉了下面一個極有意義的故事：

　　　　例如洞山和尚敬重雲崖……於是有人問洞山：「你肯
　　　　先師也無？」意思是說你贊成雲崖的話嗎？洞山說：
　　　　「半肯半不肯。」又問：「為何不全肯？」洞山說：

73　見Jerome B. Grieder, *Hu Shih and the Chinese Renaissance*, pp. 117-118.
74　見蔡元培，〈五十年來中國之哲學〉，收在《蔡元培先生全集》，頁546。

「若全肯，即辜負先師也。」[75]

在我看來，胡適在方法論上師法杜威是無可置疑的，但就整個杜威哲學而論，他也和洞山和尚一樣，是「半肯半不肯。」這也正是實驗主義的一種具體的表現[76]。

七、實驗主義的思想性格

最後，我們要檢討一下胡克所提出的「實驗相關性」的問題。關於這一點，我們在上面事實上已有了很多的討論。現在我們要換一個角度，即從思想形態方面來說明胡適以實驗主義為基礎而發展出來的一套觀點，何以獨能在中國風行一時。1929年楊東蓴在〈思想界之方向轉變〉一文中說道：

> 自張之洞輩的「中學為體、西學為用」，而嚴復的「迻譯時代」，而民國八、九年的胡適輩的「實用主義」，其間思想進展之各階段，都明示隨社會的轉變而轉變

---

75 見〈中國禪學的發展〉，收在《胡適演講集》，上冊(台北：胡適紀念館出版，1970)，頁142-143。尼采也說：「一個始終聽話的學生是最對不起老師的。」見Kaufmann, *Nietzsche*, p. 403. 這比「五四」人物(包括胡適在內)常愛引的亞里斯多德「吾愛吾師，吾尤愛真理」更為激進，但並未超過禪宗的境界。

76 任何人只要細讀杜威在1948年為他的 *Reconstruction in Philosophy* (Boston, 1948)所寫的新〈導論〉，便可知胡適在精神上和杜威多麼相契。

> 之一系列的痕跡。沒有社會的轉變，便沒有思想的轉
> 變。任憑康德哲學怎樣偉大，任憑羅素哲學怎樣精深，
> 然而移植到中國來，卻博不到回聲，都得不到反響。
> 這並非由於中國人對於思想不關懷，不接受，而是偉
> 大的康德哲學、精深的羅素哲學在中國之社會的存在
> 中沒有這些哲學之存在的根據。[77]

楊文中所謂「社會存在」是很抽象的話，這裡可以置之不論，
但是文中所指出的思想進展的各階段則是客觀事實；康德、羅
素的哲學在當時的中國沒有激起普遍的反響也是事實。特別是
羅素，他曾和杜威同時到中國來講學，他的名字在中國知識界
也是家喻戶曉的，但是他的哲學除了極少數專業哲學家外，在
中國幾乎沒有發生什麼影響。我們自然要問：為什麼杜威的實
驗主義比羅素的唯實論(指他當時的哲學立場而言)對中國人要有
更大的吸引力呢？如果說杜威的重要性在於他的「科學方法」，
羅素那時不也正在提倡「哲學中的科學方法」(Scientific Method in
Philosophy)嗎？本文基本上既是一種思想史的分析，所以我們必
須試從學術思想方面去說明實驗主義在當時中國的存在根據。

羅素的哲學的基礎在邏輯與數學，從哲學觀點嚴格地檢查
邏輯數學中的觀念，在20世紀初年的英國也是全新的東西。他
出身於英國經驗主義，但也受到黑格爾的影響，後來又欣賞歐

77　原載《民鐸》雜誌，10卷4號。此從賀麟，〈康德、黑格爾哲學東漸
記〉轉引，見《中國哲學》，第二輯(1980年3月)，頁366-367。

陸理性主義者萊布尼茲關於邏輯命辭、物理等方面的見解（他推重萊氏為數理邏輯的先驅）。他認為哲學家一方面應該保持科學的和公正的態度，但另一方面又必須在倫理上嚴守中立。像這樣高度專門的哲學，在1920年代的中國大概只有三幾個人真正了解[78]。一般所謂羅素在中國的影響事實上僅限於社會、經濟問題、中國問題這一類通俗講演而已。而且由於羅素在討論東西文化時讚揚過中國的道家哲學，他的話反而被保守派用為支持「東方精神文明」的根據了[79]。

康德在今天已成為中國哲學界所最重視的西方哲學家之一，但是在「五四」以前卻少有解人。正式寫專文介紹他的大概以梁啓超為最早。梁氏以康德的「真我」與王陽明的「良知」和佛家的「真如」相提並論，以為「若合符節」；這是有開風氣之功臣的。但是當時王國維便批評他「紕繆十且八九」。王氏曾四次研讀《純粹理性批判》，則艱苦可想。這當然不是因為他缺乏哲學的器識，「而是由於中國當時的思想尚未成熟到可以接受康德的學說」[80]。康德的知識論是以數學和牛頓的物理學為基礎的，他講「上帝」、「靈魂不滅」、「意志自由」三

---

78 如他的口譯者趙元任。羅素到北京學生組織的「羅素學術研究會」和青年們討論哲學，會中竟有人提出「George Eliot是什麼？」「眞理是什麼？」這樣荒謬的問題。見胡適，〈中國禪學的發展〉，《胡適講演集》，上冊，頁145。「研究會」如此，其他可想而知。

79 關於羅素在華講學及其影響的問題，參看蔡元培，〈五十年來中國之哲學〉，頁556-557；Chow Tse-tsung, *The May Fourth Movement*, pp. 232-238.

80 賀麟，〈康德、黑格爾哲學東漸記〉，頁53-56。

大問題則以基督教神學及傳統形而上學爲背景。梁啓超、王國維都不具備了解康德所需要的背景知識。王國維後來轉而欣賞叔本華，固然與他自己的悲觀性格有關，但也未嘗不是因爲叔本華哲學中有佛家的成分，較易接受。

　　總之，康德、羅素的哲學都以知識論爲中心，是西方哲學的主流所在。而邏輯－知識論則恰好是中國思想傳統中最薄弱的一環。晚清以來，由於西方思想的刺激，已有人（如章炳麟）開始注重墨子、荀子的「名學」和佛家的唯識論、因明學。但是要想把中國思想和西方哲學的主流接上頭，卻不是短期內所能見效的。當時中國人不能接受康德、羅素的理由也就是他們能夠接受杜威的理由。

　　杜威在知識論的領域內是一個「革命者」（「革命」一詞取孔恩所界定之義）。他根本不承認傳統哲學中所說的永恆不變的「實在」，因此自然也不能接受傳統的「真理」說，即以真理爲靜止的、最後的、完全的和永恆的，必須通過知識的積累去一步一步地發現。事實上，傳統哲學中的許多聚訟紛紜的二元觀念，如本體與現象、心與物、主體與對象等等都被他看作假問題而予以取消了。在這一點上他確與後來的邏輯實證論者有共同之處，不過後者在方法上更精密而已[81]。杜威把傳統哲學上的知識論稱作「旁觀者的知識論」（the spectator theory of knowledge），也就是把知識看作是對永恆不變的「實在」加以靜態的觀察而獲得的。他不但不承認這種「實在」的存在，而且更否認人可以

81　見Sidney Hook, *John Dewey*(New York, 1939), p. 44.

自限於「旁觀者」的角色。知識雖然離不開經驗，但是經驗並不是僵死的東西，它向我們提出問題，向我們挑戰。所以經驗是通過我們主動的、積極的參與而得來的。通過這種激烈的批判，杜威希望把哲學從「哲學家的問題」中解放出來，使它變作「一般人的問題」。

這裡沒有必要討論杜威的真理論、知識論的得失。但是我們顯然可以看出這一類型的思想對於當時的中國人確是比較容易理解的。第一、當時一般中國人的思想中並沒有柏拉圖式的「永恆不變的實在」這種抽象觀念。由此而衍生的許多西方知識論和形而上學的問題對於一般中國人更是非常陌生的。現在杜威把它們一筆勾消了，這恰好掃除了中國人（至少暫時）了解西方思想的障礙。第二、主、客在人生活動中統一，理論與實踐統一，這是很接近一般中國人的世界觀的。第三、中國思想中一向注重普通人的問題，所謂「哲學家的問題」根本就是西方思辯傳統的產物。第四、杜威強調控制環境和應付變遷以求有利於人生，這更是當時接受了進化論的中國人所欣然首肯的了。第五、實驗主義的應用一向以在社會、政治哲學方面的效果為最顯著。杜威在中國的講演也偏重在這一方面。這又是它比較容易接得上中國思想傳統的一個重要原因。第六、我們必須記住，杜威同時又是一位教育哲學家，他的實驗主義教育學說在美國曾發生過重大的影響。他在哲學上反對形式主義，在教育上更是如此。這對於中國的舊式教育尤其有對症下藥之巧。杜威在中國各地講演也以教育講演為最多。所以後來通過他的學生（如陶知行等人）的實際努力，杜威的教育理論在各地小學中獲得廣泛

的應用。「生活即教育」、「從做中學」等口號一時成為中國兒
童教育的指導原則。在這一方面，實驗主義在中國所發生的深遠
影響更是難以估計的[82]。

　　以上六點分析並不夠全面，但是至少已足以說明胡適所介
紹的杜威實驗主義，對於中國當時的思想狀態而言，確是「實
際相關的」。而且問題尚不止於上述幾項個別的根據。更重要
的是，從整體的觀點來看，杜威哲學所代表的思想形態比較接
近中國傳統思想的基本架構。馬克思在《費爾巴哈論綱》曾說
過：「從來的哲學家只是用不同的方式來解釋世界，但是真正
的任務是改變它。」西方的主流哲學確是以解釋世界為它的主
要工作。馬克思這句話的言外之意當然是說他自己的哲學是屬
於「改變世界」一型的。我們可以根據不同的觀點把哲學劃分
為種種不同的類型，「解釋」與「改變」兩型自然遠不足以窮
盡哲學的形態。但是馬克思的分法卻有助於我們了解西方思想
在中國近代史上的發展。中國思想的主流——儒學——基本上
屬於「改變世界」的類型。儒學當然也有「解釋世界」的成分
和其他的成分。但是當作一種社會、政治哲學來看，儒學的主
要目的是在於安排秩序，或重建秩序(在秩序已不合理的情形
下)。程、朱之所以定《大學》為儒學的總綱領，其用意即在於
此。這種「改變世界」的性格尤其突出地表現在「經世致用」
的觀念上。雖在乾嘉考證學鼎盛之際，第一流的學人仍未忘「經

82　可參看曹孚，〈批判實驗主義教育學〉，《胡適思想批判》，第三
　　輯(三聯書店，1955)，特別是頁326-328。

世」的目的[83]。晚清的經世運動匯結於康有爲的《孔子改制考》，尤其說明19世紀末到20世紀初儒學內部存在著「改變世界」的強烈要求。嚴譯《天演論》風靡全國正是因爲它爲「改變世界」的可能性提供了「科學的」根據。我並不是否認這一時期的中國思想中還有其他的關懷；我只是說一切其他的關懷，和「改變世界」的關懷相較，都只能居於次要的地位。杜威的實驗主義便恰好是一種「改變世界」的哲學。懷特(Morton White)曾列舉杜威哲學的要點如下：一、思想是行動的計畫，而不是「實在」的反映；二、一切二元論都不能成立；三、創造的智慧是解決問題的最好方法；四、哲學必須從形而上學中解放出來，而專注於社會工程設計的工作[84]。除第二點是西方哲學史上特有問題外，其餘三點都是和在經世觀念支配下的中國思想基調完全合拍。杜威的實驗主義通過胡適的中國化的詮釋之後，這種「改造世界」的性格表現得更爲突出。他把「新思潮的意義」歸結到「再造文明」便是最有力的證據。杜威和馬克思之間有許多根本的分歧，但在「改變世界」這一點上（包括強調理論與實踐的統一），他們的思想是屬於同一形態的。馬克思主義之所以能繼實驗主義之後炫惑了許多中國知識分子，這也是基本原因之一。

83　參看我的〈清代學術思想史重要觀念通釋〉的「經世致用」篇，《史學評論》，第5期(1983年1月)。

84　見*Social Thought in Amderica*, p. 7. 關於杜威的進化論是屬於「改變世界」的性格，與以前斯賓塞(Herbert Spencer)的決定論截然不同，可看Richard Hofstadter, *Social Darwinism in American Thought* (Revised Edition, Beacon Press, 1955), pp. 125, 135-142.

八、胡適思想的內在限制

這裡自然引起了一個重要的問題，即何以胡適所代表的新思潮竟抵擋不住馬克思主義的衝擊呢？這個問題當然絕不是思想史所能單獨答覆的。但本文仍只想從思想方面提供一點尋求答案的線索，全面地處理這一重大的問題在這裡是不可能的。

幾十年來，頗有人批評胡適的思想太淺，對於許多比較深刻的問題都接觸不到。他提倡的「科學方法」僅流為一種通俗的「科學主義」和「實證主義」，他不但對歐洲大陸的哲學傳統缺乏認識，甚至在英美經驗主義一派的思想方面也未能深造自得。金岳霖曾公開指出「西洋哲學與名學又非胡先生之所長，所以在他兼論中西學說的時候，就不免牽強附會。」（見馮著《中國哲學史》審查報告二）。同時在中國學術思想方面，他的興趣也限於清代的考據學，對於宋明理學，以及他專門研究的禪宗也沒有相應的了解。這一類的批評很多，我們不必一一列舉。本文所作的是思想史的工作，因此我既不必為胡適辯護，更無意討論這些批評。從思想史的角度看，這些批評縱使完全正確，也和胡適在歷史上的客觀位置不相干，更和胡適本人所希望扮演的歷史角色不相干，尤其和他抵擋不住馬克思主義的思潮不相干。

胡適在學術上的興趣本在考證，不過他想比清代的考證再進一步，走向歷史，特別是思想史的綜合貫通的途徑。他在思想上一方面提倡「科學方法」，另一方面則鼓吹民主自由，希

望把中國引上他所嚮往的現代化的方向。他在這兩方面做的都是「開風氣」的工作，用現代的名詞說，也就是「啓蒙」的工作。當時有人把他看作是「現代的伏爾泰」，是有一部分的理由的[85]。他的世界觀、歷史觀大體上也仍在西方18世紀的啓蒙思想的籠罩之下；他批評傳統，強調「容忍」，信仰「進步」，更和伏爾泰頗多相似之處。對於這樣一個啓蒙式的人物，我們既不能用中國傳統「經師」的標準去衡量他，他不能用西方近代專業哲學家的水平去測度他。因爲這樣做，我們便脫離了他所處的具體的歷史環境了。

胡適自己曾這樣評論他的文章的長處和短處：

> 我的長處是明白清楚，短處是淺顯。……我抱定一個宗旨，做文字必須要叫人懂得，所以我從來不怕人笑我的文字淺顯。[86]

不但他的文字「淺顯」，他的意思也是一樣，但是我們不能忘記「明白清楚」是和「淺顯」分不開的。胡適能夠開一代的思想風氣正因爲他的「淺顯」。梁啓超的影響之大也要歸功於他的文字和思想的「淺顯」。嚴復和章炳麟的古文都要比梁、胡兩人「深晦」，但正因如此，他們的一般影響力反而遜色多了。熊十力說：

85　見John K. Fairbank, *Chinabound, A Fifty Year Memoir*(Harper & Row, Publishers, 1982), p. 46.

86　《四十自述》，引自《胡適之先生年譜長編初稿》，頁67。

> 在五四運動前後，適之先生提倡科學方法，此甚緊要。
> 又陵先生雖首譯名學，而其文字未能普遍。適之銳意
> 宣揚，而後青年皆知注重邏輯。視清末民初，文章之
> 習，顯然大變。[87]

熊十力是非常不贊成胡適思想的人，但在客觀上他不能不承認
胡適當年開風氣的功績。這種功績正來自他的「淺顯」的科學
方法和合乎邏輯的白話文字。事實上，「五四」後期的中國的
馬克思主義者無論在思想或文字的層次上都只有比胡適更「淺
顯」（馬克思本人的著作當然是很「艱深」的）。所以胡適的「淺顯」
絕不是馬克思主義在中國興起的原因。

　　啟蒙運動總不免要從批評現狀開始，也就是說先要做破壞
性的工作。胡適在這一方面的努力是大家都知道的。但是破壞
了舊的以後，用什麼新的東西來代替呢？胡適在這個問題上並
不是沒有答案。他在〈我們走那條路〉那篇引起爭論文字中說：

> 我們要建立一個治安的、普遍繁榮的、文明的、現代
> 的統一國家。[88]

但是這只是對於遙遠的目的地的一種描繪，而不是一個具體的
建設綱領和方案。怎樣才能到達這個目的地呢？他說：

87　見〈紀念北京大學五十年並為林宰平祝嘏〉，收入《十力語要初續》
　　（台北：樂天出版社，1973年再版），頁17。
88　《胡適論學近著》，卷4，頁445。

> 我們……集合全國的人才智力，充分採用世界的科學
> 知識與方法，一步一步的自覺的改革，在自覺的指導
> 之下一點一滴的收不斷的改革之全功。不斷的改革收
> 功之日，即是我們的目的地達到之時。[89]

這依然是一種主觀的願望，沒有具體的內容。在一個已經建立
了共識和比較安定的社會體制中，這種主張也許可以博得較多
人的同情。但是在1930年的中國，各黨派對於如何「改變世界」
這一重大的問題，無論在目的或方法上都存在著根本而嚴重的
分歧，胡適的說法自然很難發生作用了。最重要的，當時馬克
思派「打倒帝國主義」、「打倒封建」的口號正甚囂塵上。所
謂「大革命論」對不少人是有號召力的。梁漱溟在〈敬以請教
胡適之先生〉的長信裡便說：

> 先生的主張恰與三數年來的「革命潮流」相反，這在
> 同一問題下，為何等重大差異不同的解答！先生憑什
> 麼推翻許多聰明有識見人所共持的「大革命論」？先
> 生憑什麼建立「一步一步自覺的改革論」？如果你不
> 能結結實實指證出革命論的錯誤所在，如果你不能確
> 確明明指點出改革論的更有效而可行，你便不配否認
> 人家，而別提新議。[90]

89　《胡適論學近著》，卷4，頁452。
90　同上，附錄一，頁56。

必須指出，梁漱溟也是反對「大革命論」的。但是他和「大革命論」者顯然持有一種共同的假定，即中國的形勢已急迫萬分，我們必須立刻提出一套根本而徹底的「改變世界」的方案及其具體實行的步驟。「改變世界」當然不可避免地要涉及「解釋世界」的問題。一個根本而徹底的「改變世界」的方案首先便必須建築在對於那個世界的整體而全面的認識上面。所以梁漱溟又說：

> 先生……全不提出自己對中國社會的觀察論斷來；亦嫌太省事！中國社會是什麼社會？封建制度或封建勢力還存在不存在？這已成了今日最熱鬧的聚訟的問題，論文和專書出了不少，意見尚難歸一。先生是喜作歷史研究的人，對於這問題當有所指示，我們非請教不可。革命家的錯誤，就在對中國社會的誤認；所以我們非指證說明中國社會是怎樣一種結構，不足袪革命家之惑，我向不知學問，尤其不會作歷史考證功夫，對此題非常感到棘困；如何能一掃群疑，昭見事實，實大有望於先生。[91]

這一質難可以說正好擊中了胡適思想的要害。如果我們用「大膽的假設，小心的求證」來代表胡適的基本態度，那麼要他立刻提出一個對中國社會的性質的全面論斷來以為行動的指南，便等於要他只保留「大膽的假設」，而取消「小心的求證」。

91　《胡適論學近著》，卷4，頁462。

這在他以「科學方法」爲中心的思想模式中是不可想像的。1936年羅爾綱寫了一篇〈清代士大夫好利風氣的由來〉，胡適看了，非常生氣，指責他道：

> 這種文章是做不得的。這個題目根本就不能成立。……我們做新式史學的人，切不可這樣胡亂作概括論斷。西漢務利，有何根據？東漢務名，有何根據？前人但見東漢有黨錮清議等風氣，就妄下斷語以為東漢重氣節。然賣官鬻爵之制，東漢何嘗沒有？「銅臭」之故事，豈就忘之？[92]

試看胡適連這樣一個局部性的概括論斷（generalization）都不肯隨便下，他怎麼會輕易提出「中國社會是什麼社會」這樣全面性的論斷呢？梁漱溟的期待當然要落空了。而且從他的觀點來說，梁漱溟對這個問題的提法便根本不能成立。羅爾綱的題目不能成立，因爲除非我們能先證明清代士大夫比其他各代都更好「好利」，也比其他各代都更不「好名」。我們又必須進一步證明清代所有或至少多數的「士大夫」都「好利」，而不「好名」。最後我們還得建立「好利」和「好名」的嚴格標準。如果士大夫「好名」、「好利」的現象無代無之，又不能加以量化，那麼這個題目 當然是沒有意義的了。中國社會更是複雜萬分的整體，我們又用什麼標準來爲它「定性」呢？更怎樣能用

92　《師門辱教記》，頁53。

一兩個字（如「封建」）來概括它呢？其實這裡還涉及一個更深一層的問題，胡、梁兩人都沒有談到。當時「革命論」者之所以定中國爲「封建」社會，其用意根本便不在尋求一種合乎客觀事實的歷史論斷，而是要建立一個合乎他們的「革命綱領」的價值判斷。所以主張在農村革命的人（如毛澤東）便維持中國社會是「封建」的或「半封建、半殖民的」（因為這樣才可以保留在城市進行暴動的理論根據）。而以城市暴動爲基本革命綱領的人（如脫黨以後的陳獨秀）則強調中國社會早已進入資本主義的階段了。這樣的問題根本不是「歷史考證」所能爲力的。胡適即使違背自己的學術紀律，勉強答覆梁漱溟所提出「中國社會是什麼社會」的問題，我們可以斷言，他的答案不但絕不會爲「革命論者」所接受，而且也不可能獲得梁漱溟的首肯。因爲梁漱溟也早已有了自己關於「改變世界」的具體綱領了，那便是他的「鄉村建設理論」。

這裡我們清楚地看地了胡適思想在「改變世界」方面的內在限制。他的「科學方法」——所謂「大膽的假設，小心的求證」——他的「評判的態度」，用之於批判舊傳統是有力的，但是它無法滿足一個劇變社會對於「改變世界」的急迫要求。批判舊制度、舊習慣不涉及「小心求證」的問題，因爲批判的對象本身（如小腳、太監、姨太太之類）已提供了十分的「證據」。科學方法的本質限定它只能解決一個一個的具體問題，但是它不能承擔全面判斷的任務。即使在專門學科的範圍之內也不例外。專門學者或科學家當然無法完全避免在自己專題研究的範圍之外，表示一些關於本行的全面性的意見。但是我們必須了

解，當他這樣做時，他也許仍然表現出科學的精神，但他所用的卻已不是嚴格意義上的科學方法了。科學方法的訓練可以使人謹嚴而不流於武斷。正因如此，嚴守這種方法的人才不敢不負責任地放言高論，更不必說提出任何涉及整個社會行動的確定綱領了。這在實驗主義者而言，尤其是如此，因爲實驗主義者首先便要考慮到社會的效果問題。一言可以興邦，一言也可以喪邦，他的科學的態度不容許他輕下論斷。

　　這裡我們碰到一個幾乎是無法解決的思想難題：科學方法要求我們不武斷，對於尙未研究清楚的問題不能隨便提出解決的方案，當然更不能盲目的行動。但是從個人到社會，隨時隨地都有許多急迫的實際問題需要當下即作決定。這些問題往往都不是事先能夠預見的，更沒有時間等待科學方法來個別地解決。生活既不能靜止不動，那麼這些決定便只有參照以往的經驗做抉擇了。這本是中、西哲學史上的老問題。朱熹基本上是主張「知先於行」的，但是他不得不承認：「若曰必俟知至而後可行，則夫事親從兄、承上接下乃人生之所不能一日而廢者。豈可謂吾知未至，而暫輟以俟其至而後行哉？」（見《朱文公文集》，卷42，〈答吳晦叔〉第八函論「先知後行之說」。）笛卡兒也說，在行動不允許稽延而自己又無法決定什麼是真的解決辦法時，便只好斟酌情況在各種已有的意見中選取一個[93]。胡適由於深受考證學和科學方法的訓練，所以常常要人在證據不足的情形下「展

93　見Renè Descartes, "Discourse on the Method of Rightly Conducting the Reason and Seeking Truth in the Sciences," in *The Rationalists* (Anchor Books edition, 1974), p. 57.

緩判斷」。例如關於老子年代的問題，他便說：

> 懷疑的態度是值得提倡的。但在證據不充分時肯展緩判斷(suspension of judgement)的氣度是更值得提倡的。[94]

但是馮友蘭答覆這個問題時，則說：

> 所說展緩判斷的氣度，話可以如此說，但我們不能如此行。譬如我寫《哲學史》，我總要把《老子》放在一個地方。如果把《老子》一書放在孔子以前，我覺得所需要的說明，比把它放在孔子以後還要多。[95]

這是上述難題的一個最好的例證。《老子》的考據在寫哲學史時都不能「展緩判斷」，何況1920年代和1930年代的中國「走那條路」的問題呢？胡適的實驗主義既不能提出具體而有效行動綱領，自然便只好讓位了。

其實這個問題不但困擾著中國的胡適，而且就在同一時期也困擾著美國的杜威。當時景仰杜威的人也急迫地希望他提一套確定的政治方案來解決美國的社會問題。但是杜威說來說去只肯提供「創造的智慧」的老話和一套政治方法論。他總怕一旦提出「固定的目的」(fixed ends)或全面解決社會問題的「萬靈藥方」(social panaceas)，便將導向武斷和僵化。其結果則是他的

94　見〈評論近人考據老子年代的方法〉，《胡適論學近著》，頁127。
95　見《中國哲學史補》(香港：太平洋圖書公司影印本，1970)，頁124。

許多左派弟子都轉而向馬克思的傳統中去追求新的出路了[96]。

　　而且不僅1930年代爲然，這個老問題在1970年代的美國又再度困擾著分析派的哲學家。我清楚地記得，在1970年前後，蒯因(W.V.O. Quine)應邀參加了哈佛燕京學社的「訪問學人計畫遴選委員會」，因此我有機會和他聊天。他的數理邏輯和語言哲學，我完全外行，但是我大體上了解他的哲學立場。他可以說是繼杜威之後在美國提倡「科學方法」最力的人[97]。那時美國的左派青年都崇拜馬庫色(Herbert Marcuse)。我曾問他，分析哲學面對這種變局能不能提供與馬庫色不同而比較健康的哲學答案。他一方面承認馬庫色有很大的影響力，另一方面則對馬氏頗存輕視。但是他似乎心安理得地認爲應付社會動亂根本不在哲學的範圍之內，而且哲學家對此也無任何特殊巧妙辦法可以提供。後來他在一部通俗的哲學著作中說：

　　由於缺乏健全的解決辦法，社會疾病帶來一些草率的或迷信的辦法。負責任的科學家「對這種疾病」自然也不免感到迷惑，但是性急而不能忍耐的社會大眾卻去傾聽那些毫不負責的說法。[98]

96　見Morton White, *Social Thought in America*, pp. 200-201, 244-245.

97　蒯因以哲學與科學連爲一體是採取了杜威的立場。見Richard Rorty, *Philosophy and the Mirror of Nature*(Princeton University Press, 1979), p. 228.

98　W.V.O. Quine and J.S. Ulliam, *The Web of Belief*(1978), p. 121, quoted in Hao Wang, "Quine's Logical Ideas and Philosophical Presuppositions in Historical Perspective"(mimeographed copy, December, 1981), p. 28.

我不知道他所謂「不負責的說法」之中是不是也包括了馬庫色的理論在內。無論如何，1970年代的學潮恐怕還是免不了在他的心中激起了一點波瀾。他後來肯和人討論「哲學是不是和人民脫了節」的問題，在我是並不覺得太意外的[99]。

　　胡適雖然沒有接觸過現代的分析哲學，但是他的思想傾向大體上是和分析哲學相同的；二者都以「科學方法」為中心。不過胡適學術的起點和終點都是中國的考證學，不像分析哲學是和自然科學(特別是數學和物理)連成一體的。因此，以科學方法而言，二者自有精粗之別。但是二者在世變和價值問題的前面所遭遇到的困難仍然是相同的。現在美國的分析哲學正面臨著歐洲大陸以「精神科學」（Geisteswissenschaften）為中心的哲學傳統的挑戰。現象論、存在主義、批判理論、解釋學等大量地湧現在英語著作中。分析哲學家也開始有人正視這個宿敵了。這未始不是一個好的轉變。從中國的思想傳統說，程、朱與陸、王的對立也和上述西方兩派的分流(遠源是經驗主義與理性主義)至少在意義上有可以互相比較之處。胡適從考證學出發，上接程、朱的「窮理致知」的傳統，因而對陸、王不免有排斥的傾向。這在他的《戴東原的哲學》結尾一段表現得尤其明顯。他說：

> 但近年以來，國中學者大有傾向陸、王的趨勢了。有
> 提倡「內心生活」的，有高談「良知哲學」的，有提
> 倡「唯識論」的，有用「直覺」說仁的，有主張「唯

99　參考Hao Wang, ibid, p. 132.

情哲學」的。倭鏗（Eucken）與柏格森（Bergson）都作了
陸、王的援兵。……我們關心中國思想前途的人，今
日已到了歧路之上，不能不有一個抉擇了。我們走那
條路呢？我們還是「好高而就易」，甘心用「内心生
活」、「精神文明」一類的揣度影響之談來自欺欺人
呢？還是決心不怕艱難，選擇那純粹理智態度的崎嶇
山路，繼續九百年來致知窮理的遺風，用科學的方法
來修正考證學派的方法，用科學知識來修正顏元、戴
震的結論，而努力改造一種科學的致知窮理的中國哲
學呢？我們究竟決心走那一條路呢？[100]

　　今天看來，無論是西方還是中國，這兩個主要思想流派必
然是一個長期共存的局面，因為兩派各有立場、各有領域、也
各有成績，誰也不能把誰完全壓倒的。章學誠所謂「宋儒有朱、
陸，千古不可合之同異，亦千古不可無之同異」（《文史通義·
朱陸篇》)恐怕要算是最有哲學智慧的歷史論斷之一了；它不但
適用於中國，也同樣適用於西方。但是異同雖不能相合，卻未
必完全不能相通。至少我看不出，在人文學與社會科學的實際
研究過程中，科學方法和解釋學的方法為什麼不能同時並用。
　　如何使兩派相通？這個問題已離開了思想史的範圍，而變
成今後中國思想界所必須面對的新課題了。胡適說過：

---

100 《戴東原的哲學》（上海：商務印書館，1927），頁196-197。

> 今天人類的現狀是我們先人的智慧和愚昧所造成的。
> 但是後人怎樣來評判我們，那就要看我們盡了自己的
> 本分之後，人類將會變成什麼樣子了。[101]

胡適毫無疑問地已盡了他的本分。無論我們怎樣評判他，今天
中國學術與思想的現狀是和他的一生工作分不開的。但是我們
希望中國未來的學術與思想變成什麼樣子，那就要看我們究竟
決定怎樣盡我們的本分了。

1983年3月18日 余英時 敬序

---

101 Hu Shih, "My Credo and Its Evolution," in *Living Philosophers*（New
York, 1931）, pp. 259-260.

《中國哲學史大綱》與史學革命

　　60年後的今天，一般讀者也許已經看不出《中國哲學史大綱》究竟爲什麼能夠震動一世的視聽了。所以這裡有必要略作解說，以證實所謂建立「史學革命」的「典範」（paradigm）之說。這部書在當時最使人感到耳目一新之處已由蔡元培在〈序〉中扼要指出，即一、證明的方法，包括考訂時代、辨別真僞和揭出各家方法論的立場。二、扼要的手段，也就是「截斷眾流，從老子、孔子講起」。三、平等的眼光，對儒、墨、孟、荀一律以平等眼光看待。四、系統的研究，即排比時代，以見思想演進的脈絡。這四點當然都受了西方哲學史的影響，但是同時也和考證學的內在發展相應。如果只有外來的影響，而全無內在的根據，那便只好叫做「征服」，而談不上「革命」了。蔡〈序〉所舉第二和第三兩點便恰好可以說明這一層道理。

　　關於這二點，即「截斷眾流，從老子、孔子講起」，推翻以前一切不可信的經典材料，我們在前面已經提到了。但是這

裡應該補充一點，即這種「疑古」的態度同時也是考證學的內在理路逼出來的，不是胡適異想天開地從外國搬回來的。事實上那時的西方史學界並沒有疑古的風氣。顧頡剛說，關於〈洪範〉之類的遠古材料，他早已受到康有為《孔子改制考》的暗示，知道它們是靠不住的[1]。《改制考》開始便是〈上古茫昧無稽考〉；《新學偽經考》更把許多古文經斥為劉歆的偽造。這可以說是後來疑古運動的源頭[2]。而且再進一步分析，康有為之所以能如此立說正是因為乾、嘉以來的辨偽工作已一步一步地逼近了六經的本身。但是康有為的懷疑畢竟還是有限度的。在基本「典範」沒有改變之前，他只能疑所謂古文「偽經」，而不敢再進一步疑他所信的今文「真經」。這和崔述(1740-1816)對古史的懷疑到六經而止步先後如出一轍。這裡可以看到「典範」的限制作用。

關於蔡〈序〉中的第三點，所謂「平等的眼光」，也同樣是從考證學的內在發展過程中逐步透出來的。清代的考證最初集中在經學，旁及史學，後來發展到諸子之學。這是一個很自然的進程，因為以先秦古籍的校刊、訓詁和考訂而言，群經以後便是諸子了。在諸子之中，最先當然要碰到《荀子》。這是儒家內部唯一一部「非正統」或「異端」的子書。再下一步則是儒家以外的「異端」了，如《墨子》、《老子》、《管子》之類，我們只要細考清代乾、嘉以來古籍校詁的次第先後和成

---

1 《古史辨・自序》，頁36。
2 參看我的〈五四運動與中國傳統〉，收入《史學與傳統》，特別是頁96-97。

續高下便會發現這一發展顯然是由一套信仰和價值的系統——
即廣義的「典範」——來決定的。但是這樣對一部一部的子書
深入地整理下去，最後必然導向諸子思想的再發現。這是經學
研究上「訓詁明而後義理明」的「典範」引申到子學研究上的
一個無可避免的發展，但卻絕不是清初顧炎武等人提倡「回向
原典」時所能預見的。《四庫全書總目提要・子部總敘》說：

> 然儒家本六藝之支流……其餘雖真偽相雜，醇疵互
> 見，然凡能自名一家者必有一節之足以自立。即其不
> 合於聖人者，存之亦可為鑒戒。

這顯然是通過訓詁而重新發現了諸子思想以後所發展出來的見
解。而諸子中最先被發現與重視的便是荀子。《提要・子部・
儒家類一》的「荀子條」說：

> 至其以性為惡，以善為偽，誠未免於理未融。然（荀）
> 卿恐人恃性之說，任自然而廢學，因言性不可恃，當
> 勉力於先王之教。故其言曰……不可學、不可事，而
> 在人者謂之性；可學而能、可事而成之在人者，謂之
> 偽。是性、偽之分也，其辨別偽字甚明。楊倞註亦曰：
> 偽，為也。……後人昧於訓詁，誤以為真偽之偽，遂
> 譁然掊擊……平心而論，卿之學源出孔門，在諸子中
> 最為近正，是其所長。主持太甚，詞義或至於過當，
> 是其所短。韓愈大醇小疵之說，要為定論。

這是清代考證學家從訓詁中發現了荀子思想的確證。《提要》
的話其實代表了當時一般考證學家的共同見解。盧文弨
(1717-1795)〈書《荀子》後〉(《抱經堂文集》卷十)和錢大昕〈跋
《荀子》〉(《潛研堂文集》卷二七)都從訓詁觀點爲荀子的性惡
論辯護，並同以荀子所謂「性」即是宋儒的「氣質之性」。戴
震《原善》、《緒言》和《孟子字義疏證》三部哲學著作中也
有濃厚的荀子色彩。章炳麟說戴震的議論「與孫卿若合符節」(《太
炎文錄》卷一〈釋戴〉)，是很中肯的[3]。尤其值得指出的是上引
《提要》「任自然而廢學」一語即出於戴氏。《緒言》卷上云：

> 且一以自然爲宗而廢學問，其心之知覺有所止，不復
> 日益，差謬之多，不求不思，終其身而自尊大，是以
> 聖賢惡其害道也。

這樣看來，乾隆時代的考證學不但重新發現了荀子，而且還自
覺地發揚了荀子重「學」的傳統。

　　稍後到汪中(1740-1794)這一代，諸子學的範圍便擴大到儒
家之外了。這裡我們只需徵引繆鉞論汪中的一段話便足以說明
問題了。繆氏在〈汪容甫誕生二百年紀念〉一文中說：

> 清人以訓詁治經，漸及諸子，以其同爲先秦古書，訓

3　參看錢穆，《中國近三百年學術史》(商務印書館，1937)，上冊，
　　頁358。

詁音韻，多資取證，然尚鮮有發揮大義者。容甫治諸
子，獨能不囿於傳統之見解，而與以新估價，其〈墨
子序〉盛稱墨子……謂「世莫不以其誣孔子為墨子罪。
雖然，自儒者言之，孔子之尊，固生民以來所未有矣，
自墨子言之，則孔子，魯之大夫也，而墨子，宋之大
夫也，其位相埒，其年又相近，其操術不同，而立言
務以求勝，此在諸子百家，莫不如是。」……其〈荀
卿子通論〉闡發「荀卿之學，出於孔氏，而尤有功於
諸經。」……蓋其智力澄明，故能破除障蔽，高矚遠
覽，而又有客觀之證據，非逞臆妄說者比。[4]

汪中能從墨子的觀點去看孔子，這豈不充分地說明他已具有「平
等的眼光」嗎？豈不更可以證明這種「平等的眼光」是考證學
的內在理路逐步逼出來的嗎？

　　但是汪中的「平等眼光」在當時不僅得不到賞音，而且還
招來翁方綱(1733-1818)「名教之罪人」的譴責。儘管翁氏自己
也是研究《墨子》的人，他卻絕不能容忍汪中「敢言孟子之言
兼愛無父為誣墨子」[5]。現代的人自然會佩服汪中的膽識，而嘲
笑翁方綱的俗見，但是從學術思想史的觀點看，我們也許應該
拋開情緒的偏向，而尋求一個理性的解釋。因為這裡恰好涉及
了「典範」的問題。

4　見《詩詞散論》（上海：古籍出版社，1982），頁99-100。
5　見胡適，〈翁方綱與墨子〉，《胡適文存》，第三集，卷七，頁598-599。

　　清代考證學的典範是由顧炎武首先建立的。顧氏說：

> 愚以為讀九經自考文始，考文自知音始。以至於諸子
> 百家之書亦莫不然。（《亭林文集》卷四〈答李子德書〉）

這是實踐「經學即理學」的綱領的具體途徑。這個典範到了清
代中葉變得更成熟了。戴震說：

> 經之至者，道也；所以明道者，其詞也；所以成詞者，
> 未有能外小學文字者也。由文字以通乎語言，由語言
> 以通乎聖賢之心志。（《戴震文集》卷十〈古經解鉤沉序〉）

錢大昕也說：

> 六經者，聖人之言。因其言以求其義，則必自詁訓始。
> （《潛研堂文集》卷二十四〈臧玉琳經義雜識序〉）

由此可見清代考證學的典範是通過文字訓詁以明古聖賢在六經
中所蘊藏的「道」。這是他們共同遵奉的信仰、價值和技術系
統。在這一系統之下，顧炎武以至戴震的考證作品則發揮了具
體的「示範」作用（狹義的「典範」）。絕大多數的考證家都安於
在這個「典範」之內從事孔恩所謂「常態的研究工作」（normal
research）。他們一部書接著一部書考訂，一個問題接著一個問題
研究，但是他們並無意在概念上或事實上尋求重大的新突破。

由於一個內容豐富的典範往往帶來無數的「難題」(puzzles)需要個別地解決，因此它的有效性可以維持一段很長的時期，直到嚴重的危機出現。所謂危機是指在正常的研究過程遇到重大的「變異」現象(anomaly)，而漸為原有的典範所不能容納。對於這種變異——即意外的新事實——研究者最初尚能稍稍調整典範以求適應。但是最後變異太大，已非調整典範所能濟事，那就到了新典範建立的時刻了。新典範的建立便表示這門學術發生了「革命」性的變化。清代三百年的考證學到了「五四」前夕恰好碰到了「革命」的關頭。王國維曾指出清代三百年學術一共經歷了「三變」：「國初之學大，乾、嘉之學精，道、咸以降之學新。」他又說：「道、咸之以降之學乃(上述)二派之合而稍偏至者，其開創者仍當於二派中求之。」(見《觀堂集林》卷二十三〈沈乙庵先生七十壽序〉)這一深刻的觀察和典範說完全相符。顧炎武是清學典範的建立者，故其學「大」，戴震、錢大昕是這一典範的完成者，故其學「精」，道、咸以降則「變異」愈來愈多，典範已不得不時加調整，故其學「新」。

　　清代考證學的基本假定本是通過「訓詁」以明六經、孔、孟的「義理」。在這個假定之下，他們深信六經保存了三代以上的「道」，也深信孔、孟繼承並發揚了這一自古相傳的「道」。就這一層面而言，他們和宋、明儒並無根本的分歧。他們和宋、明儒最大不同之處在於對「道」的理解。他們認為宋、明儒所認識的「道」已經過釋、道兩家的汙染，因而失去了本來的面目。所以他們主張「回向原典」以澄清儒學的傳統。由此可見他們的基本觀點仍是「信古」而非「疑古」，仍是「獨尊儒術」

而不是諸子平等。但是由於他們的研究方法是歷史的方法，處處要尊重客觀的「證據」，對於一切古代文獻都要「考而後信」，這個方法終於使他們不斷地發現許多意外的「變異」現象，和他們所持的基本假定互相鑿枘。至少自戴震以來，考證學已開始顯露種種內在的「危機」。戴氏已發現了荀子思想在儒學中的重要性，但是他最後依然不能不歸宗於孟子。章學誠已發現了史學的重要性或更在經學之上，而倡「六經皆史」之論，但是他仍舊要用「貴約六經之旨而隨時撰述」（《文史通義》內篇二〈原道下〉）的說法來加以彌縫。汪中雖儒、墨並稱，而卒言墨子「非儒而不非周」（《述學》內篇卷三〈墨子後序〉）。孫星衍則強調墨子「受孔子之術」，又說「明鬼是致孝鬼神之義，兼愛是盡力溝洫之義。」（見《問字堂集》卷三〈墨子後序〉）這些努力顯然都是在調整典範以消解考證學的內在危機。

　　這種危機其實也就是所謂「技術崩潰」（technical breakdown）：不符合典範的期待的變異現象不斷地出現了。新發現的文獻證據不但不再能支持原有的基本假定，反而動搖了這個假定。從崔述到康有為，有懷疑經傳中所傳古史真相者，也有懷疑經傳本身的真偽者。盧文弨、錢大昕、戴震則已隱隱地感到荀子和孟子各得孔子之教的一面。汪中更以墨子的「義理」與儒家等量齊觀。「技術的崩潰」還表現在另一方面，即常態的研究與典範之間開始發生脫節的現象，許多零碎的文獻考證已失去了「明義理」的作用。這便是章學誠以來對考證學陷於「襞績補苴」的指責。從這一角度看，晚清今文學派的興起雖然背景很複雜，但也顯然是對於考證學典範進行一次重大的修正。由於

乾嘉以後支離破碎的訓詁已不足以明義理，今文學家便提倡從《春秋》與《論語》直接尋求孔子的「微言大義」。魏源（1794-1857）在〈論語孟子類編序〉中說：

> 經有奧義，有大義。研奧者必以傳注分究而始精，玩大者止以經文彙觀而自足。[6]

這是表示訓詁考證只能得「奧義」，另有「大義」則必須直接面對「經文」才能獲得。這正是針對考證學的「技術崩潰」而發。魏源又在〈劉禮部遺書序〉中說：

> 今日復古之要，由訓詁聲韻以進于東京典章制度，此齊一變至魯也；由典章制度以進于西漢微言大義，貫經術政事文章于一，此魯一變至道也。……由董生春秋以窺六藝條貫，由六藝以求聖人統祀……。[7]

可見他不但依然接受考證學的基本前提，而且也不否定考證學的方法，不過要另添一條發掘「微言大義」的捷徑而已。所以今文學派雖屬道、咸以降之「新」學，但是並沒有建立新的典範；他們的工作基本上仍是調整舊的典範。下及康有為，也依然徘徊在舊典範之下：《新學偽經考》和《孔子改制考》都是

6　《魏源集》（上海：中華書局，1975），上冊，頁145。
7　同上，頁242。

以經學考證的面貌出現的，儘管它們的內容和方法都已逸出了
經學考證的典範之外。古文學派的章炳麟也是如此；他中歲以
後的學術固然已非清代考證學所能限，但他始終沒有跳出古文
經學的門戶，也是一個無可否認的事實。

　　通過以上的分析，我們才能更精確地估計胡適《中國哲學
史大綱》在中國近代史學革命上的歷史意義。胡適一直到晚年
都還特別記得他這本書在兩個重要觀點上所發生的革命性的震
動：「截斷眾流，從老子、孔子講起」和「平等的眼光」。他
指出：由於他把伏羲、神農、黃帝、堯、舜從哲學史上切斷了，
以致幾乎引起北大學生的抗議風潮，所以蔡元培寫〈序〉特別
提出這一點來替他辯護[8]。關於「平等的眼光」一點，他則說：

> 我那本書裡至少有一項新特徵，那便是我（不分「經
> 學」、「文學」）把各家思想，一視同仁。我把儒家以外
> 的，甚至反儒非儒的思想家，如墨子，與孔子並列，這
> 在一九一九年（的中國學術界）便是一項小小的革命。[9]

可見他自己尤其看重平視孔、墨的觀點，認為在當時的中國的
學術界具有革命的意義。但是我們在上面已看到這個觀點早已
出現在汪中的著作中，而且晚清以來章炳麟、梁啓超提倡諸子
學也更明顯地表現出這種傾向。那麼胡適是不是過分誇大了他

8　見《中國古代哲學史》，台北版〈自記〉，頁5。
9　《胡適口述自傳》，頁216。

自己的作用呢？我想我們也許應該這樣來看問題：胡適的新考
證學中的個別觀點大概都可以在清代考證傳統中找得到根源，
其中有些比較現代的成分則或來自康有為、章炳麟、梁啓超、
王國維等人的啓發，或得之於西方學術的訓練。從這一方面看，
他確是承舊遠過於創新，但是他的《中國哲學史大綱》所提供
的並不是個別的觀點而是一整套關於國故整理的信仰、價值和
技術系統。換句話說，便是一個全新的「典範」。章炳麟、梁
啓超、王國維都已到了這個新典範的邊緣上，甚至在個別的具
體問題的研究方面，他們（特別是王國維）比胡適更新更精。但是
他們畢竟沒有踏出這最後的一小步。「截斷眾流」和「平等的
眼光」之所以要等到《中國哲學史大綱》的出現才發生「革命
性的」影響正是由於它們已不再是個別的、孤立的觀點，而成
為新典範的有機組成部分了。

　　以「舊學邃密」而言，胡適不但比不上章、梁、王等老輩，
而且也未必能駕乎同輩以至早期弟子之上。但是關鍵根本不在
這裡。他的基本貢獻是一種綜合性的創造。即以「新知深沉」
而言，他也不一定真的超過了當時許多留學生。事實上，我們
已看到，他對西方的「新奇的學說、高深的哲理」並沒有很高
的興趣。他服膺杜威的實驗主義主要是在方法論的層次上面。
他對西學的態度可以說是「弱水三千，我只取一瓢飲」。而且
他所「取」的不是繡好的鴛鴦，而是繡鴛鴦的金針和手法。他
沒有深入西學固是事實，但也正因如此，他才沒有滅頂在西學
的大海之中。對於今天許多迷失在五花八門的西方理論中的人
而言，胡適倒不失為一個比較健全的榜樣。但是他有十分豐富的

西學常識和明銳的判斷力，更重要的是他的舊學和新知配合運用得恰到好處。他能在國故研究上建立新典範、開闢新風氣者，以此：他能提倡文學革命和領導新文化運動者，也莫不以此。

　　但是我們必須認清，胡適的學術基地自始即在中國的考證學。實驗主義和科學方法對於他的成學而言都只有緣助的作用，不是決定性的因素。我們已看到清代考證學自嘉、道以來便面臨種種技術崩潰的內在危機，舊典範雖屢經修正而終不能容納愈來愈多的「變異」。經過這一長期的發展。最後才有新典範的脫囊而出。這個新典範之所以在胡適手中完成，正因為他是從考證學傳統中出身的人。這絕不僅僅是他從杜威那裡學到了實驗主義方法論便能辦得到。事實上，遠在他接觸杜威以前，新典範的種子已在他的心中發芽了。早在1914年1月23日他已提出了這樣的問題：

　　　吾國古代之學說，如管子、墨子、荀子，獨不可與孔、孟並尊耶？[10]

這便是《中國哲學史大綱》中「平等的眼光」的始點。我們只要回溯一下上文的分析，便立刻可以看出這個觀點最早可以上溯到盧文弨、錢大昕、汪中的時代。我們不必否認這個觀念和西方近代的多元思想有關，但是我們同樣也不能忽略它有中國考證學傳統的遠源。由於「裡應外合」的雙重便利，新典範的

10　《胡適留學日記》，卷三，第一冊，頁160。

建立才能看來毫不費力而且很快地在他的手中得到成功。這是
因為一切「概念的範疇」(conceptual categories)都已事先準備齊全
了[11]。《中國哲學史大綱》是一部建立典範的開風氣之作，而同
時又具有「示範」的作用。無論今天看來，它包含了多少可以
商榷的問題，它在當時能掀起考證學——史學的「革命」是絲
毫不足為異的。繼此書之後，胡適又在1923年發表了〈國學季
刊發刊宣言〉(收在《胡適文存》第二集)，那更是建立新典範的
正式宣言，但已不在本文的討論範圍之內了。

　　最後我必須指出，本文的分析之所以採取孔恩關於「科學
革命」的理論，完全是為了說明上的方便，並且可以使考證學
以外的一般讀者也把握到《中國哲學史大綱》在中國近代史學
革命上的中心意義。但是本文的思想脈絡卻並非必須通過孔恩
的一套概念才能表達出來。孔恩的理論也不是只適用於科學史
的研究。事實上，他自己曾鄭重聲明，他的說法最初原是從文
學史、藝術史、音樂史等園地借來的[12]。我們當然也可以撇開孔
恩的術語，完全用中國考證學的固有觀念來解釋本文的中心論
旨，不過那樣做比較費事，本行以外的讀者也許會感到難以充
分理解了。

11　關於這一點，參看Thomas Kuhn, *The Stucture of Scientific Revolutions*
　　(Second edition, The University of Chicago Press, 1970), pp. 55-56.
12　見他的〈跋〉，頁208。

胡適與中國的民主運動

　　胡適是1891年出生的，今年12月17日是他的一百虛歲的生日。在這一個值得特別紀念的日子裡，海內外許多知識分子都有紀念的活動。

　　最近在和大陸知識界的朋友們多次交談中，我發現胡適關於民主、自由、人權的言論受到他們的普遍而深切關注。胡適在這一方面的思想仍然顯示了強大的生命力，「胡適的幽靈」似乎又開始在中國大陸上遊盪了。所以我想撇開胡適的其他方面，集中地談一談他對民主政治的信念。

　　民國三十六年(1947)8月1日胡適在北平作了一次廣播演說，他的題目是「眼前世界文化的趨向」。他指出世界文化有三個共同的大趨向：第一是用科學的成績解除人類的痛苦，增加人生的幸福。第二是用社會化的經濟制度來提高人類的生活。第三是用民主的政治制度來解放人類的思想，發展人類的才能，造成自由獨立的人格。在談到第三點——民主的政治制度——時，他特別說道：

　　有些人聽了我這句話，也許要笑我說錯了。他們說最近三十年來，民主政治已不時髦了，時髦的政治制度是一個代表勞農階級的少數黨專政，剷除一切反對黨，用強力來統治大多數的人民。個人的自由是資本主義的遺產，是用不著的。階級應該有自由，個人應該犧牲自由，以謀階級的自由。這一派理論在眼前的世界裡，代表一個很有力量的大集團。而胡適之偏要說民主政治是文化的一個共同的理想目標，這不是大錯了嗎？

　　我不承認這種批評是對的。

　　我是學歷史的人，從歷史上來看世界文化的趨向，那民主自由的趨向，是三四百年來的一個最大目標，一個最明白的方向。最近三十年來的反自由、反民主的集團專制的潮流，在我個人看來，不過是一個小小的波折，一個小小的逆流。我們可以不必因為中間起了這一個三十年的逆流，就抹煞那三百年的民主大潮流、大方向。

　　遍讀胡適一生的政治言論，我深感只有上引這一段文字最能代表他的民主精神和信念。在1947年向中國青年知識分子宣揚西方的民主政治，把它說成文化的大潮流，同時又把蘇聯式的社會主義「革命運動」看作是「一個小小的逆流」，那是最犯眾怒的事。事實上，據我親身的體驗，那時中共和它的同路人早已在青年知識分子間把胡適醜化得不像樣子。他們重新塑

造胡適的政治形象已完全成功了；他是「美帝的文化買辦」、「蔣介石的御用文人」。醜化胡適的運動早始於1920年代的末期，但大功告成則在抗戰後他出任北京大學校長的時代。「眾口鑠金，積毀銷骨」，至少在短時期內是十分有效的。

在這一空氣之下，胡適的廣播講詞當然立刻激起了強烈的批評與抗議。許多聽眾都寫信攻擊「民主是世界文化的大潮流」這一論點。即使是同情他的立場的人也不免懷疑正流逆流的劃分。因此胡適在同月又寫了〈我們必須選擇我們的方向〉一文，作為答覆。在這篇文章中，他坦承他的基本立場是「偏袒」自由民主的潮流的。他申述了三個「偏袒」的理由：「第一，我深信思想信仰的自由與言論出版的自由是社會改革與文化進步的基本條件。」「第二，我深信這幾百年中逐漸發展的民主政治制度是最有包含性，可以推行到社會的一切階層，最可以代表全民利益的。民主政治的意義，千言萬語，只是政治統治須得人民的同意。」「第三，我深信這幾百年(特別是這一百年)演變出來的民主政治，雖然還不能說是完美無缺陷，確曾養成一種愛自由、容忍異己的文明社會。」最後，從歷史的角度指出：爭自由、爭民主的潮流曾經遭到無數次的壓迫與摧殘，而且今後也仍然隨時有被暴力摧毀的危險。但是他對民主的信念則絲毫沒有動搖，他堅信三四百年來民主自由的大運動是站得住的了，是將來「一定獲勝」的了。

我特別重視胡適在1947年的兩次發言並不是因為其中有什麼創造性的民主理論，而是因為自由、民主的思想在1947年的中國是處於最低潮的階段。不但追求「進步」的青年知識分子

已轉而嚮往「新民主」或「無產階級的民主」，以民主同盟為
代表的中年知識分子也都變成中國共產黨的同路人了。胡適在
這個低潮時期竟能如此熱情洋溢地歌頌民主和自由，這可以看
出他的信念是多麼的堅定。11年之後(1958)他在美國回憶當時關
於民主是文化大潮流的議論時，仍然說：

> 我觀察了這十年(1947-1958)的世界形勢，我還不悲
> 觀，我還是樂觀的。(1958年1月11日覆陳之藩的信)

　　他的「樂觀」並不是盲目的或一廂情願的，1957年的「匈
牙利事件」和中國大陸上「右派」的言論是使他再度「樂觀」
的主要根據。但是在1958年的美國，他的觀點比在1947年的中
國還更要孤立。當時美國的「中國專家」恐怕沒有一個人會同
意他的判斷。
　　在1947年的中國公開宣稱以蘇聯為首的社會主義集團是歷
史上「一個小小的逆流」，更是一個膽大包天的舉動，如果沒
有絕對的自信是不可能說這句話的。但是四十二年後中國的民
主運動、東歐社會主義的全面崩潰、以及蘇聯的遽速變革，竟
證實了他的觀察，胡適似乎成為一個「偉大的先知」了。「眼
前世界文化的趨向」這篇講詞因此也就在中國民主運動史上具
有極不尋常的文獻價值了。
　　但是胡適並不是「先知」，他自己也絕不會承認他是「先
知」。他之所以能「談言微中」主要是憑藉著兩點：第一是他
對民主的無比信心，第二是他抓住了民主的基本要點。而這兩

點則都建立在他對近代歷史動態的大體認識上面。這種認識其實又是很平常、很淺顯的。在人文學的領域內，胡適可以說是以均衡的通識見長，一涉及專業——任何一方面的專業——許多專家都勝過他。這是爲什麼不少以專門絕業自負的人往往露出對他不服氣的意味，但又似乎不便徹底否定他的整體貢獻，也許開風氣的啓蒙人物正當如此。

胡適在中國提倡民主自由運動恰好能發揮他的通識的長處，因此他在這一方面的言論在今天還有值得參考的地方。禪宗和尚說：「佛法無多子。」其實民主更是「無多子」，關鍵在於能不能「探驪得珠」。下面我想舉出幾點來作一簡單的說明。

第一、他在1948年所寫的〈自由主義是什麼？〉一篇短文中說：

> 基本權利是自由，多數人的統治是民主，而多數人的政權能夠尊少數人的基本權利才是眞正自由主義的精髓。

這真是「卑之無甚高論」的說法，但卻是非常扼要的解釋。他介紹《陳獨秀的最後見解》（1949）也能一方面對他的亡友的晚年思想「片言居要」，另一方面爲民主政治「畫龍點睛」。他說：

> 獨秀⋯⋯看的更透徹了，所以能用一句話綜括起來：

> 民主政治只是一切公民(有產的無產的，政府與反對黨)，
> 都有集會、結社、言論、出版、罷工之自由。他更申
> 說一句：
> 特別重要的是反對黨派之自由。
> 在這十三個字的短短一句話裏，獨秀抓住了近代民主
> 政治的生死關頭。

　　胡適又指出：「獨秀最大的覺悟是他承認民主政治的真實
內容有一套最基本的條款，——一套最基本的自由權利——都
是大眾所需要的，並不是資產階段所獨霸而大眾所不需要的。」
這就回到他自己所說的「基本權利是自由」這一中心論旨上去
了。「自由」並不只是一個抽象空泛的觀念，在民主政治下，
「自由」必須制度化而成爲每一個公民的具體的「權利」。後
來張佛泉寫《自由與人權》一部專著其實也就是根據西方政治
史和思想史來證實這一中心論旨而已。胡適論民主以人的基本
權利爲核心，這不正是今天中國追求民主的人所強調的方向
嗎？
　　第二、胡適早年對於社會主義的理想也曾憧憬過，他在1926
年曾說：「十九世紀中葉以後的新宗教信條是社會主義。」但
是1941年他在美國密西根大學講演「意識形態的衝突」，已對
於這一點做了重大的修正。他認定極權與民主的衝突可以歸結
爲兩點：(一)急進的革命與漸進的改革；(二)控制劃一的原則
與個體發展的原則。暴力革命要推翻一切現存的社會制度，並
阻止它恢復或再生，其結果必流於極權；控制劃一在經濟上必

然走上全面計畫的道路，扼殺個人的自由發展。其結果是「阻礙人格與創造力，使偏私、壓迫與奴役成爲不可避免」。這是胡適在思想上的一個重要的變化，即徹悟到計畫經濟對民主自由的危害性。他早年的朋友中，如丁文江、如翁文灝等人，多少都有傾向於計畫經濟的想法。但他自1937年到美國之後，讀到了不少西方關於蘇聯情況的新資料，因此在幾年之內，改變了對於社會主義的看法。他這篇文字雖然粗略，但已與稍後海耶克的《到奴役之路》和波普的《開放社會及其敵人》兩部名著在運思上同其方向。他在1947年敢於斷定社會主義革命是「逆流」，根據即在於此。

　　第三、胡適雖以「反傳統」著稱，但是他在推動中國的民主運動時，卻隨時隨地不忘爲民主、自由、人權尋找中國的歷史基礎。他承認中國歷史上沒有發展出民主的政治制度。但是他並不認爲中國文化的土壤完全不適於民主、自由、人權的成長。所以他解釋「自由」往往上溯至孔子的「爲仁由己」，在〈自由主義是什麼？〉中，他甚至說：

> 從墨翟、楊朱到桓譚、王充，從范縝、傅奕、韓愈到李贄、顏元、李塨，都可以說是爲信仰自由奮鬥的東方豪傑之士，很可以同他們的許多西方同志齊名比美。

　　他爲了給「不自由，毋寧死」的名言尋求中國的根據，終於找到了范仲淹〈靈烏賦〉中「寧鳴而死，不默而生」兩句話，並進而推論古代諫諍的自由即是言論自由的前身。儘管他的考

證是疏略的，他的用心卻是很值得我們同情的。這種移花接木的工作在他的英文著作中尤其突出。例如他在1953年所寫的〈中國傳統中的自然法〉便是爲中國的天賦人權說找觀念上的線索。至於晚年在中美學術合作會議所發表的「中國傳統及其將來」的著名演說，那更是爲了說明中國文化中的人文精神和理性精神足以構成接引民主與科學的「中國根底」。這一點對於今天中國大陸上爭取民主、自由的人更具有重要的啓示。胡適從不把中國傳統看成籠統的一片；相反的，他對傳統採取歷史分析的態度，他要辨別其中哪些成分在今天還是有生命力的，哪些是已經僵死的。

在20世紀的中國，胡適是始終對民主不曾失去信心的人。1936年，他經過日本，和日本作家室伏高信談話。他對室伏高信說：「我雖然是個自由主義者，但是像我們這樣的自由主義者已經成了少數了。」這是一句很傷感的話。因爲在1930年代，民族危機已淹沒了民主自由的追尋。他的自由主義的同志，包括丁文江、蔣廷黻、錢端升等人，都在政治上傾向於「專制」、「獨裁」了。在經濟方面，翁文灝、錢昌照等人也認爲只有「專制」或「獨裁」才有利於有計畫的工業建設。這是今天大陸上「新權威主義」的先驅。胡適在當時是唯一堅持民主和法治的人。

胡適攻擊傳統中的八股、小腳、地獄的監牢、夾棍板子的法庭等等，曾被人譏罵了幾十年，許多人都說他侮辱了中國文化。我在這裡也不想爲他辯護。我注意的倒是他下面這一段話：

今日還是一個大家做八股的中國，雖然題目換了。小腳逐漸絕跡了，夾棍板子、砍頭碎剮廢止了，但裹小腳的殘酷心理，上夾棍打屁股的野蠻心理，都還存在無數老少人們的心靈裡。今日還是一個殘忍野蠻的中國，所以始終還不曾走上法治的路。(〈三論信心與反省〉)

　　這一段話最可注意，原來他攻擊的主要是當時中國的殘忍。他提倡民主和法治也是為了救治這種根深柢固的殘忍症。這一點對中國民主自由運動卻有新的意義。今天西方有不少自由主義的知識分子也開始注意到「殘忍」(cruelty)的問題。有人主張在社會一般惡德(ordinary vices)之中，「殘忍」應該放在第一位，因為「殘忍」是自由意識所最不能容忍的罪惡。胡適常常說民主社會是一個最有人情味的文明社會，他也說過：中國先民的宗教，在佛教傳來之前，也是最近人情的。其實關鍵都在「殘忍」上面。胡適的論點是否客觀公允是另一問題。從人情、人性著眼，胡適大概也承認中國沒有不能接受民主的理由。孔子說：「善人為邦百年，亦可以勝殘去殺。」這和今天西方新自由主義者在精神上並無分別。孟子的「不忍人之心」、「惻隱之心」更和西方所說的「以情絜情」(participatory emotions)若合符節。孔子和孟子也正是胡適所最推重的兩位中國哲人，他在英文文字中，有時甚至稱孟子為「民主哲學家」。

　　那麼，「勝殘去殺」也許可以為民主與中國文化的匯流提供了另一個重要的銜接點。讓我們用這個意思來紀念中國民主的前行者──胡適。

文藝復興乎？啟蒙運動乎？[*]
——一個史學家對五四運動的反思

　　近年來，五四運動普遍被視爲中國的啓蒙運動。1930年代
後期與1940年代早期，中國的作家最初賦予五四運動這一新的
身分（identity）時，他們顯然是要借重比附（analogy）的方式對「五
四」盡可能作出最高程度的禮讚。然而，在20世紀即將結束的
今天，這一身分最初所蘊涵的榮耀，竟迅速地變得很可疑了。
目前，吸引著史學家、哲學家、文化批評家的目光的，是啓蒙
運動幽暗的一面；於是，以理性的觀念爲核心的啓蒙規劃，往
往被許多人看做是一場「失敗」，或者更糟地，是一種霸道的
「宰制」（domination）。因此，很自然地，當前這股反啓蒙理性
的後現代狂潮已開始對「五四運動」規劃投下了一抹陰影。

---

* 本文英文原題 "Neither Renaissance Nor Enlightenment: A Historian's
Reflections on the May Fourth Movement", 收入 Milena Doleželova-
Velingerová and Oldrich Král, eds., *The Appropriation of Cultural Capital:
China's May Fouth Project*（Cambridge, Massachusetts: Harvard University
Press, 2001）, pp. 299-324. 由江政寬譯成中文。這次重印，作者做了全面
修正。

　　稍後我會回到啓蒙運動這一問題上。現在我先要指出一項重要的事實，即在啓蒙這一身分出現之前，五四運動在西方是以「中國的文藝復興」而廣爲人知的。首先，我想探討這些比附概念的個別歷史意涵，以及解釋爲什麼「文藝復興」最終讓位給「啓蒙運動」[1]。

　　在西方宣揚「中國的文藝復興」的理念，胡適（1891-1962）比任何人都更爲重要。1926年11月，他前往英國巡迴演說時，在不同的學術機構，諸如皇家國際關係研究院（Hu 1926）、（都柏林）三一學院、牛津大學、利物浦大學，以及Woodbrooke Settlement，反覆講述「中國的文藝復興」。有一張演講海報，甚至還介紹他是「中國文藝復興之父」（參見胡適，1990，冊5：1926年11月9、18、23、25、28日）。1927年1月，他抵達紐約時，在紐約市發行的《國家》（*Nation*）雜誌報導說：「胡適已回到美國……他大膽提倡使用被鄙視的土語（vernacular tongue）；他爲中國人所做的事，正如但丁（Dante）與佩脫拉克（Petrarch）爲義大利人所做的：有數以百萬計的人無法精通複雜的古典語文（classic tongue），而他爲這些人打開了讀寫能力的大門。」（胡適，1990，冊，6：1927年1月20日）這當然也是尊他爲「中國文藝復興之父」的另一種方式。

1　Chow Tse-tsung（1960）簡要地討論過「文藝復興」與「啓蒙運動」的概念，以及它們對五四運動的適用範圍。他視兩者爲「自由主義觀點」的代表（pp. 338-342）。然而，Vera Schawarcz（1986）則在「五四」與「啓蒙運動」之間畫上等號，而未提及「文藝復興」。同一年李澤厚（1987：7-49）在一篇討論五四運動的著名文章裡，持論相同。

1933年，在芝加哥大學Haskell講座的一場演說中，胡適不
含糊地解釋他所謂的「中國文藝復興」的涵義：

> 《文藝復興》（*Renaissance*）是1918年一群北京大學學
> 生，為他們新發行的月刊型雜誌所取的名稱（按：即《新
> 潮》的英文名稱）。他們是在我國舊有傳統文化中，受過
> 良好薰陶的成熟學生；他們在當時幾位教授所領導的
> 新運動裡，立即察覺到它與歐洲文藝復興有顯著的類
> 似性。下面幾個特徵特別使他們回想到歐洲的文藝復
> 興：首先，它是一種有意識的運動，發起以人民日用
> 語書寫的新文學，取代舊式的古典文學。其次，它是
> 有意識地反對傳統文化中的許多理念與制度的運動，
> 也是有意識地將男女個人，從傳統勢力的束縛中解放
> 出來的運動。它是理性對抗傳統、自由對抗權威，以
> 及頌揚生命和人的價值以對抗壓迫的一種運動。最
> 後，說來也奇怪，倡導這一運動的人了解他們的文化
> 遺產，但試圖用現代史學批評和研究的新方法來重整
> 這一遺產。在這個意義上說，它也是一個人文主義運
> 動。（1934：44）

關於這一段「中國文藝復興」起源的論述，我願意提出幾點觀
察。首先，1918年，北京大學學生刊物《新潮》（*New Tide*），其
英文副題是由新潮社的一位創社成員所提議。這的確是事實。
然而，由於自謙的緣故，胡適沒有點出一個重要事實，即從最

初構想到問世，他自己實際上一直是此一深具影響力雜誌的護法（傅斯年，1952）。其次，1917年，正是胡適最早把他所提倡的文學革命比附歐洲文藝復興。1917年6月，在返國途中，當前往溫哥華的火車穿越加拿大境內的洛磯山脈時，他正在閱讀Edith Sichel的《文藝復興》（*Re-naissance*, New York and London, 1915）（胡適，〔1939〕1986b，冊4：240-247）。令他相當喜悅的是，他發現，他提倡用白話對抗文言，來作爲中國文學的媒介，恰好在歐洲文藝復興時期土語文學的崛起上得到歷史的印證。但丁與佩脫拉克，胡適指出，最早在他們的寫作中使用土語。他特別注意到下面這個事實，雖然Leon Battista Alberti已公開宣稱拉丁語是「一種死的語言」，但最後還是靠Cardinal Pietro Bembo在Prose della volgar lingua中支持用土語取代拉丁語，才完全解決了文學語言的問題[2]。毫無疑問的，採用「文藝復興」作爲學生刊物的英文副題是出於胡適的啓示。第三，上引胡適文中所列三項特徵中，其第二項——「理性對抗傳統」、「自由對抗權威」——在性質上顯然更像是描述啓蒙運動而不是文藝復興。然而，這應該不必詫異。畢竟，儘管胡適口口聲聲說文藝復興，相較於義大利人文主義，胡適更直接是法國啓蒙思潮的繼承者。對於他同時代的西方人而言，胡適往往使他們聯想到伏爾泰

---

2 以後幾十年關於文藝復興時期土語文學的研究，已大大修正土語文學與拉丁語文學勢不兩立的觀點。15世紀後期與16世紀早期，土語與新拉丁語之間是一種並立且相輔相成的關係。如果胡適採用1917年以後有關文藝復興的見解，那麼他也許便不得不放棄以文藝復興比附五四了。詳細的討論，參見余英時（1976：305-308）。

（Voltaire）（Fairbank 1982: 45-6；余英時，1984：62-63）。不但如此，從他針對現代世界的文化趨勢所作的公開演說來看，我們得到一種清晰的印象，胡適視文藝復興爲西方現代性的真正肇端，而將所有的相繼發展，諸如宗教改革、科學革命、啓蒙運動、工業化、民主革命，甚至社會主義運動，都看成跟隨文藝復興而來的直線性進展，並從而不斷擴大了現代性的內容。可能正是因爲他強調啓蒙運動上承文藝復興而來，如上引文中的描述所示，他有時未能在兩者之間劃分出界線[3]。

　　現在，我們需要更加仔細地考察啓蒙運動的概念，看看它是怎樣應用在五四運動上面的。就我所知，最早從啓蒙運動的角度詮釋五四運動的，正是馬克思主義者。1936年，好幾位地下共產黨員在上海和北京發動了「新啓蒙」運動。根據1985年版《哲學大辭典》的說法，這一運動是這樣界定的：

> 新啓蒙運動亦稱「新理性主義運動」，中國思想文化運動，在20世紀30年代爲適應抗日民族鬥爭而展開，是五四啓蒙運動的繼續和發展。1936年9月至10月，由當時的共產黨人先後發表〈哲學的國防動員〉、〈中

3　然而，依Peter Gay的說法，儘管文藝復興與啓蒙運動之間有根本的親近性，但差異也是無可否認的。就像Peter Gay所說，「一如啓蒙運動，文藝復興也借助於遙遠的過去，來征服晚近的過去，但不同的是，文藝復興在希望渺茫中建立其激進主義。的確，閱讀伊拉斯謨（Erasmus）或馬基維利（Machiavelli）時，無不感受到，文藝復興也在希望渺茫中落幕：對於理性與人道的最終勝利，他們皆未顯示太大的信心」（1966：269）。

> 國目前的新文化運動〉兩文所提出，建議共同發揚「五
> 四」的革命傳統精神，號召一切愛國分子發動……一
> 個大規模的啓蒙運動，喚起廣大人民的抗戰與民主的
> 覺醒。……至1937年底抗日戰爭全面爆發和抗日救國
> 統一陣線形成，新啓蒙運動前後進行了近一年，對廓
> 清蒙昧和宣傳抗日，起了積極的作用。(pp. 676-677)

這一段文字清楚顯出，共產黨人之所以將五四運動重新詮釋為
「啓蒙運動」，是因為他們當時需要一種「新啓蒙」運動來執
行黨的新「統一陣線」的路線。引文中提到的兩篇文章的作者，
不是別人，正是陳伯達(1904-1989)和艾思奇(1910-1966)；兩人都
是在僞裝下活躍於北京和上海教育與文化界的黨的主要理論
家。明白這一點很重要。我也必須強調，兩人之中，陳伯達是
個更資深、也更重要的共產黨員。發動新啓蒙運動的正是陳伯
達。乍看之下，簡直令人不解，一個實際上在中國思想界默默
無聞的人，竟能隻手發動一場運動，而且立即引起了北京與上
海左派雜誌的熱烈響應。然而，一旦我們了解陳伯達的真正身
分，困惑便消散了。1936年初，劉少奇(1898-1969)前往天津擔
任共產黨地下北方局的領導時，陳伯達被任命為宣傳部的負責
人。正是以這一新的身分，陳伯達借「啓蒙運動」之名來運用
五四遺產，完成黨新近交給他的任務。用他自己的話來說，「我
們要和一切忠心祖國的分子，一切愛國主義者，一切自由主義
者，一切民主主義者，一切理性主義者，一切自然科學家，……
結成最廣泛的聯合陣線」(轉引自何干之，1947：207)。在此，必

須指出，「我們」這一詞不是一種社論式的用法，而是共產黨的暗碼代號。不用說，從一開始，所有來自左派報刊的正面回應都是由共產黨通過其地下網絡統一指揮的。不但如此，新啟蒙運動與1935年著名的一二·九運動有著密切關聯。有些參與者向來把一二·九看成「1919年學生運動的目標的直接延續和實現」(Schwarcz 1986：218)。然而，1935年的一二·九在一個關鍵性的方面，斷然不同於1919年的五四。正如傅斯年(1896-1950)在1946年時所作的回憶：「五四與今天的學潮大不同。五四全是自動的，五四的那天，上午我做的主席，下午扛著大旗，直赴趙家樓。所以我深知其中的內幕，那內幕便是無內幕。」(傅樂成，1969：62-63)然而，就1935年一二·九學生示威運動而言，今天我們知道，一如新啟蒙運動，它也是由共產黨地下基層組織細密策劃與執行的。根據北方局黨書記高文華(活躍於1930年代)的第一手記述：「學生動亂在一二·九運動中達到高潮。我們在北方局裡支持且領導了此一愛國運動。趙升陽、柯慶施、陳伯達等同志為黨中的領導。公開場合的直接領導人，則包括李昌、蔣南翔(清華大學支部書記)、林楓、姚翼林、徐冰、許德珩等同志。」(高文華，1982：187；葉永烈，1990：102)。此外，1935年，在一二·九示威運動中被Edgar Snow描述為「中國的聖女貞德」的學生領袖陸璀(活躍於1930年代)，在她紀念這一事件六十周年的宣傳文集中，公開承認，她那時在共產黨地下組織的直接指揮下工作(陸璀，1995：7, 19)。明顯地，被巧妙策劃來相互奧援的這兩場運動———一二·九與新啟蒙運動，在某種程度上不免讓人聯想到狹義的五四(1919年學生的示威運動)與廣

義的五四(胡適與新潮社所謂的「文藝復興」)之間的關係。但是一二・九與新啓蒙運動的起源都可以追溯到北方局的地下共產黨組織，因此說前者是「1919年學生運動的目標的直接延續和實現」，而後者是「五四啓蒙運動的繼續和發展」，似乎沒有什麼意義。

　　既然新啓蒙運動從最初構想開始，便是爲隱匿的政治目的服務[4]，它的倡議者根本便不覺得有必要從思想根據上去證明，爲什麼對於五四運動而言，「啓蒙運動」是比「文藝復興」更適當的稱呼。從政治觀點出發，他們把五四運動與新啓蒙運動兩者都和愛國主義掛上了鉤。依艾思奇的看法，中國的新舊啓蒙運動必須以愛國主義爲其主要任務(何干之，1947：209)。但是，任何熟悉歐洲啓蒙運動的人都知道，將愛國主義連結到啓蒙運動是何其荒謬的事。除了盧梭(Rousseau)這一可能的例外，啓蒙哲士無一不是世界主義者，他們自任的天職是：陶冶人類、啓迪人類和提高人類的尊貴，而非提升國家利益(Gay 1966：13-14)。

4　根據可確定為1936年後期中國共產黨的可靠檔案，中國共產黨在1936年9月以兩種重要的方式改變其路線。首先，它採取一種推動中國「民主共和」的溫和策略，取代無產階級革命。其次，在戰略上它呼籲結束內戰，盡一切可能與中國的所有政黨和團體，建立一種「統一陣線」。胡適於1940年獲得此一檔案，當時他是駐美大使(參見冊6，《中共的策略路線》，胡適，1990：未標頁碼)。毛澤東在1937年5月的記述，印證了此一檔案的可靠性(1969，冊1：223，246-247，註6)。1936年9月，陳伯達和艾思奇發動新啓蒙運動，而共產黨的新路線也剛好在那時候開始，這絕非是巧合。此外，那時為共產黨工作的青年作家王元化告訴我們，1938年前後，共產黨突然決定禁止「啓蒙運動」這一名稱，從而造成新啓蒙運動唐突地結束，這也是極具啓示性的(林毓生等，1989：3)。

　　有趣的是，中國的馬克思主義者一般說來對啓蒙運動的偏
好，遠甚於文藝復興。較早的作者不論以文藝復興跟中國史的
哪一段時期作對照，他們都照例把這一比附改爲啓蒙運動。除
了五四的例子之外，還有另外一個範例。梁啓超(1875-1929)在
其早期和晚期的生涯中，堅持將清代學術思想史界定爲中國的
「文藝復興時代」(Liang Ch'i-ch'ao 1959：14)。但馬克思主義史
家侯外廬(1906-1988)不接受梁啓超的比附，取而代之地，他持
續又有系統地把同一時期詮釋爲「啓蒙運動早期」(1956)。那麼，
我們必須追問：中國的馬克思主義者爲何如此著迷於啓蒙運動
這一觀念呢？我想大膽提出一些看法。首先，依馬克思主義的
歷史理論，當中國進入資本主義的歷史階段，勢必經歷類似於
法國啓蒙運動的一種大規模布爾喬亞意識的社會表現
(expression)。五四作爲一種思想運動，相當符合這一框架。其次，
狄德羅(Diderot)曾寫信給伏爾泰，稱贊他「在我們心中」激發出
「一種對說謊、無知、僞善、盲目崇拜、專制的強烈憎恨」(轉
引自Becker 1932: 92)。很多五四知識人的打破偶像與反孔教的文
字，具有類似的特質(何干之，1947：122-133)。對中國馬克思主
義者特別具有吸引力的，正是五四的這一破壞面。第三，中國
的馬克思主義者都是擁護革命的。他們注意到，歐洲各國的啓
蒙運動，往往是政治革命的前驅，因此他們也需要某種啓蒙運
動來證明他們在中國提倡革命的正當性(何干之，1947：97)。根
據上述的分析，我傾向於認爲，中國的馬克思主義者不斷由啓
蒙運動的觀點重新界定五四，並不是對歷史作任意性的解讀。
相反地，他們可能出於這一信念，即與文藝復興相比，啓蒙運

動更有利於爲他們的政治激進主義服務，因而作了一種蓄意而又經過精打細算的選擇，畢竟文藝復興太過遙遠、也太過溫和，對他們所嚮往的革命沒有直接又實際的關聯。

　　基於同一理由，我們也必須嚴肅看待胡適與其他自由主義者所賞識的文藝復興。從1917年起，胡適始終堅持，五四運動作爲一種思想或文化運動，必須被理解爲中國的文藝復興運動。這不僅因爲他提倡以白話文作爲現代文學的媒介，而且更重要的是因爲他對歷史連續性有深刻的體認。對他而言，「文藝復興」暗示著革新，而非破壞中國的傳統（胡適,〔1970〕1986f）。儘管胡適經常有猛烈的批評，但他對包括儒學在內的中國傳統的抗拒，遠非全面的。他深信，文藝復興含有一個中心觀念，即有可能把新生命吹進中國的古文明。早在1917年，他清晰地陳述此一問題如下：「我們如何才能找到一種最好的方式來吸收現代文明，使它與我們自己所創造的文明配合、協調且又連結呢？」他那時提出的解決之道是「端賴新中國思想領導人的先見之明與歷史連續感，同時也有賴於機智與技巧，使他們能將世界文明與我們自己的文明裡最好的事物作成功的連結」（轉引自 Grieder 1970: 160-161）。這聽起來，完全不像是要和中國的過去全面決裂的呼聲。後來，他在1933年從具體的角度陳述，什麼是每一文明裡「最好的事物」，以及兩者間何以能夠有技巧地「連結」：「慢慢地、靜悄悄地，但也很顯然地，中國的文藝復興變成了一種實在。此一重生的產物帶有可疑的西方的外貌。但是，刮掉其表面，你便會發現，它的構成要素本質上是中國的根柢，因大量的風化與腐蝕才會使得重要處更加清楚——

由於接觸新世界的科學與民主的文明，使中國的人文主義與理
性主義復活起來。」(Hu 1934: ix-x)事後看來，對於這位「無可
救藥的樂觀主義者」──這是胡適的朋友給他的稱號──的過
早的樂觀，我們忍不住會發笑。然而，即使在生命的盡頭，他
的信心依舊沒有動搖。1960年7月，在華盛頓大學舉辦的中美學
術合作會議上，他以「中國傳統與未來」(The Chinese Tradition and
the Future)爲題所作的公開演說中，最後一次試圖將文藝復興的
概念，有系統地應用到中國史上。他對五四之前的中國歷史，
總計區分出三次文藝復興。第一次是在第8與第9世紀中國文學
的文藝復興，那時白話開始出現在禪僧的詩與語錄中。第二次
文藝復興在哲學；這裡，他主要是指第11與第12世紀新儒學的
崛起。第三次文藝復興是第17與第18世紀的「學術復興」，那
時人文學者開始使用「科學方法」大規模研究古籍與史籍。在
此，明顯的是，他接受了上文提及的梁啓超關於清代學術思想
史的詮釋(Hu 1960: 17-18)[5]。問題不在於我們是否能接受他圍繞
「文藝復興」的主軸所編織出關於中國史的大敘事，這裡特別
值得注意的是：與他徹底反傳統的公眾形象相反，胡適在他早
期與晚期的生涯中，始終需要中國傳統的某些部分，來證明他
所倡導的中國文藝復興的正當性。於是，在演講的結尾，他帶
著強調下結論說：「簡言之，我相信，『中國的人文主義與理
性主義』傳統，不曾被毀滅，也決不可能被毀滅。」(Hu 1960: 22)

5　胡適在1923年，首度提出中國前現代歷史上有三次文藝復興的理論，
　　但是他對前兩個文藝復興的分期，經過往後的幾十年，有了重大的修
　　正。參見胡適，1990：1923年4月3日。

在1960年對於他所特別愛護的中國傳統作出這樣的論斷，這只能是個人信念的一種表述，而不是符合當時實際的歷史事實。然而，他除了堅持那一信念之外，別無選擇；因為，要是那一特殊傳統被毀滅，那麼五四時期的中國文藝復興也蕩然無存了。胡適和五四的文藝復興是從頭到尾合而為一的；這樣一來，他自己的歷史存在也完全喪失了。

為了總結這部分的討論，讓我首先指出，不能輕率地把「文藝復興」與「啓蒙運動」僅僅看作兩個不同的比附性的概念，由人任意借用以刻畫五四運動的特性。相反地，它們必須嚴肅地看作兩種互不相容的規劃（projects），各自引導出特殊的行動路線。簡言之，文藝復興原本被視為一種文化與思想的規劃；反之，啓蒙運動本質上是一種經常僞裝的政治規劃。學術自主性的概念是文藝復興的核心，追求知識與藝術，本身根本上就是目的，不能為其他更高的目的服務，不論他們是政治的、經濟的、宗教的或道德的。正因這一理由，胡適經常感到遺憾的是，1919年，五四學生運動的愛國主義本身雖值得讚揚，然就中國文藝復興而言，它仍舊是個不受歡迎的干擾。因為，五四學生運動標示了中國學術界政治化的肇端，從而在現代中國學術自主性能夠牢固建立以前，便破壞了它（胡適，〔1970〕1986e）。相對而言，中國馬克思主義者所構思的啓蒙運動規劃，最終則是革命導向的。由於徹底強調愛國主義與民族解放，新啓蒙運動的馬克思主義提倡者，只認可文化與思想為革命服務的意識型態功能。總的來說，學術自主性的理念與他們是無緣的。無怪乎毛澤東（1893-1976）對五四的看法，與胡適大相徑庭。他的最

高讚美是保留給1919年的五四學生運動，因為依照他的看法，這一運動導致了1925-1927年的革命（毛澤東，1969，冊2：659-660；李長之，1946：38-39）。諷刺的是，甚至新啟蒙運動本身也證明是「錯誤的意識」。一旦完成了統一陣線的任務之後，它便消失了。直到1970年代的尾闌，啟蒙運動的理念才再一次浮現，因為那時共產黨在全新的環境下需要「思想再解放」來調整自己。

　　時間上，文藝復興概念的流行比啟蒙運動早二十年，最後卻讓位給後者。或許，與其說是緣於作為五四運動描述詞的啟蒙運動具有內在的價值，不如說是因為中國人在心態上的激進化（radicalization）了。中國的民族危機在1930年代持續深化時，深植於英美自由主義的文藝復興規劃並不能適應當時的中國現狀。馬克思激進主義，一方面與民族主義結合，另一方面又隱匿於啟蒙運動的背後，則對全中國的學生中的活躍分子有著極大的吸引力。在新一代的大學生之間，文藝復興的理念已不像1918年那樣，能夠激起巨大的共鳴了。

　　上文，我勾勒了五四運動中，由文藝復興與啟蒙運動所呈現的兩種對照的規劃。儘管「啟蒙運動」這一詞語直到1936年才用之於五四，但馬克思主義的規劃本身在1920年已經啟動，至少，那時陳獨秀(1879-1942)把深具影響力的《新青年》（亦稱作 La Jeunesse）從北京移到上海，也把雜誌轉型為「《蘇聯》(Soviet Russia)」——亦即紐約共產黨周報——的「中國版」(Chow 1960: 250)。這也使得新青年社之中，陳獨秀領導下的左翼，與北京以胡適為首的自由派右翼之間，產生了分裂。自此，左翼開始積

極地參與不斷擴大群眾的組織與動員，將五四轉向政治革命；
反之，自由派人士繼續在文化與思想畛域，發展原先的文藝復
興規劃。

現在，關於文藝復興規劃，我必須作進一步的釐清。晚近
以啓蒙運動替代文藝復興來作爲五四的描述，一如上文所言，
根本上緣於1930年代中國馬克思主義者的努力。基於這一原
因，我認爲，在五四作爲啓蒙運動的馬克思主義詮釋，與五四
作爲文藝復興的自由主義詮釋之間，作一鮮明的對照是很有用
的。我所指的「啓蒙運動規劃」因而實質上是馬克思主義規劃；
但我絕非暗示說，從啓蒙運動的角度理解五四的人，都必然同
意馬克思主義的觀點。正如我在上文已提出的，如果一定要在
五四與啓蒙運動之間作某種比附，我們不難找到許多令人信服
的理由；不過在歷史研究中是不是必須採用比附的研究方式，
其本身則是大有問題的。有趣的是，胡適的另一及門弟子，也
是《新潮》創辦人之一的羅家倫（1897-1969），在很多年後，也
將五四與啓蒙運動相提並論。他說：「五四是代表新文化意識
的覺醒。……正似18世紀歐洲的啓明運動……18世紀歐洲的啓
明運動的健者如伏台爾、盧騷、第德羅、孟德斯鳩等以猛烈的
批評，來廓清陳腐思想的障礙，而以科學的態度、自由的精神，
不僅重定文學哲學的趨向，而且審核政治社會的制度。」（轉引
自Schwarcz 1986: 256）[6] 羅家倫捨文藝復興而運用啓蒙運動來作比

---

6 許孝炎在1920-1926年間是北京大學的學生。1973年5月4日，他在香港
  的演說裡，也將五四文化運動特徵化爲「啓蒙運動」（參見周陽山編，
  1979：679-685）。

附，最有可能是受李長之(1910-1978)的影響。1940年代羅家倫任中央大學校長期間，李長之正在那裡執教。

　　對於中國和歐洲的文學與哲學傳統同樣熟悉的李長之評論五四作爲一種文化運動，提出了別開生面的觀察。他從學術思想的角度出發，仔細衡量了上述兩種關於五四的比附概念的正反議論，得出結論說：與五四真正相似的並非文藝復興，而是啓蒙運動。但他得到這一結論，跟馬克思主義新啓蒙運動毫無關聯，而且是基於完全不同的理由。他是要頌揚文藝復興，貶低啓蒙運動。根據他的看法，五四心態是理性的、批判的、懷疑的、破壞偶像的、實踐的、科學的以及反形而上學的，就這些特徵而論，將五四等同於啓蒙運動是完全持之有故的。然而，這種啓蒙運動心態的主要困境在於膚淺；它無法欣賞任何思想深邃的事物。於是，在哲學上，杜威(Dewey)、赫胥黎(Huxley)、達爾文(Darwin)與馬克思(Marx)風行一時，而柏拉圖(Plato)、康德(Kant)與黑格爾(Hegel)則無人問津。他進一步指出，五四的精神與文藝復興正好相反，因爲文藝復興在定義上是古典傳統的回歸與復興；五四的知識人表明他們既不欣賞自己的舊傳統，也不了解西方的古典文化。孔子被猛烈地抨擊爲「封建秩序」的辯護者，至於柏拉圖則被摒之爲純粹的「玄學家」。西方學者爲胡適貼上「中國文藝復興之父」的標籤，便是一種誤稱的典型例子。儘管李長之有嚴厲的批評，但我必須接著補充說，他對於五四作爲一種文化運動，並非全然持否定的態度。五四通過破壞工作，清掃了舊文化的基礎，從而爲中國開啓了文化重建的真正可能性。但重要的是，他總結道：必須超越啓蒙運

動，開啓真正的中國文藝復興（李長之，1946：14-22）。他對「文藝復興規劃」的修正版本，在戰火彌漫、政治兩極化的1940年代中國的思想界，似乎未引起熱烈迴響。但是，今天新一代的中國知識人逐漸擺脫馬克思主義的實證思維模式，踏上人文科學的「註釋轉向」（interpretive turn），卻開始對他的論點發出一種共鳴的聲音（參見李振聲，1995；Hiley, Bohman and Schusterman 1991）。

關於李長之對五四的重新評價，我特別感到興趣的是：他公開承認，五四作爲一種文化運動，首先必須清楚地理解爲一種文化外借的運動；或者用他的話說，一種移植西方文化到中國的運動，然而並沒有在中國的土壤中生根（1946：12-13，19-20）。當然，這是一個明顯的事實。爲什麼我竟重視這一人人皆知的事實呢？我相信，基於幾種理由，它值得注意。第一，就我所知，沒有人如此強調，且這麼嚴肅地陳述這一淺顯的事實。其次，這一陳述基本上是對的，但仍不免有點誤導；我們不禁要問：難道五四時期激動了無數中國知識人的那些西方觀念和理論，都是一些不相干的舶來品，在當時中國的文化事實中完全沒有任何立足點嗎？我在其他地方也曾試圖說明，19世紀晚期與20世紀早期的中國知識人，一般說來，會真正熱心回應的，只有在他們的傳統裡產生迴響的那些西方價值與理念（余英時，1995）。最後，這一淺顯的事實根本動搖了在五四與文藝復興或啓蒙運動之間建立比附的基礎。原因不難找尋：在它自己的歷史脈絡中，無論是文藝復興還是啓蒙運動都不是文化外借的結果；兩者都是歐洲文化歷經好幾世紀的內在發展與成長

之後才開花結果的。爲了釐清五四作爲一種文化運動的性質，我想進一步評論的正是最後這一點。

　　首先，我提議在中國史的研究中，完全拋棄比附。如果我們既不承認歷史有通則，也不視歐洲歷史經驗的獨特形態爲所有非西方社會的普遍模式，那麼我們又何須提出關於中國史上是否有文藝復興或啓蒙運動這類的問題呢？我們只要如實地發掘五四運動的真相，便足夠了。一如李長之正確觀察到的，它首先是回應西方理念刺激的一種文化運動。五四的知識人確實有意識地從文藝復興與啓蒙運動那裡借來了若干理念。正因如此，我們無論用兩者之中的任何一個來詮釋五四，都可以言之成理。但同一段時期，除了文藝復興與啓蒙運動之外，各式各樣不同時代的西方觀念和價值也被引介到中國。這一簡單事實便足以說明：五四既非中國的文藝復興，也非中國的啓蒙運動。要是我們把比附的思考推展至其邏輯的極端，那麼我們勢必要把好幾世紀的歐洲歷史，擠進20世紀中國的十年或二十年之內，不用說，這是極其荒謬的。

　　一旦我們不再固執於死板的比附，我們便能夠開始從五四本身的角度去了解五四。在我稍早對20世紀中國的激進化所作的研究中，我指出，五四期間，以1917年的文學革命爲嚆矢，現代中國在激進主義的發展過程裡，發生了某種典範的變遷（paradigmatic change）。從那時候開始，不論批判傳統或提倡變革，中國的知識人幾乎必然地訴諸某些西方理念、價值或制度，以作爲正當性的最終根據（Yu 1993: 130）。在當前討論的脈絡中，我還要補充一句，相同的原則也適用於五四時期的中國守

舊派，因他們在維護中國傳統時，也多半求助於西方的作者。
李長之將五四界定為西方文化向中國移植，也涵有這個意思，
即西方文化從此在中國成為一切判斷的標準。如果我們把「啓
蒙」的概念當作一個隱喻，而不用之於比附，我們可以說，五
四在一個最基本意義上與歐洲的啓蒙運動截然不同。啓蒙運動
的哲士在抨擊基督教、經院哲學與「黑暗」中古時，他們是用
古希臘和羅馬經典來武裝自己的。換句話說，他們接受了西方
內在之光的引導。相形之下，為了見到白晝的光明，五四知識
人必須走出黑暗的洞穴──中國，而引導他們的光照則來自外
部──西方。或者，借用毛澤東的名言，「19世紀以來」，中
國一直「向西方尋找真理」。

　　初期，五四也以「新文化」或「新思潮」的名稱在中國廣
泛流行，而這樣的名稱反而比「文藝復興」或「啓蒙運動」似
乎更能表達歷史真相，也比較不會引起誤解。事實上，以「新
文化」等同於五四，至少在中文著作裡，比起其他用語，更有
堅實的基礎。在這一關聯上，我想用胡適的定義作出發點，來
重新考察新文化這個觀念及其在中國20世紀思想史上的地位。
1919年，胡適的〈新思潮的意義〉一文，開宗明義即點出，「新
思潮的根本意義只是一種新態度」，這種新態度可叫作「評判
的態度」。該文稍後繼續列舉了三個特定的任務，並在下述的
評判精神指引下加以實踐：首先是「研究問題」。中國有很多
具體的問題──社會的、政治的、宗教的、文學的等等──都
需要我們立即關切。必須評判地研究它們，才能找出解決之道。
其次，輸入西方的新思想、新學術、新文學、新信仰。它們不

但滿足中國知識人的精神需求，而且在他們找尋中國具體問題的解決之道的過程中，可以提供理論引導。第三，則是在「整理國故」這一吸引人的口號之下，應用批判精神來研究中國的思想傳統。爲了自我了解，必須評判且有條理系統地重新考察中國的舊傳統。唯有如此，我們才能透過歷史觀點，對我們自己不同部分的文化遺產，有一客觀的理解，並決定它們的價值。最後，該文總結道，新文化運動的最終目的是再造中國文明（胡適，〔1930〕1986c：41-50）。

在此，胡適所提出的新文化規劃是以最廣闊的視野並在極高的層次上構想出來的。以這種方式定義的新文化運動，不僅僅是提倡西方價值與理念，諸如民主、科學、個人的自主性、女子解放等等；它的中心意義也不是局限於譴責中國傳統，包括儒家的理論與實際在內。從他的觀點來看，所有上述的實際問題——項目是無盡的——好像都可以納入「研究問題」的範疇。然而，胡適一方面在提倡輸入西方思潮與學術的同時，另一方面也著手「整理國故」；他似乎回到1917年提出的主題，亦即如何「將西方文明與我們自己文明裡最好的事物作成功的連結」。在此，我不打算詳評胡適的文章。相反地，我只想以它作爲出發點，指出探究五四思想史的一種新方式。

如果新思潮或新文化的中心意義是在批判精神指引之下研究西學與中學，而研究的目的又是使二者互相闡明以求最後獲得一種創造性的綜合，那麼「新文化」或「新思潮」的概念便必須擴大到可以包括參加了五四運動的每一個活躍分子。這樣一來，我們便立即發現：當時批評五四的所謂「守舊派」，也

和他們「進步的」對手一樣，不但具有批判的精神而且也採取了西化的立場。姑舉一例以說明我的論點。根據一般的看法，梁漱溟(1893-1988)是文化「守舊派」的一位典型代表。但是，他的名著《東西文化及其哲學》是否也當看作1920年新文化的一部分呢？令人訝異的是，胡適在1926年針對「中國文藝復興」的演講中，提出對該書的看法：

> 在歷史上我們首度察覺到一種新的態度，一種了解現代文明基本意義的欲望，以及了解西方文明背後的哲學。讓我引用中國學者梁漱溟的作品，作為此一新意識的最佳範例。……他呼喚出對新時代的思慕。他的著作受到廣泛的閱讀，而且從那時起，便有很多著作撰寫同一主題。……我可以指出，在這些討論中，一方面我們發現了一種完全新穎的態度，一種坦白承認我們自己缺點的態度，而這種缺點也是所有東方文明的缺點；另一方面，一種對西方文明的精神求了解的坦率而真誠的態度，不只是了解它的物質繁榮，而且是它所提供的精神的可能性。(Hu 1926: 273-274；亦參見馮友蘭，1984：201)

我徵引胡適的文字稍長，因為他的話對於我的論點是一個重要而又直接的印證。他在梁漱溟的作品中所察見的「新態度」，恰恰和他在1919年「新思潮的根本意義」中所描述的完全一致。胡適在這裡已明白承認，梁漱溟對東西文化及其哲學的研究正

是所謂的中國文藝復興的一個構成部分。

以下，我想引用梅光迪(1890-1945)的例子，支持我的主張。眾所周知，梅光迪是胡適青年時期最親密的朋友之一，由於梅光迪極端反對文學革命，他們在1917年才變成激烈的思想對手。

梅光迪與吳宓(1894-1978)同是白璧德(Irving Babbitt)重要的中國門徒。1922年，他們兩人所創辦的《學衡》(1922-1933)，正如1934年一位中國作家所生動描述的，支持「任何胡適博士反對的事物。《學衡》揭櫫的目的……是對抗白話運動，且竭力支持固有的寫作方式。它是一場失敗的戰役，然而終不失爲一場英勇的奮鬥」(溫源寧，〔1934〕1990：27)。因此，梅光迪與《學衡》被胡適與魯迅(1881-1936)等五四領袖輕蔑地斥之爲頑固的胡鬧(Chow 1960: 282; 參見魯迅，1973，冊2：98-101，114-116)。我們似乎可以由此斷定，梅光迪不但把他自己放在五四時期新文化之外，而且也是新文化最無情的一個敵人。然而，最近梅光迪致胡適的四十五封信第一次刊布了，這些信使我們對他與後來胡適所推動的新文化之間的關係，有了全然不同的認識。細節不必詳究，以下我只報告幾點我認爲是有意義的發現。

首先，1911年起，梅光迪寫了幾封長信給胡適，討論現代中國的儒學問題。此時，可能由於還籠罩在父親的影響下，胡適在相當大程度上仍是程朱理學的信徒。梅光迪激烈抨擊程朱的正統，並且敦促胡適轉向顏元(1635-1704)與李塨(1659-1733)之學。他認定顏李所強調的社會與政治實踐，在孔孟原始教義中具有核心的重要性，與程朱理學的玄想恰恰相反(耿雲志輯，1994，冊33：313-322，327-333，398-399)。一開始，胡適抗拒這種

建議（〔1927〕1986a，冊1：73，75）；然而，這爲他十幾年後熱心提倡顏李學派播下了種子（〔1927〕1986a：3-8）。

其次，梅光迪不僅相當不滿漢儒和宋儒，而且也嚴厲批評當時中國極爲風行的國粹派，認爲他們仍舊不加批判地接受傳統的經典注解（耿雲志輯，1994，冊33：387-389）。他的目標在於儒學傳統與西方文化的高度綜合。這勢必要兩個階段才能實現：徹底淨化過去兩千年來的儒學傳統，以及牢固掌握歐學，探其文化之源。他說，中國古籍現在必須根據西方的知識分類如文學、哲學、法學等等來重新加以研究（耿雲志輯，1994，冊33：334-336）。

第三，在1916年3月19日的信中，梅光迪說：「將來能稍輸入西洋文學智識，而以新眼光評判固有文學，示將來者以津梁，於願足矣。……來論宋元文學，甚啓聾瞶，文學革命自當從『民間文學』（folk, popular poetry, spoken language）入手，此無待言。惟非經一番大戰爭不可，驟言俚俗文學必爲舊派文學所訕笑、攻擊，但我輩正歡迎其訕笑、攻擊耳。」（耿雲志輯，1994，冊33：436-437）由這封信看來，儘管梅光迪極不同意胡適的文學品味，但在胡適的文學革命早期，他事實上是個熱忱的參與者。此外，我也把胡適所引用的梅光迪來信，與原文作過詳細核對。毫無疑問，胡的引文斷章取義，以致把梅光迪塑造成文學革命的反面人物。在這些信裡，梅光迪不斷試圖把他的立場向胡適說清楚：他同情文學革命，但是無所節制地美化白話，他則無法贊同。他斬釘截鐵地告訴胡適，他在破除偶像上不輸給胡適（耿雲志輯，1994，冊33：450）；他不輕易附和文學與藝術的「新潮流」，

並非他「守舊」，而是因爲他 "too skeptical, too independent"（太過懷疑，也太富於獨立精神。譯按：這兩句話在梅氏原信中本是英文）（耿雲志輯，1994，冊33：443）。根據這些新證據，我們幾乎可以肯定，正是胡適在論辯中不斷滋長的激進主義，才一步一步地把梅光迪推向極端的保守主義。然而，要是梅光迪在1952年還活著的話，他也許會有一種沉冤昭雪的快意，因爲那時候，輪到胡適對於美國學院裡的「新詩」和「新文學」發生徹底的厭惡了（1990，冊17：1952年2月25日）。

最後，梅光迪的政治與社會觀一如胡適，始終是穩健的自由派。他自始支持共和革命，後來袁世凱(1859-1916)背叛民國，他是完全同情國民黨的。對於胡適在美國的雜誌上發表反對袁世凱的聲明，他雖與胡適在文學與哲學上有重大分歧，卻仍然向胡適表示敬意。他甚至主動寫信給革命領導人黃興(1874-1916)，推荐任命胡適爲共和事業的發言人。用他自己的話來說，「足下爲民黨，多爲文字，以轉移此邦諸議，有爲胡君適之者，久兼中西語，留學界中，絕無僅有」（耿雲志輯，1994，冊33：437-438）。在1916年12月28日的信中，他繼續針對文學革命與胡適辯論，他以和解的聲調，試圖在一般「人生觀」上，與胡適達成基本共識。他誠摯地建議胡適，他的白璧德式人文主義與胡適的杜威式實驗主義，彼此間所具有的共同處，遠大過差異處。兩者皆支持改革，惟有一個重大的差別：白璧德認爲，應從個人著手，而後逐漸擴展至全社會，而杜威似乎對這種改革流程，採取相反的看法（耿雲志輯，1994，冊33：464-466）。此外，儘管強烈迴護孔孟的道德信念，梅光迪徹底拒絕作爲一種政治意

識型態的帝國儒學。他責難漢宋儒者將儒教曲解爲替專制政治與
社會不均服務，也一再譴責「三綱」的說法(耿雲志輯，1994，冊
33：374-375，384-387)。像這類的反傳統的激論如果也出現在《新
青年》裡，不會有人想到，這些說法的作者身分是個《學衡》創
刊成員。這解釋了爲何遲至1922年，他還毫不猶豫、不隱瞞地稱
讚胡適的自由主義政治觀(胡適，〔1924〕1986d：61)。

　　梅光迪與《學衡》的例子提出了一個嚴肅的問題，亦即五
四時期新文化的真正身分。首要的是，假使一如胡適的定義所
提示，新文化中由輸入中國的西方理念組成，那麼對中國五四
思想界而言，明顯地，白璧德式的人文主義正好與杜威式的實
驗主義同樣「新穎」。就某種意義說，胡適及其追隨者與梅光
迪和《學衡》之間的衝突，或可視爲杜威式的實驗主義與白璧
德氏的人文主義之間的對抗，從美國移轉到中國來了[7]。這相當
正常，因爲在文化外借的過程中，只要有人拾取了一種外來思
想，便不可能不引起另一個人對於這一思想的對立面的注意。

7　Thomas R. Nevin將白璧德與杜威作了以下的對比：「他重視意志，而
　以理智爲其伙伴，這使他與當時主導性的哲學趨勢，特別是受杜威影
　響的那些趨勢，有著一種互相協調的基礎。但白璧德的焦點在於内心
　與個人，是對於潮流的反抗。他輕蔑解決問題的科學技術，然而他也
　擔心其對人文價值的侵蝕。他認爲，同時代的『工具論者』與工程師
　的樂觀主義，無確定根據，又誤入歧途，因爲不論如何靈巧規劃或付
　諸實驗，始終沒有任何社會能夠躲開人性脆弱的大問題。希臘悲劇詩
　人、但丁與歌德(Goethe)的作品以及人文修養均衡者的智慧無不顯示
　出：人性的脆弱是無法消除的。」(1984: 147)。這段話完全適用於梅
　光迪與胡適之間的思想緊張關係，包括前者試圖讓他的白璧德式人文
　主義與胡適的杜威式實驗主義作調和。

那麼我們能夠視白璧德式人文主義，爲五四時期新文化的一部分嗎？至少，五四運動的著名成員梁實秋(1901-1987)與林語堂(1895-1976)，都以肯定的語氣答覆了這個問題。1924-1925年，梁實秋在白璧德的門下作研究，他回到中國後，對白璧德的古典人文主義深爲信服。1920年代晚期，他選收了許多《學衡》上的文章，主編了一本討論白璧德的文集，且以《白璧德與人文主義》的書名刊行。該指出的是，發行者不是別人，正是上海的新月社，這是當時以胡適爲護法的新文化的根據地(梁實秋，〔1963〕1969：57-64)。1919-1920年間，在哈佛跟隨白璧德作研究的林語堂，也寫信告訴胡適，與白璧德談話的期間，他察覺到胡適對白璧德的觀點有某些誤解。然而，他補充說，白璧德雖說反對每一現代事物，但他對視最新爲最好這種尚新心態(neoteric mentality)的批評仍舊是對的。對林語堂而言，中國文學革命能在白璧德與梅光迪這類人身上得到一種自覺而又具反思性的抗爭，是一件大好事(耿雲志輯，1994，冊33：314-315)。胡適與魯迅把梅光迪和《學衡》完全擯在新文化之外，不用說，梁實秋和林語堂顯然並未接受這一黨同伐異的精神。有趣的是，正如1980年代以降，白璧德在美國引起了新的注視(Nevin 1984; Schlesinger 1986)，1970年代以降，中國知識人也重新發現了梅光迪和《學衡》的涵義(侯健，1974；林麗月，1979；李賦寧、孫天義、蔡恆編，1990)。現在，似乎愈來愈有必要在陳獨秀與魯迅的激進主義和胡適的自由主義之外，將梅光迪和吳宓的文化保守主義，置於與五四新文化的同一的論述結構之中(林麗月，1979：396-402；樂黛雲，1990：255，264-266)。

在結束我的反思之前，我想稍微談談胡適的新文化規劃的另一部分──「整理國故」。這是一個對於中國傳統所有方面進行歷史研究的廣大領域。如果我們必須將「國故」學者包括在五四新文化之內，那麼「新文化」這一概念便更不能不隨之擴大了。舉幾個例子便足以說明問題。普遍被認為是最具「科學心靈」與原創性的古代史家之一的王國維(1877-1927)，政治上是效忠清廷，文化上則是極度守舊。在中古史研究中獨領風騷的陳寅恪(1890-1969)，政治上與文化上都是保守主義者，終其一生未嘗以白話文寫作。但是另一方面他又毫不諱飾地指出，自先秦以降，中國不只在科學方面，而且在哲學與藝術方面也不如西方(吳學昭，1992：9-13)。中國佛學史權威湯用彤(1893-1964)，實際上是《學衡》的撰稿人，而且，一如陳寅恪，始終使用文言文寫作。不用說，他們三人都不同情狹義與廣義的五四運動。但在國故領域，胡適對他們都推崇有加，也在他們身上找到一種精神的契合。他們對胡適也偶爾予以善意的回報。我們如以狹義的五四標準來衡量「國故」學者，諸如白話文、實證主義心態、反傳統主義、政治激進主義或自由主義、倫理相對主義、社會平均主義、個人主義等等，那麼他們之中的大多數而且是最有成就的都必須排除在這時期的新文化之外。這樣一來，所謂新文化還剩下什麼呢？那將只剩下一個純文字的世界，在這個世界中唯有意識型態衝突的種種胡言亂語，而思想和知識卻不可想像的貧乏。

貝爾(Daniel Bell)曾描述自己為「經濟上的社會主義者，政治上的自由主義者以及文化上的保守主義者」(Bell 1978: xi)。我

相信，同樣的描述方式——當然，有非常多種可能的組合，——
也可以用之於概括五四時期的中國知識人。對不同的人而言，五
四始終是也仍舊是很多不同的事物。對我而言，根本上它是一個
文化矛盾的年代，而矛盾則注定是多重面相的（multidimensional），
也是多重方向的（multidirectional）。我無論如何也沒有辦法把它看
做是一個單純而又融貫的運動，導向某一預定的結局，好像受
到一種歷史的鐵則的支配一樣。在我看來，每一個五四知識人
都似乎是獨特的，他們之中，很多人都隨時在改變自己的想法，
既快速，又劇烈。一如革命前的俄國知識人，他們「可以是早
晨的西化派，下午的斯拉夫文化擁護者（Slavophil），而晚餐後則
批評一切」（Greenfeld 1992: 270）；而五四的知識人，即使不是在
幾天和幾星期之內，也能在幾個月的期間裡不斷移轉他的立
場。當然，在廣義的五四運動中，我們也未嘗不能模糊地看出
若干較大的思想類型和某些理念模式；但是，整體而言，概括
論斷這些類型和理念則是極端危險的。強森（Samuel Johnson）將
啟蒙運動中的文人共和國描述爲「心靈社群」（community of mind）
的展現，因爲在那個共和國裡有某種共同的核心（轉引自 Gay
1966: 39）。因此，所謂「啟蒙運動規劃」當然是一個可以談論的
題目（MacIntyre 1984: 117-118; Bernstein 1992: 202-208）。但對照之
下，五四的思想世界由很多變動中的心靈社群所構成；於是，
不僅有許多不斷變動又經常彼此衝突的五四規劃，而且每一規
劃也有不同的版本。或許，關於五四我們只能作出下面這個最
安全的概括論斷：五四必須通過它的多重面相性和多重方向性
來獲得理解。

徵引書目

《哲學大辭典》（上海：辭書，1985）。

毛澤東
　　1969　《毛澤東選集》（北京：人民），共四冊。

何干之
　　1947　《中國啓蒙運動史》（上海：生活）。

余英時
　　1976　〈文藝復興與人文思潮〉，收入氏著，《歷史與思想》（台北：
　　　　　聯經），頁305-337。
　　1984　《中國近代思想史上的胡適》（台北：聯經）。
　　1995　〈現代儒學の回顧と展望〉，《中國：社會と文化》10（6月）：
　　　　　135-179。

吳學昭
　　1992　《吳宓與陳寅恪》（北京：清華）。

李長之
　　1946　《迎中國的文藝復興》（上海：商務）。

李振聲
　　1995　〈敬畏歷史，尊重歷史〉，《讀書》（七月號），頁27。

李賦寧、孫天義、蔡恆編
　　1990　《第一屆吳宓學術討論會論文選集》（西安：陝西人民教育）。

李澤厚
　　1987　《中國現代思想史論》（北京：東方）。

周陽山編
　　1979　《五四與中國》（台北：時報文化）。

林麗月
　　1979　〈梅光迪與新文化運動〉，收入汪榮祖編，《五四研究論文
　　　　　集》（台北：聯經），頁383-402。

林毓生等

　　1989　《五四：多元的反思》（香港：三聯）。

侯外廬

　　1956　《中國早期啓蒙思想史》（北京：人民）。

侯　健

　　1974　《從文學革命到革命文學》（台北：中外文學月刊社）。

胡　適

　　〔1927〕1986a　《戴東原的哲學》（台北：遠流，再版）。

　　〔1939〕1986b　《胡適留學日記》（台北：遠流，再版），共四冊。

　　〔1930〕1986c　《胡適文選》（台北：遠流，再版）。

　　〔1924〕1986d　《我們的政治主張》（台北：遠流，再版）。

　　〔1970〕1986e　〈五四運動是青年愛國的運動〉，收入《胡適演講
　　　　　集》（台北：遠流，再版），冊4，頁133-134。

　　〔1970〕1986f　〈中國文藝復興運動〉，《胡適演講集》（台北：
　　　　　遠流，再版），冊1，頁178。

　　1990　《胡適的日記》（台北：遠流，再版），共18冊，原始手稿照
　　　　　像複製，未標頁數。

耿雲志輯

　　1994　《胡適遺稿及秘藏書信》（合肥：黃山），共42冊。

高文華

　　1982　〈1935年前後北方局的情況〉，收入《中共黨史資料》（北京：
　　　　　中共中央黨校），頁184-188。

梁實秋

　　〔1963〕1969《文學因緣》（香港：文藝書屋，再版）。

梁漱溟

　　〔1920〕1977《東西文化及其哲學》（台北：問學，再版）。

陸　璀

1995 《晨星集》（北京：人民日報）。

傅斯年

1952 〈新潮之回顧與前瞻〉，收入《傅孟真先生集》（台北：台灣大學），冊1（上篇，甲），頁210-211。

傅樂成

1969 《傅孟真先生年譜》（台北：傳記文學社）。

馮友蘭

1984 《三松堂自序》（北京：三聯）。

溫源寧

〔1934〕1990 "Mr. Wu Mi: A Scholar and a Gentleman"（英文），收入黃士坦編，《回憶吳宓先生》（西安：陝西人民），頁24-28。

葉永烈

1990 《陳伯達》（香港：文化教育）。

樂黛雲

1990 〈世界文化對話中的中國現代保守主義〉，收入李賦寧、孫天義、蔡恆編，《第一屆吳宓學術討論會論文選集》（西安：陝西人民教育），頁253-275。

魯 迅

1973 《魯迅全集》（北京：人民文學），共20冊。

Becker, Carl L.

1932 *The Heavenly City of the Eighteenth-century Philosophers* (New Haven: Yale University Press).

Bernstein, Richard J.

1992 *The New Constellation: The Ethical-Political Horizons of Modernity/Postmodernity* (Cambridge, Mass.: MIT Press).

Bell, Daniel.

1978 *The Cultural Contradictions of Capitalism*(New York: Basic

Books).

Chow, Tse-tsung.

　1960　*The May Fourth Movement*(Cambridge, Mass.: Harvard University Press).

Fairbank, John K.

　1982　*Chinabound: A Fifty-year Memoir*(New York: Harper & Row).

Gay, Peter.

　1966　*The Enlightenment: An Interpretation; The Rise of Modern Paganism*(New York: Knopf).

Greenfeld, Liah.

　1992　*Nationalism: Five Roads to Modernity*(Cambridge, Mass.: Harvard University Press).

Grieder, Jerome B.

　1970　*Hu Shih and the Chinese Renaissance*(Cambridge, Mass.: Harvard University Press).

Hiley, David R., James F. Bohman and Richard Schusterman, eds.

　1991　*The Interpretive Turn: Philosophy, Science, Culture*(Ithaca: Cornell University Press).

Hu Shih

　1926　"The Renaissance in China," *Journal of the Royal Institute of International Affairs*, 5(Nov.): 266-283.

　1934　*The Chinese Renaissance*(Chicago: University of Chicago Press).

　1960　"The Chinese Tradition and the Future," in *Sino-American Conference on Intellectual Cooperation: Report and Proceedings* (Seattle: University of Washington, Department of Pubications and Printing), pp. 13-22.

Liang Ch'i-ch'ao

　1959　*Intellectual Trends in the Ch'ing Period*, Trans. by Immanuel C.
　　　Y. Hsu.(Cambridge, Mass.: Harvard University Press).

MacIntyre, Alasdair C.

　1984　*After Virtue: A Study in Moral Theory*. 2nd ed. (Notre Dame,
　　　Ind.: University of Notre Dame Press).

Nevin, Thomas R.

　1984　*Irving Babbitt: An Intellectual Study*(Chapel Hill: University of
　　　North Carolina Press).

Schlesinger, Arthur M., Jr.

　1986　"Democracy and Leadership," in his *The Cycles of American
　　　History*(Boston: Houghton Mifflin Company), pp. 419-436.

Schwarcz, Vera.

　1986　*The Chinese Enlightenment: Intellectuals and the Legacy of the
　　　May Fourth of 1919*(Berkeley: University of California Press).

Yu Ying-shih

　1993　"The Radicalization of China," *Daedalus*, 122. No. 2(Spring):
　　　125-150.

胡適「博士學位」案的最後判決

　　最近因為校補〈從《日記》看胡適的一生〉（摘要刊《萬象》 2004年7月號），意外地發現了幾條新證據，足以徹底解決胡適 的「博士學位」的疑案，現在特寫此文，以備他日拙作《重尋 胡適歷程》再版時補入。本文分為兩節，但彼此密切相關，可 以算是上下篇。篇末則綜述先後考據所得，作為全案的最後判 決書。

上篇　胡適為什麼轉學到哥倫比亞研究院？

　　胡適為什麼不在康大哲學系完成博士學位而必須轉入哥 大，投在杜威門下？關於這個問題，他的《留學日記》並沒有 留下清楚的記載。到現在為止，有關他的年譜、傳記等也都視 為當然，未加注意。我在原文中則推測他的轉學是因為思想路 數與康大的德國唯心論不合，早已傾向於杜威一派的實驗主

義。但是我最近偶然在他的英文信中發現了一條極其重要的材料，才知道我的推測不免倒果為因，與實際情況大有距離，必須修正。以下讓我先將新材料介紹出來，然後再根據《留學日記》及其他文件略作箋釋。

　　1927年1月14日，胡適重回紐約的第三天，寫了一封長信給綺色佳的女友韋蓮司，其中有下面一段重要的回憶：

> 我寫了一封長信給狄理（Thilly）教授，向他報告我的近況。我很難過他以為我對（康大的）哲學系沒有興趣。其實，我對哲學系教授的感激是超過他們所知的。我在康奈爾人緣太好，活動太多，這對我的功課是不好的。狄理教授從不掩飾，他對我外務太多感到不快。別的教授，尤其是克雷敦（Creighton）教授也覺得不高興。我清楚地記得有一件事讓克雷敦教授非常不愉快。有個日本佛學教授要來康奈爾演講，克雷敦教授要我去車站接他。我沒能接受這個差使，因為那天我自己在波士頓有個演講。我看得出來，克雷敦教授很不高興，而我也覺得很難過，因為他是我最想討好的一個人。
> 我的哲學教授們對我所做最好的一件事是他們在1915年沒讓我通過哲學系塞基獎學金（Sage Fellowship of Philosophy）的〔申請〕。這個事情把我從睡夢中驚醒。為了自己能專心於學業，我決定把自己隱沒在一個像紐約這樣的大都市裏。在1915到1917兩年之間，我非

常用功。這些刺激全是來自康奈爾的教授。我不想讓
他們失望，他們所寄望於我的，顯然比我表現出來的
要高。

這是我第一次用英文來説這件事。可是我經常把這個
故事告訴我在北京的學生，和我在中國的朋友。我告
訴他們：「成功常常慣壞一個年輕人，而失敗卻能致
以激勵。」我的事業是由兩個重大的失敗所決定的：
第一件是1910年的一個夜晚，我喝得大醉，和巡捕打
起來了，並受了輕傷──這件事讓我反省，結果我進
了美國大學；第二件事是我在康奈爾沒取得獎學金，
這讓我用功學習，以試著為自己贖罪。

我沒敢把這件事全告訴狄理教授，我怕他以為，我對
系裏的決定懷恨在心。其實，我對這件事總是深懷感
念。聽到克雷敦教授死訊時，我激動得流淚，想到他
恐怕永遠不會知道我是如何感激他和他的同事。

我會感到極為高興，如果你能設法將此事告訴狄理教
授，或者把這封信給他看。[1]

這是一段相當真誠的「自白」(confession)，第一次向韋蓮司傾吐。
他初返美國，首先便記起十二年前(1915)這段往事，更可見這件

1　"To E.C. Williams, Jan.14,1927"，收在《胡適全集》卷四十《英文信
　　函》(一)(合肥：安徽教育出版社，2003)，頁247-248；譯文見周質
　　平編譯，《不思量自難忘──胡適給韋蓮司的信》(台北：聯經，
　　1999)，頁158-159，引用時略有改動。

事深刻心中，無日或忘，其意義絕不尋常。

　　信中說，他回國後經常對學生和朋友說這個故事，以爲「少年得志」之戒。這大概是可信的，因爲他晚年在《口述自傳》中也提到這件事。他說：

> 當然我也受演講之累。其中最明顯的一次，便是在我就讀研究院第二年(1915)時，我的獎學金被校方停止了。
>
> 康奈爾大學的哲學系亦名「塞基哲學院」（Russell Sage School of Philosophy），其基金原是虜索・塞基家庭捐資設立的，並另設塞基哲學獎學金以資助哲學研究生。我進康奈爾大學研究院時本來就領有該項獎學金，但是當我於1915年申請延長時，卻被校方拒絕了。那專司審查獎金候選人的指導委員會主席狄理（Frank Thilly）教授便坦白相告，說我在講演上荒時廢業太多，所以哲學系不讓我繼續領取該項獎金。[2]

　　這段口述和前信完全相印證，當是實錄。他在研究院第一年已取得這項獎學金，即《留學日記》卷四所記「請得畢業助學金」（Graduate scholarship）。信中又提到他因有波士頓演講之約，以致不能從克雷敦之命，接待日本的佛學教授。這也可以在《留學日記》中得到證實。1914年5月他獲得「卜朗吟徵文獎」（"Corson

---

　　2　見《胡適口述自傳》，收在《全集》卷十八，頁204-205。

Browning Prize")之後，紐約州各地報章競相傳播，使他頓時成爲
美東中國留學生中的一位「名人」。因此，1915年1月19日波士
頓卜朗吟會（Boston Browning Society）特請他去講「儒教與卜朗吟
的哲學」（見《留學日記》卷八〈再遊波士頓〉）。兩三個月後，克
雷敦必曾在獎學金審查會議中將這件事反映了出來，以致狄理
及其他系中同事也都認定他講演太多，對於哲學專業已失去了
興趣。他的申請便是這樣被否決的。

　　獎學金申請的否決表示康大哲學系──至少狄理和克雷敦
兩位主要教授──對於支持胡適繼續研究的熱誠已大大降低
了。胡適當然聞弦歌而知雅意，所以他在接到系中通告以後（當
在4月，與上年同），便積極進行轉校的事。《留學日記》對此事
一字未提，但7月5日一條記事卻洩漏了其中消息：

　　　　此間不可以久居矣。即如今日下午，方思閉戶讀書，
　　　　甫盡二十頁，而呂君來訪。呂君去而Mr. Coughram來
　　　　訪。未去而Mr. Theodore來訪。而半日之光陰去矣。
　　　　吾居此五年，大有買藥女子皆識韓康伯之慨。（按：韓
　　　　康，字伯休，見《後漢書・逸民傳》。原文作「公是韓伯休
　　　　耶？」故「韓康伯」是胡適的誤憶。）酬應往來，費日力
　　　　不少，頗思捨此他適，擇一大城如紐約，如芝加哥，
　　　　居民數百萬，可以藏吾身矣。（卷十「思遷居」）

他在1927年致韋蓮司信中所謂「人緣太好」（"too popular"），可
引此條爲之註釋。但此條必須與他在九天以後（7月14日）給韋蓮

司的另一信合讀。

> 我決定明年(按：指下學年，1915-1916)離開綺色佳。長
> 時以來，一直考慮哥倫比亞。我詢問並收到了哥大圖
> 書館有關中國哲學藏書的一份資料，我也給芝加哥大
> 學寫了信，但目前就我所知，哥大是較好的選擇。等
> 到收到正式通知，我就會作出去哥大的最後決定了。
> 學校決定了，我論文的題目也就定下來了——「古代中
> 國非儒家的哲學家」。當然，這個題目還可能改變。[3]

　　信中「長時以來，一直考慮哥倫比亞」一語，顯示他向哥
大和芝大兩校接洽轉學，至少當在兩個月以上，7月初已是等候
正式通知的最後階段了。

　　綜合以上一切資料，我們現在完全可以斷定，胡適從康大
轉到哥大實在是出於不得已，並不是本來計畫如此。狄理教授
既當面告訴他「在講演上荒時廢業太多」，表示對他繼續攻讀
哲學已失去信心，他在驚愧交併之下一定感到再也無顏留在綺
色佳了。

　　上引1927年給韋蓮司的長信是胡適傳記中最重要的一件原
始史料，使我們確知1915年申請獎學金的挫折竟成他早期「兩
個重大的失敗」之一，與1910年在上海醉後和巡捕打架具有完

---

3 "To E.C. Williams, July14,1915"，見《全集》卷四十，頁114；譯文
　大體根據《不思量自難忘》，頁67。

全相同的意義。上海那次「失敗」使他痛自愧悔，下決心重新
用功，最後考取了官費留美。所以他自稱是「一次精神上的大
轉機」[4]。這第二次的「失敗」則是他生命中另一個「大轉機」，
其結果是他終於在兩年之內(1915-1917)完成了哥大的博士學
業。他的博士論文——《中國古代哲學方法之進化史》(他在《留
學日記》中的譯名，見卷十六「我的博士論文」條)——則構成《中
國哲學史大綱》上卷的前身(1919)，從此奠定了他在這一領域中
開新紀元的地位。下面讓我略說幾句關於這一「轉機」的心理
歷程，以結束上篇。

　　他在上引1927年長信中說，申請獎學金失敗「把我從睡夢
中驚醒」是一句很真實的心理描述。從《留學日記》看，他自
1913年以來便對講演發生了濃厚的興趣，並往往為演講受人稱
讚而沾沾自喜。1914年獲得「卜朗吟獎」以後，更是如此。這便
在哲學系主要教授克雷敦、狄理的心中留下了一個「荒時廢業」
的清晰印象。直到獎學金取消，他才從這一浮名的沉醉中完全
清醒了過來。1915年4月25日他演講歸來，寫下了下面這段話：

> 吾久決意不演說，此次不得已復為馮婦，今後決不再
> 演說矣(此但指學生時代)。吾三年中演說何啻七十次，
> 得益之多非言可罄，然荒廢日力亦不少，故此後決意
> 不再受演說之招矣。(《留學日記》卷九「赴尼格拉縣農
> 會演說」條)

4　見《四十自述》，《全集》本卷十八，頁92-98。

以時間推算，此條寫在獎學金取消之後，毫無可疑。「久決意不演說」一語也是事實，因爲早在九個月前（1914年7月24日）他最敬愛的朋友許怡蓀已有信勸誡他：

> 足下去歲來書，謂一身常羈數事，奔走外務，不識近來已能讀書否？想足下再留亦不過兩年，宜多讀書，且於學位亦宜留意圖之。蓋發心造因，期挽末劫，不得不於足下望之也。（《留學日記》卷五「錄怡蓀來書」條）

他特別在日記中轉錄此信，便說明他已有所警惕，但狄理「荒時廢業」的當頭棒喝才真正使他「從睡夢中驚醒」，同時也更深切地體認到良友箴言的涵義。

胡適雖將1910年酒醉打架事件和1915年申請獎學金被拒相提並論，但後者在心理上造成的創傷似乎更爲深切。前一事他當時便寫入日記（見《藏暉室日記》1910年2月13日條），稍後又在《四十自述》中詳細描述。後一事卻在《留學日記》中找不到一點痕跡。晚年《口述自傳》提到這件事，但完全未說及它的影響。至於爲什麼轉學哥大，他仍然重複《留學日記》中「思遷居」一條的老話[5]。可見他雖然不避諱這件事，然而絕口不談他當時的感受。這種「欲語還休」的神情似乎只有一個解釋：他不願意去觸動這個心理上的舊傷口。如果不是他在1927年給韋蓮司的私信中傾吐心曲，我們將永遠不會知道這件事竟是他

5　《胡適口述自傳》，頁206。

生平「兩個重大失敗」之一，而且根本改變了他的人生旅程。如果不是因為這一挫折，他沒有理由會在最後兩年投入杜威的門下。不入杜門，他不但不可能成為實驗主義的信徒，而且也未必會寫出《中國哲學史大綱》。正如他在1915年7月14日給韋蓮司的信中所說（見前引），他的論文題目是因哥大的中文藏書而決定的。這樣看來，他失去塞基獎學金真可以說是塞翁失馬了。所以狄理、克雷敦的當頭棒喝對他實有再造之恩。關於這一點，他心裡是完全明白的；12年後他說，他對康大「哲學系教授的感激是超過他們所知的」，這句話是可信的。

　　這封1927年的英文長信揭開了胡適生命史上關係重大的一頁，這是不見於現有一切年譜、傳記的一個遺失了的環節。抓住了這一環節，我們才能認識到，他是抱著破釜沉舟的決心轉學到哥大的。在這一最強烈的動機驅使之下，他能夠在兩年之內完成博士學業是絲毫不必驚怪的。

下篇　胡適考過博士口試的新證據

　　在〈從《日記》看胡適的一生〉中，我已根據當時所見的資料，澄清了胡適1917年5月22日通過博士論文口試的問題。最近我在無意中發現了兩條第一手的證據，足以根本把所謂口試「不通過」或「大修通過」的嫌疑一掃而光。以下我將先介紹新資料，然後再說明其證據的作用。

　　(1)胡適在1922年1月為亞東版《先秦名學史》(*The Development of Logical Method in Ancient China*)所寫的一篇「略記」("A Note")

中說：

> 這部論古代中國邏輯方法之發展的專著是我在1915年
> 9月到1917年4月旅居紐約市時期寫成的。它已被哥倫
> 比亞大學哲學系接受，作為完成哲學博士學位的一部
> 份要求。……過去四年中我曾渴望能有機會，對這篇
> 論文進行一次徹底的修改。但工作的壓力使我無法達
> 成這一願望，這是此書遲遲未能出版的原因。在華的
> 英、美朋友讀過此書原稿的，都一再勸說我將四年前
> 的舊作照原樣刊印出來。我現在決定這樣做，雖然很
> 有些勉強……[6]

《胡適全集》的「編者」也特別註明：

> 本文為胡適的博士論文，寫於1917年。……略記
> (Note)和導論"Logic and Philosohpy"於1922年在國內付
> 印時所寫，由上海亞東圖書館出版。[7]

我們由此確知兩個基本事實：第一，1917年他的博士論文呈繳
後，當時便已為哥大哲學系所正式接受；第二，1922年亞東刊
本，除「略記」和「導論」之外，與1917年呈繳的論文原稿完

6　收在《全集》卷三十五，頁301-302。
7　同上，頁298。

全相同，並無改動。1926年12月《日記》記：

> 發電給亞東，請他們寄《名學史》一百冊到杜威處。

　　可知他1927年正式取得博士學位即是憑著1917年寫成的論文定稿。這一事實必須建立在一個絕對性的前提上面，即1917年5月22日的論文口試已順利通過。懷疑的讀者也許會追問：胡適在「略記」中的話可信嗎？其實這個疑問是完全多餘的。他寫「略記」時，所有當年的人證和物證俱在，包括杜威及其他口試教授以及在華的英、美友人、哥大哲學系紀錄及論文原文等。胡適縱使膽大包天也不敢公然說這種馬上便會被戳穿的大謊話。何況印本也是呈繳給哥大哲學系的，他如何敢妄言1917年的論文原來「已被哥倫比亞大學哲學系接受，作爲完成哲學博士學位的一部份要求」？
　　(2)1917年4月13日他有一封長信給韋蓮司，信末說：

> 我還在寫論文的結論。我把寫好的部份給了杜威教授，他對我所寫的非常滿意，並給了我許多鼓勵。我估計再一星期就可以整個寫完了。[8]

這真是一條鐵證，足以摧毀任何關於論文口試未通過的妄測。

8　"to E.C. Wiliams, Friday the 13th"，《全集》卷四十，頁181；譯文見周質平，《不思量自難忘》，頁116。

他的論文是4月27日寫完的，較信中的估計只遲了幾天（見《留學日記》卷十六「我的博士論文」條）。所以這不但是論文最後階段的當時證詞，而且是在私人通信中順便提及的閒話，其真實性絕無可疑。關於胡適的論文是否在口試中遭到試官群起而攻之待遇（可看唐德剛先生一段極生動而有趣的「想像」，見《口述自傳》第五章註，收在《全集》卷十八，特別是頁259），最主要的關鍵當然在於指導教授杜威對它的評價如何。但在這個具體問題上，我們過去因爲完全沒有資料可據，所以只好存疑。現在最可靠的新證據居然出現了，我們已確實知道，杜威讀過了除「結論」（"Epilogue"）以外的全部論文初稿，感到「非常滿意」並且給予「許多鼓勵」，那麼所謂「口試未過」的推測已徹底失去了存在的根據。他的論文是在4月27日完稿的，5月4日以定本送交系中（見《留學日記》卷十六「我的博士論文」條），而口試則在5月22日，中間只有十幾天的時間可供其餘五位試官評閱。所以他們在口試中最多只能就論文所涉及的一般性哲學或邏輯問題，要求作者進一步澄清，其中唯一的漢學教授夏德（Frederich Hirth）大概問了一些有關中國古代史和文獻的問題。指導教授杜威既已肯定了論文的價值，任何奇峰突起的意外是不可能在這一場最後的口試中發生的。

結語——最後的判決

　　自從1919年9月7日朱經農從美國寫信告訴胡適，梅光迪到處對人說：「老胡冒充博士」、「老胡口試沒有pass（通過）」，

至今已85年了。這85年中，這一流言不但始終未曾止息，而且有時還變本加厲，以致害得爲他寫年譜的人或奮起辯護(如胡頌平《胡適之先生年譜長編》)，或懸爲疑點(如曹伯言、季維龍《胡適年譜》)。總之，「胡適博士學位」變成了一件似乎永不能決的疑案。當年哥倫比亞大學資深教授富路德(Luther C. Goodrich)雖已正式出面說明此事「別無他因，只是『論文緩繳了』」[9]，但疑者自疑，根本置若罔聞。

　　這一現象是怎樣造成的呢？說穿了一點也不奇怪。1917年胡適提倡白話文學而「暴得大名」，正如15年後朋友贈詩所云：「珍重文場開國史，當年四海稱陳胡。」(《日記》1932年12月7日條)一夜之間他便成爲眾矢之的，也就是他所謂「箭垛式」的人物。他在思想上和政治上的敵人是數不清的，個個都想看他出乖露醜。「冒充博士」、「口試沒有通過」當然是他「出洋相」之最大者。這一流言既起，「批胡」的人便一擁而上，源源不斷，再也不用問其事是虛是實了。

　　胡適是一個「譽滿天下，謗亦隨之」的典型。但是我在1983年爲胡頌平先生《年譜長編》寫長序(〈中國近代思想史上的胡適〉)時已鄭重聲明：我對於他的思想的探究完全出於「毀」、「譽」以外的歷史興趣，唯一的指導原則是盡可能客觀地恢復它的「本來面目」。這次爲《日記全集》寫序，我的原則依然如故，即試圖將他的一生放在20世紀的歷史脈絡中加以清理，以追溯其全面的發展歷程。由於「博士學位」是他留學階段的一大疑案，

9　見《胡適口述自傳》，頁256。

它竟變成了我無法繞過的一隻攔路虎。因此我才不得不遍考《日記》、書信等原始史料，對此案進行一次徹底的清理。同時，胡適生前常常以「考據癖」自喜，我也忍不住「即以其人之道還治其人之身」，試一試「考據」究竟能不能解決這一長期未決的懸案。但這個具體問題只能有正、反和存疑三種可能的解答，因此我事先並未擇定其中任何一種爲假設，然後去求證。相反的，我假設三種可能都是存在的，我必須檢討一切文件中的證據，一心一意隨著證據走，看看我最後被引導到何處去。

初審的結果(見〈從《日記》看胡適的一生〉)，我已澄清「老胡冒充博士」、「老胡口試沒有通過」、「胡適口試大修通過」等說法都是莫須有的指控或猜測，無一絲一毫實證的支持。另一方面，我則根據《日記》指出，他的博士論文(即英文本《中國名學史》)是在1922年由上海亞東圖書館印行的。這是因爲哥倫比亞大學原有聘他在秋季前往任教一學年的計畫。他決定刊布論文顯然出於兩重考慮：一是作爲中國哲學史教材之用，一是在哥大面繳一百本印成的論文以完成博士學位的最後要求。但他後來改變了計畫，辭謝哥大的教職，因此論文也沒有寄出。直到1926年12月26日，他去哥大講學的事完全確定後，才從倫敦「發電給亞東，請他們寄《名學史》一百冊到杜威處」。五天之後(12月31日)他便啓程了。由此可見，繳論文、領博士證書的事對於他已完全無足輕重，只剩下一點情感上的價值(sentimental value)了。但當時年年都有去美國的機會，所以總想等到重返哥大時再親手完成這道手續，否則至遲在1922年他已可正式獲得學位了。

　　初審的結果我一一駁斥了控方關於「口試未能過」或「大修通過」的一切偽證，我的判決書是：除了因論文印本一百冊遲交十年之外，別無任何證據足以坐實他在口試中曾遭遇挫折的流言。所以此案自始至終都是莫須有的空穴來風。

　　此案到此本已審判終結，然而尚有餘波。胡適論他考據《水經注》的困難，曾說：

> 我因研究《水經注》大疑案，始悟中國向來的法堂審案的心理成見是不利於被告的。我寫英文Note述此案重審的結果，我祇須說 "There is absolutely no evidence that Tai Chen had seen or utilized the works of Chao and Ch'uan" 就夠了。（此語見他的 "A Note on Ch'uan Tsu-wang, Chao I-ch'ing and Tai Chen," in Arthur W. Hummel, Ed. *Eminent Chinese of the Ch'ing Period*, vol. II, p. 981。意即「絕對沒有證據顯示戴震曾見過或利用過全祖望和趙一清的書。」）但我寫中文報告時，才感覺這種說法不夠，——在中國人的心裡，「空穴來風，必有所自」，故被告必須提出有力的反證，單駁斥原告所提證據是不夠的。……「罪疑惟輕」，雖是比較文明的名言，但這還不夠。「罪疑惟輕」等於說「證據不夠，祇宜從寬發落」。這個從寬發落的人終身不能洗刷他的冤枉，不能恢復他的名譽。（《胡適日記》1944年10月7日條）

這一段分析中國人對於疑案的心理十分到家。初審之後我也有

同樣的感覺。我覺得如果不能提出積極的反證，仍不免有人會堅持說：這是「事出有因」，不過「查無實據」而已。但究竟是什麼樣的反證才能掃清這最後一點殘餘的疑雲呢？我當時設想，下面兩類反證是最有力的：第一是能證明1922年出版的《先秦名學史》即是1917年5月4日交到哥大哲學系的論文原本；第二是能證明1917年5月22日參與口試的六位教授，特別是指導教授杜威，對於論文曾有過肯定的表示。二者若得其一便可徹底摧破口試「不通過」或「大修通過」的流言；若二者俱備，那就更不用說了。但是我在寫〈從《日記》看胡適的一生〉時，一則因時間匆促，二則因手邊缺乏胡適的英文資料，對這兩類反證都只能交白卷。最近承友人周質平先生從北京攜回四十四卷本《胡適全集》相贈，我才有機會細檢他的全部英文論著和書信。在這次增補過程中，我所需要的兩類反證竟同時出現了，這實在超出了我事前最大的奢望。85年來的一件疑案終於完全消解，再也沒有爭論的餘地了。

　　然而案中有案，一波方平，一波又起，胡適攻讀博士學位畢竟不是一帆風順，他確實遭到過很大的挫折。出人意外的是：這個挫折不是發生在哥倫比亞而是在康乃爾，並且構成了他一生事業的一個最大的轉折點。我原原本本將這件事揭示出來，只是為了復原歷史的「本來面目」。我已說過，我重尋胡適歷程的工作絲毫沒有夾雜著「毀」或「譽」的動機，而是一切從可信的史料出發，歸宿於「實事求是」四字，因此我也不覺得有為他諱飾的必要。

2004年11月16日

余英時文集6

重尋胡適歷程：胡適生平與思想再認識（增訂版）

2023年1月二版　　　　　　　　　　　　　　定價：平裝新臺幣420元
有著作權·翻印必究　　　　　　　　　　　　　　　精裝新臺幣650元
Printed in Taiwan.

著　　者	余	英		時
總 策 劃	林	載		爵
總 編 輯	涂	豐		恩
副總編輯	陳	逸		華
叢書主編	沙	淑		芬
校　　對	吳	淑		芳
封面設計	莊	謹		銘

出　版　者　聯經出版事業股份有限公司　　總 經 理　陳　芝　宇
地　　　址　新北市汐止區大同路一段369號1樓　　社　　長　羅　國　俊
叢書主編電話　(02)86925588轉5310　　發 行 人　林　載　爵
台北聯經書房　台 北 市 新 生 南 路 三 段 9 4 號
電　　　話　(0 2) 2 3 6 2 0 3 0 8
台中辦事處　(0 4) 2 2 3 1 2 0 2 3
台中電子信箱　e-mail:linking2@ms42.hinet.net
郵 政 劃 撥 帳 戶 第 0 1 0 0 5 5 9 - 3 號
郵 撥 電 話　(0 2) 2 3 6 2 0 3 0 8
印　刷　者　世 和 印 製 企 業 有 限 公 司
總　經　銷　聯 合 發 行 股 份 有 限 公 司
發　行　所　新北市新店區寶橋路235巷6弄6號2F
電　　　話　(0 2) 2 9 1 7 8 0 2 2

行政院新聞局出版事業登記證局版臺業字第0130號

國家圖書館出版品預行編目資料

重尋胡適歷程：胡適生平與思想再認識（增訂版）
／余英時著 . 二版 . 新北市 . 聯經 . 2023.01 .
332面；14.8×21公分 .
ISBN 978-957-08-6709-1（平裝）
ISBN 978-957-08-6710-7（精裝）
[2023年1月二版]

1. CST:胡適　2. CST:傳記

782.886　　　　　　　　　　　　　　111021604